JN448027

# 페미니즘 윤리학

Jin Kim: Grundlegung zur feministischen Ethik

# 페미니즘 윤리학

김진 지음

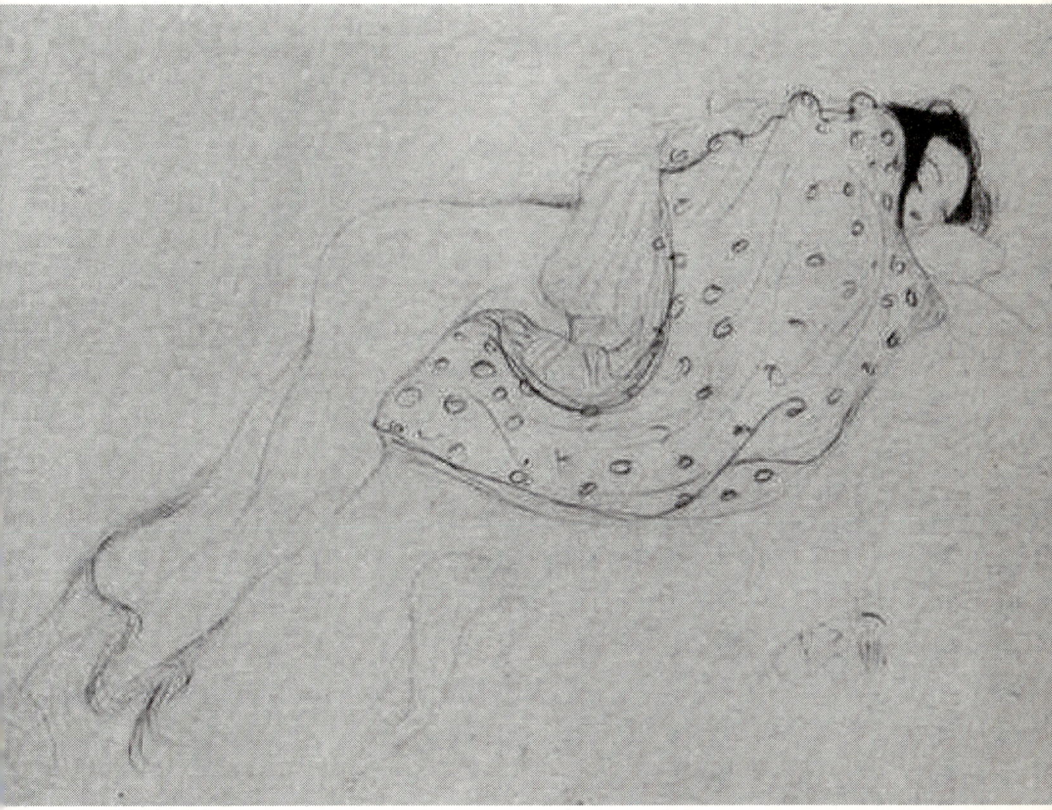

UUP

페미니즘 윤리학

2007년 6월 20일 1판 1쇄 인쇄
2007년 6월 30일 1판 1쇄 발행

지은이 : 김 진
발행인 : 정 정 길
편집인 : 박 삼 수
발행처 : UUP (울산대학교출판부)
689-749 울산광역시 남구 무거동 산29번지
☎ 052-259-2488 Fax 227-3011
등록 울산시 제20호 (1977.7.15)

*ISBN 978-89-7868-988-5*

값 12,000원

※ 잘못된 책은 바꾸어 드립니다.

# 서문

칸트를 공부하면서 가장 긴장된 순간이 있었다. 칸트처럼 정확한 철학자도 자신의 철학체계가 붕괴 위기에 직면한 사실을 피할 수 없었다는 것을 알게 된 순간이었다. 칸트는 그 위기가 얼마나 심각한 것인가를 알았다. 지금까지 그가 이룩한 모든 사유활동이 물거품처럼 사라져버릴 수 있다는 사실을 알고서 전율하지 않을 수 없었던 것이다.

칸트의 위기는 이론철학(자연형이상학)을 수립한 후에 실천철학(도덕형이상학)을 정초하는 과정에서 노정되었다. 최고선 개념을 확정하기 위하여 노심초사하던 가운데서 그 위기가 칸트를 엄습한 것이다. 그는 우리가 왜 도덕적이어야 하는가에 대해서 자신있게 대답할 수가 없었다. 그가 세운 자연의 나라에서는 도덕적인 행위를 한 사람들이 그에 부합되는 행복을 영위할 수 있는 가능성을 염두에 두고 있지 않았기 때문이다. 우리가 이 세계 현실 가운데서 도덕적으로 살려고 노력할지라도, 도덕적으로 살지 않은 사람들이 대다수의 행복을 차지할 경우에, 우리가 도덕적으로 살아야 할 중요한 이유가 사라지게 될 것이다. 칸트는 행복을 목적으로 하는 행위는 도덕적이지 않다고 생각했으나, 도덕적으로 행동한 사람이 그렇지 않은 사람들보다 더 불행하게 될 수 있는 세계 현실 앞에서 “왜 도덕적이어야 하는가?”라는 물음에 직면하게 된 것이다.

칸트는 이 물음을 넘어서기 위하여 요청 이론을 전개하였다. 요청적 사유방법이란 어떻게 보면 우스꽝스러운 것이고 철학사에서의 돌연변이와 같은 것이다. 그러나 칸트는 전통적인 종교학과 신학의 영역에서 다루어지던 보상의 문제를 해결하기 위하여 우리가 그 존재를 부정할 수도 없고 논증할 수도 없는 초월적인 이성 존재자의 현존을 요청하기에 이른다. 신의 존재가 요청될 경우에 칸트는 실천철학적 변증론에서 제기되었던 모순들이 해소될 수 있다고 보았기 때문이다. 신의 존재와 함께 칸트는 인간 영혼의 불멸과 자유 존재까지도 요청하게 된다. 칸트의 형식주의 윤리학은 그 내용을 채워줄 수 있는 초월적 존재와 인간 실존의 원핵을 전제함으로써만 비로소 그 의미를 갖게 될 수 있었던 것이다. 이로써 칸트는 자신의 철학 체계에서 제기된 학문의 위기를 극복할 수 있게 되었다.

그런데 칸트만 한계에 빠졌던 것이 아니다. 우리가 철학사를 읽다보면 존재에서 생성으로, 무에서 유로, 관념에서 실재로, 현실에서 이상으로, 하늘에서 땅으로 수도 없이 왔다 갔다 하는 것을 볼 수가 있다. 그것은 왜인가? 인간의 방황은 바로 인간의 한계를 말해준다. 칸트만 방황한 게 아니었다. 소크라테스도 한 없이 헤매었으며, 플라톤 역시 밑도 끝이 뜬구름을 잡는 소리를 계속하였다. 플라톤의 한계를 넘어서기 위하여 아리스토텔레스가 고심하였고, 아리스토텔레스를 극복하기 위하여 아리스티포스와 에피쿠로스와 마르쿠스 아우렐리우스가 고뇌하였다. 아리스토텔레스의 윤리설은 칸트에 의하여 뒤집어졌고, 벤담과 밀이 칸트의 윤리설을 다시 뒤집었다. 공리주의는 콜버그와 하버마스에 의하여 또 다시 뒤집어졌다. 길리건은 콜버그의 한계를 다시 지적하였다. 그리고 그것은 바로 페미니즘 윤리학의 출현을 선언하였다. 그러나 길리건 자신도 정당성의 위기에 직면하게 된다.

오늘 우리에게 주어진 화두는 길리건 이후의 여성주의 철학자들이 제기한 페미니즘 윤리학이 보편적인 윤리학으로서 정초될 수 있는 가에 대한 물음이다. 이것은 너무나 오래된 철학의 근본 문제이자 해결될 수 없는 난제 중의 난제에 속한다. 그러나 우리는 칸트가 무너진 것처럼 우리 자신들도 무너질 수밖에 없겠지만 또 다시 풀어내려고 시도하지 않을 수 없는 운명을 받아들여야 한다. 운명에 순응하는 것이 최고선이라는 스토아철학자들의 금언을 새기지 않더라도 모든 철학자들은 자신도 모르는 사이에 그런 작업에 뛰어들게 된다.

윤리학의 보편성 정초에 대한 문제는 콜버그 이외에도 아펠과 하버마스에 의하여 심도있게 다루어진 바 있다. 그러나 동양사상권에서 살고 있는 나는 그들이 생각하기 어려운 쇼펜하우어나 불교사상을 통하여 이 문제에 접근해보고자 한다. 모든 것이 시론일 뿐이다. 그리고 그 모든 노력이 또 다시 수포에 불과할 지도 모른다. 이 책은 그렇게 준비되고 그렇게 씌어졌다. 칸트는 언제나 나에게 지침이 되었고 블로흐는 사유내용을 풍성하게 하는 데본이 되었으며, 아펠은 치밀한 논증을 전개하게 하는 길을 보여주었다. 이 작업을 진행하는 동안에도 나는 끊임없이 법화경, 켄윌버, 이벽, 다산, 다석, 요한복음, 욥기, 해방신학, 신비주의, 프랑클, 라캉 등에 눈길을 줄 수밖에 없었다. 그래서 한 곳만을 치밀하게 파들어가지 못하고 새롭게 발을 내딛을만한 미지의 세계를 탐색하고 있다.

사유는 넘어서는 것이다. 생각하는 것은 뒤집어엎는 것이다. 기존의 철학적 사유의 한계를 찾아서 뒤집어엎는 작업을 수행함으로써 비로소 나 자신의 고유한 철학의 자리를 찾아나설 수 있을 것이다. 그것은 고향이다. 그 고향은 우리에게 가장 가까운 미래에 있다.

2007년 5월 30일
울산 무거동 연구실에서
김 진

# 페미니즘 윤리학

## 차례

# 1. 새로운 윤리학의 요구

## 1) "무엇을 해야 하는가?"라는 칸트의 물음

칸트가 도덕철학 내지는 윤리학의 근본 물음으로 제시한 것은 바로 "나는 무엇을 해야 하는가?"(Was soll ich tun?)이다. 우리는 수없이 많은 일들을 행하고 있다. 그리고 내 자신이 하고 싶은 일들 역시 너무나 많다. 그러나 이 물음은 내가 '하고 싶은' 일이 아니라 '해야 하는' 일을 겨냥하고 있다. 사람들은 누구든지 자신이 좋아하는 일을 행함으로써 행복감을 느낀다. 그러나 칸트의 물음은 우리가 하고 싶은 일에 대한 것이 아니다. 내가 하고 싶지 않더라도 해야 하는 것을 묻고 있는 것이다. 그러나 우리가 반드시 그렇게 해야 하는 일(Tunsollen)이란 도대체 무엇인가? 그것은 한 마디로 당위와 도덕에 관한 것이다. 그렇다면 무엇이 당위이고 도덕인가? 왜 우리는 그것을 지켜야 하는가? 다시 말하면 우리가 도덕적으로 행동해야 하는 이유는 무엇인가?

도덕의 근본과 본질에 대한 물음은 곧 도덕의 존재이유에 대한 물음이기도 하고 도덕의 효용성에 대한 물음이기도 하다. "도덕이란 무엇인가?"(Was ist die Moral?)라는 물음은 "왜 도덕적이어야 하는가?"(Warum moralisch?)라는 물음과 동일한 근원을 가지며 동일한 문제 지평 위에 서 있기 때문이다. 따라서 "나는 무엇을 해야 하는가?"라는 칸트의 물음은 근원적으로 "도덕이란 무엇인가?"와 "왜 도덕적이어야 하는가?"라는 물음과 동일한 것이다. 당위의 물음은 선행적으로 본질의 물음을 요구하고 있으며, 그 본질에 대한 물음은 또 다시 그 유용성에 대한 물음을 전제하고 있는 것이다.

행위의 근원과 본질에 대한 물음을 가장 먼저 그리고 가장 체계적으로 물었던 사람은 바로 소크라테스였다. 그는 당시 종교적 예언자로 알려져 있었던 에우티프론(Euthyphron)에게 "신에 대한 공경 또는 경건함이란 무엇인가?"라는 물음을 던져서 곤혹스럽게 한 적이 있다.[1)] 에우티프론의 아버지는 자신의 노예를 묶어서 밖으로 내던져 얼어 죽게 하였다. 그 아버지를 에우티프론은 살인죄로 고소하면서 자신이 경건한 일을 하고 있다고 여기고 있었다. 그래서 소크라테스는 에우티프론에게 도대체 경건하다는 것은 무엇을 뜻하는가, 경건한 것과 경건하지 않은 것의 차이는 무엇인가, 경건한 것은 언제나 항상 경건한 것인가 등에 대하여 물었던 것이다.[2)] 에우티프론은 신들에게 소중한 것이 경건한 것이라고 대답한다. 그러자 소크라테스는 어떤 신에게 소중하거나 기쁘게 여겨지는 것이 다른 신에게는 쓸모없고 불쾌하게 여겨질 수 있다고 지적한다. 그래서 에우티프론은 모든 신들이 사랑하는 것이 경건이라고 수정하였다. 그러자 소크라테스는 "어떤 것이 경

---

1) 로버트 애링턴(Robert L. Arrington)이 쓴 『서양 윤리학사』(*Western Ethics: An Historical Introduction*, Blackwell 1998, 서광사 2003), 한글판 21쪽 이하 참조.

2) *Euthyphron* 5c-d, in: *Platon Sämtliche Werke*. Band I, Hamburg 1957.

건하기 때문에 신들이 경건한 것을 사랑하는 것인가 아니면 어떤 것을 신들이 사랑하기 때문에 그것이 경건한 것이 되는가?"(에우티프론 10a)라고 묻는다. 두 사람은 결국 어떤 행위들이 경건하기 때문에 신들이 그런 행위를 사랑한다는 사실에 동의한다. 다시 말하면 어떤 행위를 경건한 것으로 만들어 주는 본질적인 속성이 객관적으로 존재한다는 사실에 동의한 것이다. 그러자 소크라테스는 계속해서 "경건함이란 무엇인가?"라는 물음을 제기한다. 결국 소크라테스는 경건함에 대하여 분명한 정의를 내리지 못한 에우티프론에게 무엇이 경건함인지도 모른 상태에서 나이든 아버지를 살인죄로 고소해서는 안 될 것이라고 훈계한다. "나는 무엇을 해야 하는가?"라는 칸트의 물음은 에우티프론을 향한 소크라테스의 질문을 통하여 결코 도달할 수 없고 해결하기 힘든 문제로 남아있게 된다.

## 2) "덕이란 무엇인가?"라는 소크라테스의 물음

소크라테스는 덕에 대하여 자주 말하고 있다. 그러나 덕이란 무엇인가? 덕은 선천적으로 얻어지는 것인가 아니면 교육을 통하여 얻어지는 것인가? 덕이란 근본적으로 가르칠 수 있는 어떤 것인가? 이에 대한 소크라테스의 답변은 분명하지 않으며 일의적이지도 않다. 소크라테스는 덕은 '그 자체로 좋은 어떤 것', 또는 '유익한 것'이라고 가정한다. 그리고 사람들에게 좋고 유익한 것은 지식일 것이라고 말한다. 그런데 여기에서 소크라테스가 말하는 지식이란 오늘날 '기술'이라는 말보다는 훨씬 포괄적인 의미를 담고 있는 '테크네'와 긴밀하게 관련되어 있다. 예를 들면 구두를 만드는 사람은 어떤 구두가 좋은지, 좋은 구두는 어떻게 만드는지를 잘 알고 있으며, 이런 사실에서 그는 좋은 구두를 만들고 선별할 수 있는 기술과 지식을 가지고 있다고 말할 수 있으며, 이를 바탕으로 그는 덕을 가진 사람이고 따라서 그는 행복한 사람이라고 말할 수 있게 된다.

소크라테스가 말하는 덕이 기술적 지식만을 뜻하는 것이 아니라 하더라도 일단 그의 논의는 이런 사실들에서 시작되고 있다. 훌륭한 그림을 그릴 수 있는 기술적 자질을 갖추고 있는 화가는 덕이 있는 사람이고, 그 때문에 그가 행복할 수 있다고 보기 때문이다. 소크라테스는 이처럼 덕이 행복을 낳는다고 자주 말하면서도, 덕이 행복을 산출한다고 생각하는 근거와 이유에 대한 해명을 제시하지 못하고 있다. 훌륭한 화가가 훌륭한 그림을 그릴 수 있는 자질을 가지고 있다는 사실(덕)과 그가 행복한 삶을 누리는가의 문제는 전혀 별개의 것이기 때문에, 그 두 가지 요소들이 정합적인 관계를 가지고 있는가는 별도의 논증을 제시해야 하는 것이다. 그러나 소크라테스는 이에 대한 충분한 논거를 제시하지 못하였다. 이 문제는 나중에 칸트가 『실천이성비판』[3])에서 최고선의 개념을 정의할 때 비로소 체계적으로 다루었던 논변을 통하여 그 구체적인 모습을 갖추게 된다.

소크라테스가 생각한 덕은 사람들에게 좋거나 유익한 것이라고 생각하였다. 그렇다면 어떤 것들이 사람에게 유익한 것일까? 건강, 힘, 아름다움, 부유함 등이 유익한 것일 수 있다. 그러나 소크라테스는 어떤 경우에는 이것들 역시 사람에게 해로운 것일 수 있다고 지적한다. 또한 정신적인 것들 가운데서 절제, 정의, 용기,

3) Kant, Immanuel: *Kritik der praktischen Vernunft*. Riga 1788.

지성, 기억력, 당당함 등은 사람에게 유익한 것일 수 있다. 그러나 소크라테스는 이것들 역시 어떤 경우에는 사람에게 해를 끼칠 수 있다고 지적한다. 지성이 없이 대담한 경우가 바로 그렇다는 것이다. 따라서 모든 것들은 지성과 지혜가 주도할 경우에만 유익하고 무지가 주도할 경우에는 해를 끼칠 수 있는 것이다.[4] 그리하여 소크라테스는 지혜와 지식이 바로 덕이라고 생각하게 된 것 같다.

다른 한 편 소크라테스는 "아름다운 것들에서 기쁨을 발견하고 능력을 갖추는 것"을 덕이라고 규정한 메논의 주장에 대하여, 사람들은 근본적으로 무엇인가를 얻기 위하여 욕구하기 때문에 어떤 것이 자신에게 해롭다는 사실을 알게 되면 어느 누구도 그 해로운 것을 욕구하지 않을 것이며, 따라서 자신이 욕구하는 것은 언제나 좋은 것이라고 생각한다는 사실을 환기시켜 준다(메논 77b-78b). 이로부터 덕이란 바른 지식과 지혜이고, 따라서 바른 지식을 가지고 있으면 바르게 행동하지 않을 수 없다는 이른바 소크라테스의 지행합일설이 그 모습을 드러내게 된다.

그러나 후대의 사람들은 바른 지식과 지혜로부터 바른 행위가 필연적으로 도출될 수 있는가에 대하여 의심하였다. 소크라테스의 주장대로라면 어떤 사람이 나쁜 것을 의도하였을 경우에 그는 그것을 행하는 것이 나쁘다는 지식을 갖지 못한 상태에서 비자발적으로 행동한 것이 된다. 그가 만일 그 일을 하는 것이 나쁘다는 사실을 미리 알았더라면 그는 결코 그 일을 하지 않았을 것이라고 보기 때문이다. 그러나 대부분의 사람들은 어떤 것을 하는 것이 나쁘다는 사실을 알면서도 쾌락을 좇아서 그런 나쁜 선택을

---

4) *Menon* 87c-88d, in: *Platon Sämtliche Werke*. Band II, Hamburg 1957.

할 수 있다고 생각한다. 그리고 실제적으로 지식을 가진 사람들이 방탕하거나 부도덕할 뿐만 아니라 사악한 범죄까지 저지르는 경우가 빈번하게 관찰되었던 것도 사실이다. 그러나 소크라테스는 그렇게 생각하지 않았다. 어떤 사람이 만일 나쁜 선택을 하거나 범죄를 저질렀다면 그 사람은 그것을 하는 것이 나쁘다는 사실을 알지 못했기 때문이라고 보았다. 그러나 이러한 대답은 동시에 참된 지식이란 무엇인가라는 새로운 물음에 직면하게 된다. 그와 함께 덕에 대한 정의 역시 무한퇴행에 빠지게 될 것이다. 소크라테스는 무엇에 대한 지식은 올바른 욕구를 유발하여 자신과 사람들에게 언제나 유익하게 행위하게 한다고 생각하였다. 그리고 덕이 있는 행위들을 함으로써 그 자신이 행복할 수 있다고 보았다. 그러나 행복이 덕 있는 행위에서 나오고, 덕이 사태에 대한 바른 지식을 뜻할 경우에, 그와 같은 지식이 언제나 이미 항상 바른 지식으로서 성립될 수 있는 가능성 조건이 정초되지 않는 한, 그것은 언제나 또 다시 물어지지 않으면 안 될 상황에 봉착하게 될 것이다. 이처럼 소크라테스 자신도 덕의 개념 정의에서 정초위기를 맞고 있었던 것을 볼 수 있다.

소크라테스의 제자 플라톤은 이와 같은 스승의 정초 위기를 극복하기 위하여 더 이상 물러설 필요가 없는 세계를 상정하였다. 그것이 바로 저 유명한 이데아의 세계였던 것이다. 모든 것들에 대한 존재론적 정초는 이데아이고, 이데아들의 존재론적 정초는 이데아의 이데아, 즉 선의 이데아였다. 플라톤은 소크라테스의 정초 위기를 극복하기 위하여 새로운 윤리학을 요구하였으며, 이데아들과 이데아의 이데아를 요청했던 것이다. 그것은 바로 소크라테스적 윤리설에서 필연적으로 제기되는 변증론적 모순을 극복하기 위해서 플라톤 자신이 상정한 이론적 요청명제에 지나지 않는 것이다. 이데아를 찾아나서는 플라톤의 기나긴 여정은 바로 동굴의 비유에서 가장 완벽하게 기술되고 있다.[5] 태양이 모든 어두움을 일시에 물리치듯이 선의 이데아는 모든 행위들에 대하여 척도로서 군림한다. 그와 같은 도덕성의 기준은 이미 인간에 의하여 만들어지거나 다듬어지는 것이 아니고 그 본성상 자연적인 것으로 존재한다. 따라서 그것은 모든 인간에 대하여 보편적으로 적용될 수 있는 타당성을 구비하고 있다. 절대적이고 영원 불변적인 척도가 실재하고 있는 것이다. 플라톤은 이 패러다임 속에서 소크라테스가 자주 언급하였던 절제, 용기, 지혜라는 세 가지 덕목을 신체 부위, 즉 배, 가슴, 머리에 각각 적용하여 온전한 국가가 추구해야 할 덕목은 정의라고 규정하였다.

그러나 플라톤의 정의 개념은 소크라테스의 덕 개념과 구조적으로 유비적일 수밖에 없다. 정의는 이데아처럼 보편적으로 실재하는 것이어야 한다. 그러나 사람들의 각각의 행위 속에 드러난 정의감은 정의 그 자체일 수 없으며, 언제나 정의에 가까운 것 또는 정의를 저버린 것일 수밖에 없다. 여기에서 바로 이데아와 현상 존재자들의 관계문제가 재현되는 것이다. 우리는 정의 그 자체를 상정하고 있지만, 우리들의 행위가 어느 정도 정의로운가를 확인할 수 있는 방도가 없다. 그에 대한 평가는 어쩌면 원천적으로 차단되어 있는지도 모른다. 그러므로 우리가 알지 못하는, 우리가 결코 인식할 수 없는 선의 이데아는 그 명백한 실재성에도 불구하고 어떤 방식으로 작동될 수 있는가를 헤아릴 수 없다는 한계에 직면하게 된다. 가장 지혜롭고 가장 정의롭다는 철인왕

---

5) *Politeia* 514a, in: *Platon Sämtliche Werke*. Band III, Hamburg 1957.

역시 선의 이데아의 계시를 추종하는 것이 아니라 국가의 교육제도가 만들어낸 허상에 지나지 않는다. 그럼에도 불구하고 인위적으로 만들어진 철인왕은 선의 이데아와 같은 독점적인 권위를 행사할 수 있게 되며, 이로써 선의 이데아의 지상적 변형인 철인왕의 정치적 독단이 가능할 수 있게 되는 것이다. 칼 포퍼가 이런 문제를 간과하지 않았던 것은 그의 천재성 때문이지만, 전체주의에 대한 그의 분노가 플라톤 철학에 대한 반역적 해석을 주도했다고 볼 수 있다. 도덕의 근거가 자연적으로 실재하는 것이라면 그것은 모든 행위들을 인과론적으로 규정해야 할 것이다. 그러나 그 도덕성은 초월적인 세계에서만 실재성을 가진다는 점에서 결정적인 한계를 노정하고 있다.

### 3) "중용이란 무엇인가?"라는 아리스토텔레스의 물음

플라톤이 정초한 윤리학의 토대를 다시 소크라테스의 수준으로 환원한 사람은 바로 그의 수제자 아리스토텔레스였다. 아리스토텔레스는 플라톤의 이데아론에서 필연적으로 제기되는 윤리적 한계와 모순을 극복하기 위하여 새로운 윤리학을 요구할 수밖에 없었다. 그는 소크라테스가 물었던 방식을 활용하는 동시에 플라톤이 제시했던 것과 같은 답변 방식을 차용하였다. 플라톤의 이데아가 다시 땅으로 내려온 것이다. 그리하여 아리스토텔레스는 우리가 구체적으로 잡을 수 있는 어떤 도덕적인 기준이나 척도가 될 수 있는 개념을 제시하고자 고심하였다. 그것이 바로 『니코마코스윤리학』에서 다루어지고 있는 중용(mesotes) 이론이다.[6]

아리스토텔레스의 윤리학은 행위에 대한 목적론적 설명을 시도하고 있다. “모든 기술과 탐구, 모든 행위와 결정은 어떤 선을 목표삼고 있다”(1094a1). 모든 행위는 목적을 가지고 있으며, 도구적 선들의 차원을 넘어서서, 사랑, 쾌락, 권력과 같이 본래적 가치를 지니고 있는 목적을 추구한다. 궁극 목적이 존재하지 않는다면 우리의 선택은 무한히 계속될 것이므로, 우리의 욕구는 공허하고 허무한 것이 될 것이다(1094a20). 무한소급은 특정한 욕구 충족을 추구하는 어떤 행위도 정당화할 수 없게 한다. 그리하여 아리스토텔레스는 무한소급을 부정하고, “행위를 통해서 추구되는 모든 선들 중에서 최고의 것”, 즉 최고선을 받아들이게 된다. 그는 최고선을 행복(eudaimonia, Glück)이라고 규정하였다. 여기에서 행복은 “잘 살고 잘 행하는 것”(gutes Leben und gutes Handeln, 1095a15-20)으로서, 즐거움이나 안락함이나 명예를 누리는 것을 뜻한다. 최고선은 첫째로, 인간이 오직 그것을 위하여 다른 모든 것을 추구하는 그런 목적이어야 한다. 최고선은 둘째로, 무조건적으로 완전해야 하며 그 자체로서 가치를 지니고, 결코 어떤 것에 대한 수단이나 도구가 되어서는 안 된다. 최고선은 셋째로, 자기충족적(für sich allein genügend)이어야 한다(1097b10-15). 아리스토텔레스는 행복만이 이상의 세 가지 조건을 충족시킬 수 있다고 보았다.

그러나 최고선을 행복이라고 규정한 아리스토텔레스에 대하여 다른 입장을 가질 수도 있다. 예를 들면 기독교사상가들은 행복보다는 신에 의한 구원과 회복을 더 중요한 것으로 간주하였다. 그들은 소크라테스와 플라톤의 행복 개념을 이교도적이라고 판단하였다. 칸트 역시 도덕적 삶을 의무를 수행하는 것으로 생각

6) Aristoteles: *Nichomachische Ethik*. Berlin 1983.

하였으며, 행복 그 자체가 최고선이라기보다는 최고선 개념에 보상적으로 요구되는 차후적인 보완 개념으로 이해하였다. 그들과는 반대로 아리스토텔레스는 어떤 의무 개념도 강조하지 않았으며, 도덕성을 자기계발과 관련된 덕목으로 보았다. 따라서 인간은 자신에게 주어진 본성적 선을 현세에서 최선을 다하여 성취하는 것을 목표로 삼고 있으며, 그것이 바로 도덕의 궁극 목적이다. 일상인들은 선과 행복을 향락적인 생활, 쾌락과 동일시하는 경향이 있다(1095b16-17). 그러나 이 경우에 우리는 짐승 같은 삶과 구별할 수 없다. 따라서 아리스토텔레스는 객관적인 가치를 지닌 선의 존재를 추구하고자 하였다. 그렇다면 그것은 무엇이고 우리는 어떻게 그것을 인지할 수 있는 것일까?

아리스토텔레스는 세계 안의 모든 것은 자신의 고유한 기능(ergon)을 가지고 있으며, 그것에 의하여 최선이 무엇인가를 발견할 수 있다고 보았다. 예술인들은 창작을 위한 고유한 기능을 가지고 있다. 인간에게 고유한 기능은 영혼의 활동이다. 영혼에는 능동적인 사고 및 추론을 담당하는 이성적인 부분이 있고, 욕망, 느낌, 감정 등처럼 비이성적인 부분도 있다. 아리스토텔레스는 생명의 유지, 영양의 섭취, 성장, 감각적 지각 등이 이성에 의하여 조화있게 발휘되고 실현되는 것을 최고선이라고 보았다. 이 경우에 이성의 지도아래 정욕과 욕구가 적절하게 통제됨으로써 인간의 본성이 완전하게 발휘되는 것이 바로 덕(arete)이다. 그리고 이성적인 덕으로 가득 찬 삶을 그는 행복이라고 규정하였다.

그러나 아리스토텔레스는 덕의 개념을 소크라테스와는 다른 방식으로 규정한다. 그는 덕을 지성적인 것과 품성적인 것으로 구분하였다. 지성적 덕을 함양하기 위해서는 교육이 필요하고 이를 위하여 경험과 시간이 요구된다. 품성적 덕은 습관(ethos)의 결과로서 생겨나는 것이다(1103a). 여기에서 아리스토텔레스는 본성과 습성을 구분한다. 돌이 아래로 떨어지는 것이나 불이 위로 올라가는 것과 같은 본성, 즉 사물의 근원적 특성은 습관에 의하여 변화될 수 있는 것이 아니다. 그것은 본성적인 것이 가진 가능적인 힘(dynamis)이 현실화(energeia)를 통하여 드러나는 것이다. 우리가 보고 듣는 감각능력 역시 선천적으로 주어져 있기 때문에 사용할 수 있으며, 그것을 사용함으로써 얻어지는 것이 아니다.

그와 반대로 품성적 덕은 어떤 행위 작용을 통하여 얻어지며, 이는 실천적인 지혜와 관련되어 있다. 건축가는 집을 지어봄으로써, 기타 연주자는 기타를 배우면서 기예를 터득하게 되는 것이다(1103b). 정의, 용기, 절제도 마찬가지이다. 폴리스에서 입법가들은 시민들에게 좋은 습관을 들임으로써 좋은 시민으로 만들며, 그들의 정치적 목표가 성공적으로 달성되었는가의 여부에 의하여 좋은 정치제제와 나쁜 정치체제로 구분되는 것이다. 그러므로 덕이 생겨나는 원인들은 동시에 그것을 파괴하는 원인이 되기도 하다. 집을 잘 지은 사람은 훌륭한 건축가가 될 수 있으나 그렇지 않은 사람은 나쁜 건축가가 되는 것이다. 무서운 상황에서도 대담한 마음을 갖고서 잘 견디는 사람은 용기있는 사람이 되고, 그 반대의 경우에는 비겁한 사람이 될 것이다. 욕망과 분노의 경우에도 그렇다. 성품(hexis)은 그것과 유사한 활동들로부터 생기는데, 그 결정적인 차이를 규정하는 것은 바로 습관이다.

그렇다면 보다 훌륭한 품성적 덕을 얻기 위해서는 어떻게 해야 하는 것일까? 아리스토텔레스는 '올바른 이성'(orthos logos)에 따라서 행위해야 한다고 주장한다(1104a). 행위들이 습관과 품성을 지배하기 때문이다. 이 점에서 그는 소크라테스를 충실하게 따르고 있다. 그러나 아리스토텔레스의 경우에 행위와 유용성에 관한 문제는 아무것도 고정된 것이 없으며, 각 사항에 따라서 적절한 것을 선택해야 한다고 강조하고 있다. 신체의 건강을 유지하려면 지나친 운동이나 운동 부족을 모두 피해야 한다. 적당한 양의 운동은 건강을 산출하고 증진하고 보존할 수 있으나, 그 정도는 사람에 따라서 모두 다르기 때문이다. 절제와 용기 역시 지나침과 모자람에 의하여 훼손되고 중용에 의하여 보존된다. 따라서 덕을 형성하는 원인과 훼손하는 이유는 언제나 동일할 수밖에 없다. 그것은 쾌락을 삼갈 경우에 절제있는 사람이 되고, 두려운 것들을 대범하게 넘기는 사람이 용기있는 사람이 되는 것에서도 분명해진다(1104b).

소크라테스는 우리가 정확한 지식을 가지고 있을 경우에는 결코 나쁜 행위를 하지 않는다고 주장하였다. 이것은 사람들이 쾌락 때문에 나쁜 짓을 하는 것이 아니라 무지 때문에 그렇다는 취지였다. 그러나 아리스토텔레스는 사람들이 쾌락을 추구하기 위하여 나쁜 짓을 할 수 있다는 사실을 강조한다. 품성적 덕은 즐거움과 고통에 관련되어 있다는 것이다. 어떤 사람의 실제 행위에 따르는 고통과 쾌락은 그의 품성을 드러낸다. 그래서 아리스토텔레스는 나쁜 일을 하는 것은 쾌락을 얻기 위한 것이고, 고귀한 일을 싫어하는 것은 고통 때문이라고 말한다. 이는 플라톤이 어렸을 때부터 마땅히 기뻐해야 할 것에 기뻐하고, 괴로워해야 할 것에 고통을 느끼도록 훈육하는 것이야말로 올바른 교육이라고 말한 것과 같은 맥락이다.[7] 잘못된 행위를 치료하는 벌의 경우에

7) Platon: *Politeia* 401e-402a; *Nomoi* 653e.

쾌락과 고통을 활용하는 것은 그 때문이다.

영혼의 모든 품성은 그것들을 더 좋거나 나쁘게 만드는 것들과 관련하는 본성(physis)을 가지고 있다. 해서는 안 되는 일을, 해서는 안 되는 때와 장소와 방식으로 함으로써 즐거움을 추구하고 고통을 피하게 되면 나쁜 사람이 되는 것이다. 따라서 혹자는 최고선으로서의 덕을 파토스가 결여된 '무감정의 상태'(apatheia) 또는 '평정 상태'(eremia)로 규정하기도 하는데, 아리스토텔레스는 이들이 어떤 방식으로 추구하고 회피해야 하는지 등에 대한 구체적 언급을 결여하고 있다고 비판하였다.

그리하여 아리스토텔레스는 덕을 즐거움과 고통에 관련하여 최선의 것을 행하는 품성이라고 보는 반면에, 악덕은 그 반대편으로 규정한다. 우리가 취사선택하는 것은 고귀한 것, 유익한 것, 즐거운 것, 이 세 가지이고, 회피하는 것은 부끄러운 것, 해가 되는 것, 고통스러운 것이다. 이처럼 덕은 즐거움과 고통에 관련되어 있으며, 그러한 행위들을 잘 활용하는 경우에는 좋은 사람이 되고, 그렇지 않을 경우에 나쁜 사람이 되는 것이다.[8)]

그러나 아리스토텔레스의 반대자들은 그의 덕론이 동어반복적이지 않는가라고 반문한다. 정의로운 행위를 함으로써 정의로운 사람이 되어야 한다는 것은 무엇을 의미하는가? 그들은 이 물음으로 지금까지의 아리스토텔레스 입장을 반박하고자 하였다. 아리스토텔레스의 말대로라면 어떤 사람이 정의로운 일을 행하는 것은 그가 이미 정의로운 사람이기 때문이다. 음악적인 일을 하는 사람이 음악가인 것처럼 기예 역시 그런 것은 아닌가? 이 물음은 어떻게 보면 소크라테스에게도 해당될지 모른다. 소크라테

8) Aristoteles: *Nichomachische Ethik* 1105a.

스가 지식이라고 규정했다면 아리스토텔레스는 덕이라고 규정한 것만이 다를 뿐이다. 그러나 소크라테스에게 덕은 곧 지식이기 때문에 아리스토텔레스를 향한 물음은 소크라테스에게도 해당된다. 그러나 아리스토텔레스는 지식과 덕이 동일한 것이 아니라는 관점에서 이 물음을 극복하고자 하였다. 아리스토텔레스에 의하면 기예에 의한 것들은 그 속에 어떤 좋은 성질을 갖추는 것만으로 충분할 수 있다. 그러나 덕에 의한 것은 그러한 성질을 가지는 것만으로 충분하지 않으며 직접 행위를 통하여 드러나야만 하는 것이다. 덕을 가진 사람은 우선 알고 있어야 하고, 둘째로 행위 자체를 합리적으로 선택해야 하고, 셋째로 확고하고 부동의 상태에서 행위해야 하는 것이다.

그런데 기예의 경우에는 어떻게 하는 것이 좋은가를 알고 있는 것만으로 충분하지만(소크라테스와 플라톤의 주지주의 전통에서는 지식이 곧 덕이었기 때문이다), 덕이 있는 행위가 되기 위해서는 그 특정한 행위를 선택하고 그에 대한 확고한 신념을 가지는 것이 추가적으로 요구된다(1105b). 사람들은 이론(logos)에만 머무르면서도, 즉 알고는 있지만 행하지 않으면서도 자신들이 철학을 하는 신실한 사람이라고 생각하는 경우가 있다. 이러한 사람들은 의사의 처방을 받고서도 그대로 따르지 않는 사람들과도 같다(소크라테스의 경우에 이런 사람은 참으로 알지 못하는 사람으로 간주된다). 이 사람들은 정의가 무엇인지를 알고는 있으나 행하지 않는 사람들이다. 그리하여 아리스토텔레스는 정의로운 일을 행하는 사람만을 정의로운 사람이라고 부를 수 있다고 강조한다.

그렇다면 우리는 또 다시 덕, 또는 탁월성은 무엇인가라는 물음 앞에 서게 된다. 영혼의 세 가지 요소, 즉 감정(pathos), 능력

(dynamis), 성품(hexis) 중에서 과연 무엇이 덕인가? 감정은 욕망, 분노, 두려움, 기쁨, 미움 등으로 즐거움이나 고통을 동반하는 것들이다. 능력은 이런 감정의 상태들을 느낄 수 있게 하는 작용이다. 성품은 감정들에 대하여 취하는 태도를 말한다. 따라서 덕이나 악덕은 모두 감정이 아니다. 우리가 좋다거나 나쁘다고 말을 듣는 것은 감정보다는 우리의 덕과 악덕에 따른 것이기 때문이다. 더 나아가서 덕은 감정을 느낄 수 있는 능력도 아니다. 어떤 사람이 즐거워하거나 화를 낼 수 있다는 것만으로 그가 덕이 없다고 하지 않기 때문이다. 따라서 덕은 성품일 수밖에 없다(1106 a). 덕이란 그 무엇을 좋은 상태에 있게 하고, 그 기능(ergon)을 잘 수행하도록 하는 것이다. 눈의 덕(탁월성)은 잘 보는 것이고, 피곤해 하지 않는 것이다. 말의 덕은 잘 달리고 사람을 잘 태워주는 것이다. 인간의 덕은 자신의 일을 잘 수행할 수 있는 좋은 품성에 있다. 그러나 이와 같은 덕의 본성은 무엇인가? 아리스토텔레스는 덕의 본성을 바로 지나침과 모자람의 어떤 중간, 즉 '중용' (mesotes)라고 규정한다.

그러나 중용은 산술적 비례로서의 중간치를 뜻하는 것이 아니다. 중용은 대상에서의 중간이 아니라 각각의 고유한 관계에서의 중간을 말한다. 따라서 덕은 중간을 겨냥하는 것(stochastike), 즉 중용이다(1106b). 이 경우에 덕은 감정과 행위들에서 지나침과 모자람, 그리고 중간과 관련되기 때문에 성품적 덕이다. 마땅히 그래야 할 때, 또 마땅히 그래야 할 일에 대해서, 마땅히 그래야 할 사람에 대해서, 마땅히 그래야 할 목적을 위해서, 그리고 마땅히 그래야 할 방식으로 감정을 나타내는 것은 중도이자 최선의 방책이다. 그리하여 아리스토텔레스는 지나침과 모자람은 악덕에 속하며, 두 악덕 사이의 중용은 덕에 속한다고 보았다. 덕은 합리적 선택과 결부된 품성으로서 우리와의 관계에서 이성과 실천적 지혜에 의하여 중용을 지향하고 있다(1107a).

두려움과 대담함의 중용은 용기이다(1107b). 돈을 주고받는 일(적은 돈의 경우에)과 관련된 중용은 여유로움(eleutheriotes)이고, 지나침은 낭비, 모자람은 인색이다. 또한 돈과 관련하여(많은 돈의 경우에), 돈으로 모든 것을 해결하려는 속물 성향과 돈을 한 푼이라도 쓰지 않으려고 하는 좀스러움 사이의 중용은 '통이 큰 것'이다. 명예와 불명예의 경우에 허영심(지나친 명예욕)과 소심함(포부가 작은 것) 사이의 중용은 '포부가 큰 것'이다. 성급함, 성마름과 화를 낼 줄 모르는 것 사이의 중용은 온화이다(1108a). 허풍과 자기비하 사이의 중용은 진실성이다. 조잡한 익살과 촌스러움 사이의 중용은 재치이다. 시샘과 심술 사이의 중용은 의분(義憤)이다(1108b). 이처럼 아리스토텔레스는 중용의 덕목을 열거함으로써 사실상 내용윤리학의 선구를 이루었다.

이로 인하여 품성적 덕이 중용이며, 그것은 바로 지나침과 모자람이라는 두 악덕 사이의 중간으로서 감정과 행위가 지향하는 목표라는 것이 분명하게 되었다. 그런데 중용을 취하는 것은 매우 드물고 어려운 일이어서 누구나 할 수 있는 일이 아니다. 따라서 아리스토텔레스는 중용을 지키는 것은 칭찬받을 만한 고귀한 일이라고 단정한다. 또한 중용을 취하는 것이 어려우면 악덕들 가운데서 더 큰 것으로부터 멀어지려고 해야 한다는 것이다. 이를 위해서는 우리가 쉽게 기울어지는 것도 검토할 필요가 있다(1109b). 특히 우리들이 느끼는 즐거움과 고통을 통하여 이러한 경향성을 진단할 수 있다. 가장 경계해야 할 것은 즐거운 것들과 즐거움이다. 중간을 잘 맞추는 것은 매우 어려운 일이다. 잘함에서 조금만 모자라거나 지나치는 것으로는 비난을 받지 않지만, 많이 벗어날 경우에는 비난을 받게 된다. 그러나 얼마만큼이 비난받게 될 기준이 되는 가를 정하는 것은 그렇게 쉬운 일이 아니다. 그것은 개별적인 것들에 대하여, 그리고 각각의 지각 정도에 따라서 달라질 수 있다. 이처럼 우리는 잘못을 회피함으로써 중용에 다가설 수 있다.

아리스토텔레스의 덕은 행위를 결정하는 우리의 본성 상태이며, 중용을 통하여 구성되고, 우리들 각자에 따라서 상대적이며, 이성의 명령에 따라서 정의되는 것이다(1106b35-1107a1). 따라서 덕은 일의적으로 또는 객관적으로 정의될 수 있는 것이 아니다. 어떤 경우에는 두려움을 느끼지 않는 것이 덕이지만 어떤 경우에는 두려움을 느끼는 것이 덕일 수도 있다. 나쁜 평판을 두려워하거나 어린아이와 여성에 대한 무자비한 폭력을 저지르는 것에 대하여 두려워하는 것은 비겁한 것이 아니라 적절한 일이다. 덕이란 이처럼 어떤 상황에서 적절한 근거를 바탕으로 선택하고 결정하는 본성의 상태이다. 그러므로 아리스토텔레스의 덕윤리는 상대주의라는 지적을 받기도 한다.

플라톤의 경우에 이데아적인 것으로 주어져 있는 선의 원리와 다르게 아리스토텔레스의 경우에는 상황에 따라서 사람의 성품에 따라서 중용의 상태가 각각 다르게 형성될 수 있다. 따라서 선의 원리가 작동되는 방식 역시 일방적이지 않다. 덕이 있는 사람은 올바른 동기에서 행위하여야 하고 그런 행위를 통해서 쾌락을 얻을 수 있어야 한다. 그러나 이는 억지로 되는 것이 아니다. 덕이 있는 사람은 마땅히 해야 하는 일을 즐거운 마음으로 행할 수 있어야 하며, 그와 함께 행복을 느낄 수 있어야 하는 것이다. 이 경우에 이성은 감정이나 정념과 함께 작용한다. 플라톤에서처럼 이성이 정념을 통제하고 지배하는 것이 아니라 두 요소가 서로 결합하고 협력하여 도덕적인 삶을 만들어 가는 것이 결정적인 차이일 것이다.

아리스토텔레스 윤리학이 소크라테스-플라톤주의와 결정적으로 차이 나게 만드는 것은 의지의 적극적인 개입 가능성에 대한 입장의 차이일 것이다. 어떤 사태에 대하여 윤리적 책임을 물으려면 행위 자체뿐만 아니라 그 행위에 대한 의지 개입의 적극성 여부를 살펴야 한다. 이러한 취지에서 아리스토텔레스는 의지적인(hekousion, freiwillig, voluntary) 행위와 의지에 반하는(akousion, unfreiwillig, involuntary) 행위를 구분한다. 어떤 행위에 개인의 의지가 개입되어 있는 경우는 의지적인 행위이다. 이 경우에는 칭찬과 비난을 할 수 있고 책임을 물을 수도 있다.

그러나 어떤 행위가 자신의 의지에 반하여 일어난 경우에는 반자의적이다. 이것은 외부적인 강제와 내적인 무지에 의하여 일어날 수 있다. 외부적인 강제에 의하여 유발된 행위의 경우에 행위자 자신은 그 행위의 근원에 전혀 관여할 수 없다. 따라서 그 행위 사실에 대한 책임을 묻는 것은 무의미하다. 권력자에 의하여 범죄를 강요받거나 종군위안부처럼 강제적으로 성노예가 될 경우에 누구도 이 사람들을 비난할 수 없다.

그러나 외부적 강요에 의한 행위 가운데는 의지가 개입될 여지가 있는 경우도 있다. 은행원에게 강도가 돈을 내놓든지 아니면 죽을 것인지 선택을 강요하는 경우 등이다. 그러나 이 경우에도 전체적으로 외부적 강압이 지배적이기 때문에 도덕적 책임을 묻는 것은 곤란하다. 그것은 마치 폭풍우 속에서 귀중한 화물을 바다에 버리는 경우와도 같다. 또한 아리스토텔레스는 행위의 근원이 전적으로 행위자 안에 있다고 할지라도 반자의적인 행위가 존재할 수 있다고 보았다. 예를 들면 무지는 반자의적인 행위를 수반한다. 자신이 하고 있는 일이 무엇인지 모르는 사람에게 그 행위 결과에 대한 책임을 물을 수 없는 것이다.

그러나 이 단서는 제한적으로만 작동된다. "모든 사악한 사람은 자신이 행해야 할 바나 행하지 말아야 할 바를 알지 못하는 사람들이다." 이처럼 도덕적 지식의 부족으로 인한 행위들은 의지에 반하는 것이 아니다. 현대적인 관점에서 볼 때 교통법규를 몰랐다는 이유만으로 면책되지 않는 이치와 같다. 따라서 어떤 행위를 의지에 반하는 것으로 만드는 무지는 그 행위의 전후관계나 결과와 관련된 특수한 무지로 한정된다(1111a1). 독이 들어 있는 음료를 알지 못한 상태에서 접대하여 사람을 죽게 한 경우는 의지에 반하는 사례이다. 그는 사람을 접대하려는 의도는 가지고 있었으나 사람을 죽일 의도는 전혀 가지고 있지 않았기 때문이다. 이처럼 아리스토텔레스는 '무지의 상태에서 한 행위'(an act being done in ignorance)와 '무지로 인한 행위'(an act being done because of ignorance)를 구별하였다(애링턴 140 참조). 그리고 그는 후자의 경우에만 의지에 반하는 행위라고 말한다. 그런데 아리스토텔레스에 의하면 어떤 행위가 특수한 형태의 무지로부터 이루어졌을 경우에, 행위자가 자신의 행동에 대하여 후회하거나 고통스럽게 생각하면 의지에 반하는 것으로 보지만, 무지로부터 비롯된 행위 결과에 대하여 후회나 고통이 전혀 없을 경우에 무의지적(non-voluntary) 행위라고 규정하였다.

이로써 아리스토텔레스는 어떤 행위가 지식에만 근거하는 것이 아니라 의지에 의해서도 규정된다는 사실을 충분하게 보여주었다. 아리스토텔레스는 이성의 기능을 크게 두 가지 측면에서 다룬다. 먼저 이성은 '순수한 이론적 추론'의 기능으로서 이성의 과학적 활동 부분이 있다. 이론적 지혜는 본질적이고 불변하는 우주의 법칙들을 인식할 수 있게 한다. 사물의 본성에 대한 진리를 추구하는 이론적 이성은 공리로부터 정리를 이끌어 내고, 다시 일반적인 정리에서 특수한 정리를 이끌어내는 인식 능력, 즉 과학적 인식능력(scientific knowledge)이다. 또한 공리들이 자명하게 참이라는 사실을 파악하는 능력, 즉 지적인 직관(intellectual intuition, mental perception)에 의하여 이해(understanding)가 가능하게 된다. 이론적 인식을 잘 발휘하게 하는 것은 바로 '지혜'(sophia)의 덕이다. 아리스토텔레스는 소피아가 사물의 본성에만 관련되고, 생산적 지식(기술)과 행위에는 관련되지 않는다고 보았다. 후자는 실천이성이 주관한다. 그는 과학적 인식을 위하여 헌신하는 관조적 삶(life of contemplation)이 최고의 삶의 형태(the highest form of life)라고 보았다. 완전한 삶은 탐구에 헌신하면서 영혼이 지닌 영양이나 욕망의 측면에는 최소한의 주의만 기울이면 된다고 본 것이다. 이론이성은 신과 유사한 것이다. 그러나 그는 이론적 지혜가 최고의 덕이기는 하지만 행복과 동일한 것은 아니라고 보았다. 이론적 지혜는 자기충족적이 아니다. 인간은 사고한 존재인 동시에 행위하는 존재이므로 지혜의 덕 못지않게 실천적 지혜도 본질적으로 요구된다.

또한 '이성적으로 계산하는 부분들', 즉 실천이성이 있다. 이것은 영혼이 행복에 도달하도록 돕는 것이다. 실천이성은 올바른 결정을 내리고 올바른 행위를 하도록 인도하는 실천적 지혜(phronesis)이다(1140a25). 지적인 사람은 실천이성의 활동을 통하여 삶 전체가 행복할 수 있도록 목표하고 있다. 기술적 지식은 어떤 대상을 만들어내는 것을 목표로 한다. 그러나 지성은 올바른 행위를 산출하는 것을 목표로 삼는다. 여기에서 '심사숙고된 욕구', 즉 결정이 행위를 규정하게 된다. 행위는 사고나 신념만으로 생기는 것이 아니다. 사고 그 자체만으로는 아무것도 움직이지 못한다. 행위는 항상 구체적인 욕구로부터 생겨난다. 욕구와 소망은 '어떤 목적을 향한 것'(1113a15, 1139b1)이다. 그러나 무엇을 욕구할 것인가를 심사숙고하는 과정에는 언제나 사고(이성)가 개입되어야 한다. 실천이성의 임무는 욕망, 느낌, 감정을 인도하여 중용의 상태를 지향하게 하는 것이다. 이것은 이성과 욕구의 상호작용에 의하여 가능하게 된다. 이 경우에만 "이성은 참된 것이고 욕구는 올바른 것이 되며, 이성이 주장하는 바는 곧 욕구가 추구하는 바가 된다"(1139a20-25).

실천이성은 행위를 결정할 경우에 일반적 규칙에만 의존하지 않는다(칸트와의 차이점). 그 이유는 첫째로 일반적 규칙이 특수한 행위를 지시하지 않기 때문이며, 둘째로 일반 규칙은 세부 상황을 포괄할 수 없으며, 셋째로 규칙의 적용이 항상 기계적으로 이루어지지는 않기 때문이다. 따라서 실천이성(프로네시스)은 구체적인 경우에 파악과 이해를 바탕으로 사태를 올바르게 지각(직접적인 통찰)하여 중용을 성취할 수 있는 행위 또는 감정을 결정하게 한다. 아리스토텔레스는 『니코마코스 윤리학』 서두에서 행복을 정의하면서 인간이 다른 피조물과 구분되는 특성을 바로 이성에서 찾았다. 이 점에서 그의 철학은 이성중심적이다. 그러나 동시에 이성은 실천적 활동에서 감정과 행위를 인도하는 역할을 한다. 이 점에서 그는 이성과 감정을 서로 다른 배타적인 영역으로 상정했던 플라톤과 차별화되면서 실재론적 입장을 견지한다. 인간은 이성을 통하여 신의 존재에 근접할 수 있다. 인간의 행복은 관조(theoria)에 있다. 그러나 신이 순수한 관조 상태에 머무르는 반면에 신체와 욕망을 가지고 있는 인간 존재는 이성과 욕망의 상호작용을 통하여 중용적 실천을 지향함으로써 가능한 한 신과 닮아가려고 노력하는 존재이다.

그렇다면 인간은 왜 관조적 상태를 지향하지 못하고 잘못된 길에 빠지고 타락하게 되는 것일까? 아리스토텔레스는 최선을 지향하는 행위의 결정에도 불구하고 실제로 행위하지 않을 경우가 있다는 사실을 지적하면서 그 이유를 밝히고 있다. 그것은 바로 의지의 나약함 때문이다. 선하다고 인식한 것을 행위하지 않는 이른바 무절제(akrasia, incontinence)의 문제를 소크라테스는 인정하지 않았지만, 아리스토텔레스는 그것이 현실적으로 발생한다고 보았다. 그는 지식을 소유하는 두 가지 방식을 구분한다. 어떤 물리학자가 실제로 실험적 결과를 통해서 얻은 진리 사실을 인지하고 있음에도 불구하고, 그가 잠들어 있는 경우나 술 취한 상태에서는 가려질 수 있다는 것이다. 이처럼 의지의 나약함은 욕망이 우리의 인식을 방해하는 사태를 초래한다. "무절제한 사람은 자신의 행위가 잘못이라는 점을 잘 알고 있다. 그러나 자신의 감정 때문에 그런 잘못된 행위를 한다. 반면에 절제 있는 사람은 자신의 욕망들이 잘못된 것임을 알고 이성을 통하여 욕망들에 따르지 않는다"(1145b10).

아리스토텔레스는 플라톤이 절대적인 것으로 제시한 도덕성의 이념 대신에 실천적 지혜가 중용으로 인도하는 행복 개념을 제시하였다. 따라서 중용적 덕목은 보편적인 규정이 아니고 당시의 사회적 가치를 반영하는 데 지나지 않을 수 있다. 그러나 아리스토텔레스는 상대적인 규정들에서 현실적으로 중용의 이상이 어떻게 확보될 수 있는가에 대해서는 분명하게 언급하지 않았다. 어떤 것이 중용인가에 대한 확고한 준거가 제시되지 않을 경우에 우리는 무엇이 선이고 악인가를 정확하게 분별할 수 없게 될 것이다. 그때마다의 기분과 느낌으로 사람의 능력과 선성을 평가해야 하는가? 그렇지 않으면 도덕적 행위 주체자들이 저마다 중용이라고 생각하는 것들 사이의 편차를 어떻게 조정할 수 있다는 것일까? 이러한 물음들은 필연적으로 도덕과 윤리학의 보편적인 정초 가능성에 대한 요구로 전개되면서, 이른바 칸트의 의무론적 윤리학의 태동으로 이어지게 되었다.

### 4) 칸트: 도덕의 정초는 어떻게 가능한가?

소크라테스가 요구한 덕 개념에 대한 보편적인 정의는 플라톤으로 하여금 이데아의 윤리학을 정초하게 하였으며, 선의 이데아의 현실적 적용 가능성에 대한 아포리아를 극복하기 위하여 아리스토텔레스는 메소테스의 윤리학을 정초하였다. 그러나 아리스토텔레스에 의하여 정초된 새로운 윤리학은 또 다시 보편성의 위기 앞에 서게 된다. 상대주의적인 덕목의 나열만으로 보편적으로 타당한 윤리학의 정초는 불가능하기 때문이다. 이에 대한 반동이 바로 칸트의 의무윤리학, 형식주의 윤리학이다.

칸트는 도덕 형이상학의 정초, 즉 중요한 모든 도덕 원리들을 체계적으로 제시하는 것을 목표로 삼았다. 그는 도덕의 최상 원칙을 정초하고자 하였다. 칸트는 도덕의 최상 원칙을 의무감, 즉 도덕법에 대한 존경심에 의하여 행위하도록 하는 선의지의 원리와 동일한 것으로 상정하였다. 그러나 이러한 도덕의 최상 원칙은 어떤 경험적 사실로부터도 추론되지 않으며, 오직 선험적인 방법에 의해서만 정립될 수 있다. 다시 말하면 우리는 정언명법의 개념으로부터만 보편적인 법칙의 정식을 추론할 수 있다는 것이다. 의무에 대한 우리의 일상적 관념은 도덕법칙이 정언명법이라는 사실을 전제하고 있다.

칸트는 특수한 정언명법들(categorical imperatives)과 정언명법(categorical imperative)을 구분하였다. 단지 하나의 정언명법만이 존재할 수 있으며, 그것은 다양한 형태로 변형될 수 있다. 정언명법은 준칙이 보편적 법칙과 일치될 수 있는 차원에서 기술된다. 보편적인 자연 법칙(universal law of nature)의 개념은 유일하게 가능한 정언명법의 정식을 표현할 수 있게 한다. 자연의 인과성이 예외 없이 무조건적으로 통용되는 것처럼, 준칙이 보편적으로 타당하기 위해서는 유비적으로 보편적인 자연 법칙과 동일한 것으로 여겨져야 한다. 그리고 동시에 이성적 본성, 인간성, 목적 자체의 개념은 오직 유일하게 가능한 정언명법의 다른 정식들을 언표할 수 있게 한다.

인간성(humanity, person)은 목적 그 자체이다. 그리고 경향성으로부터 독립적인 이성의 입법 활동만이 자율성(autonomy)의 정식을 가능하게 한다. 목적의 나라(kingdom of ends)는 유일하게 가능한 정언명법의 정식을 가능하게 한다. 보편적으로 타당한 도덕적 행위는 오직 의무감(duty)에서 비롯된 경우에 한한다. 인간의 의지는 이성적인 생명 존재에게 부과된 일종의 인과성이다. 의지의 자유는 결정적인 원인들에 대하여 독립적으로 행위할 수 있는 능력이다. 인간은 스스로 자신의 행위를 선택하고 규칙을 부여할 수 있는 적극적인 자유 개념, 즉 자율성을 가지고 있다. 의지의 자율성을 가진 사람은 정언명법을 도덕의 원리로 채택하며, 이 경우에 자유의지와 의지는 도덕법 아래에서 모두 동일하다. 모든 이성 존재자는 도덕법 아래에서 자유의지를 가지고 있다. 즉 자율성을 가진 모든 이성 존재자는 도덕 법칙에 예속되어 있다.

칸트의 윤리학은 윤리학이 정초될 수 있는 형식적 틀을 제시하고 있다. 이를 위하여 칸트는 의무로 비롯되는 행위만이 도덕적일 수 있다는 주장을 개진한다. 따라서 칸트는 의무 개념으로 인하여 행위가 일어났다는 것을 (경험적으로) 입증할 수 없는 한에서 도덕적 가치를 언급하는 것은 곤란하다고 주장하는 이들에 대하여 비판적인 입장을 취하는 것으로부터 자신의 입론을 시작한다. 의무론을 반대하는 자들의 이유는 다음과 같다. 첫째로 어떤 행위가 의무에 부합되게 일어났다 하더라도 그것이 의무 때문에 일어났다고 단정할 수 없기 때문이다. 둘째로 자기애의 탓 때문이다. 셋째로 인간의 본성은 고결하지만 그것을 지킬 수 없을 정도로 나약하기 때문이다(경향성). 따라서 행위의 은밀한 동기를 규명하기가 쉽지 않다는 것이다.[9)]

이에 대하여 칸트는 우리의 영혼 안에 의무의 법칙에 대한 존경심을 간직할 수 있다고 본다. 중요한 것은 이런 저런 일이 일어났는가가 아니라, 이성이 모든 현상에서 독립하여 무엇이 일어나

---

9) Kant, Immanuel: *Grundlegung zur Metaphysik der Sitten.* Riga 1785; Hamburg 1999. S. 406-407.

야 하는지(당위)를 혼자서 명령하는 데 대한 확신을 갖는 것이다. 그것은 경험에서 실례를 찾지 못하더라도 부정되는 것이 아니다. 도덕성이라는 개념은 인간뿐만 아니라 이성적인 존재 모두에게 절대적이고도 필연적으로 적용되어야 한다. 어떤 경험도 그런 필연적인 법칙이 가능하다고 추론하는 출발점이 될 수 없다. 따라서 도덕성은 경험과 상관없이 절대 필연적으로 모든 이성적 존재에게 적용된다. 칸트는 복음서의 거룩한 분[예수]이 "너희는 왜 (너희 눈에 보이는) 나를 선하다고 하느냐. (너희가 보지 못하는) 하나이신 하느님만이 오직 선하시다"(「마태복음」 19:17)라고 말했을 때, 그는 경험적인 것을 배척한 것이라고 해석하였다(408).

그러나 우리는 최고의 선이라는 신의 개념을 어디에서 얻는가? 그것은 오직 이성이 선험적으로 윤곽을 그리는 자유의지와 결합된 도덕적 완전성이라는 이념에서 얻는 것이다. 따라서 칸트는 덕성의 근본 법칙이 없다면 도덕성의 개념을 보편적으로 제시하는 것은 불가능하다고 보았다(409). 도덕 개념은 경험적, 우연적 인식에서 나올 수 없는 순수한 것이므로 우리에게 최상의 실천적인 원칙이 된다. 도덕법칙이 이성적 존재 일반의 보편적 개념으로 이끌어내기 위해서는 형이상학이 필요하며, 의무의 개념은 이로부터 기술되어야 한다는 것이다.

자연의 모든 존재는 법칙에 따른다. 오직 이성 존재만이 법칙에 대한 표상, 즉 원칙에 따라서 행위하는 능력, 즉 의지(실천적 이성)를 갖는다(412). 이성이 항상 의지를 규정한다면 그 존재의 행위는 객관적으로나 주관적으로 모두 필연적이다. 그러나 객관적으로는 필연적이지만 주관적으로는 우연적인 행위가 존재할 경우에, 객관적인 법칙에 따라서 내리는 결정(명령법)은 강제가 된다. 완전하게 선하지 않는 의지는 본성상 이성의 근거에 따르지 않을 수도 있다. 명령법은 '해야만 한다'는 형식을 띠고 있다(413).

완전하게 선한 의지(신의 의지)는 객관적인 (선의) 법칙을 따르지만, 그러나 법칙에 맞는 행위를 하도록 강제되고 있다고 생각할 수는 없다. 성스러운 의지에는 명령법이 적용되지 않는다. 그러나 그것은 주관적으로 완벽하지 못한 인간의 의지에 대하여 관계를 갖는다. 명령법은 가언적(조건적)이거나 정언적(무조건적)이다. 어떤 행위가 다른 것에 대하여 단지 수단으로서만 선하다면 가언적이다. 어떤 행위가 이성을 따르는 의지에 필연적인 것이라면 그 명령은 정언적이다(414). 가언적 명령법은 가능적 의도인 경우에 개연적(problematisch) 실천 원칙이고, 현실적 의도인 경우에 확연적(assertorisch) 실천 원칙이다. 정언적 명령법은 어떤 의도나 목적에 상관없이 이루어지므로 필연적(apodiktisch) 실천 원칙이다(415). 정언적 명령은 도덕성의 명령법이다(416). 이 세 가지 원칙은 각각 숙달의 규칙(기술적, 실용적 명령법, 기예), 영리함의 충고(실용적 명령법, 복지), 도덕적 명령법(자유로운 행동, 도덕)에 속한다(417). 숙달의 규칙은 어떤 목적을 이루려면 어떤 행위가 필연적이라고 규정한다. 여기서는 의지의 실현보다는 대상의 실현이 중시된다. 영리함의 충고는 경험적으로 확정되지 않은 사태들에 대하여 지혜롭게 대처하도록 규정한다. 그러나 어떻게 하는 것이 최선인가는 아직 확정되어 있지 않다(418).

그렇다면 도덕성의 명령은 어떻게 가능한가? 이것은 순전히 선험적으로 탐구해야만 한다(419). 정언적 명령법만이 의지의 원칙이 될 수 있는 실천적인 법칙이다. 정언적 명법은 선험적인 종합적인 실천 명제이다. 준칙(행위원칙)이 따라야 할 보편성의 원칙은 단 하나만이 존재할 뿐이다(420). 즉 "그 준칙을 통해서 네가 그것을 동시에 보편적인 법칙으로 삼으려고 할 수 있는 그런 준칙에 따라서만 행위하라"(Handle nur nach derjenigen Maxime, durch die du zugleich wollen kannst, daß sie ein allgemeines Gesetz werde. Act only on that maxim by which you can at the same time will that it should become a universal law)는 것이다. 그런데 도덕성을 따르는 의무의 원칙은 사물의 현존이 자연의 보편적인 법칙에 따르고 있는 것처럼 작동되어야 한다. 따라서 그것은 "네 의지에 의해 보편적인 자연법칙이 되어야 할 것처럼 그렇게 행위하라"(Handle so, als ob die Maxime deiner Handlung durch deinen Willen zum allgemeinen Naturgesetze werden sollte. Act as though the maxim of your action were to become by your will a universal law of nature. 421)로 규정될 수 있다.

여기에서 칸트는 4가지 사례를 점검하고 있다. 자살이나 자기애의 원칙이 보편적인 자연 법칙이 될 수 있는가? 어려운 처지 때문에 자신이 갚을 수 없음에도 불구하고 돈을 빌리는 행위(거짓말)는 의무를 어기는 것인가?(422) 자신의 소질과 능력을 개발하여 얻은 재산으로 즐거움과 향락을 누리는 것은 좋은가? 다른 사람이 곤경에 처해 있음에도 불구하고 자신과 상관이 없다고 외면해도 좋은가?(423)

이성의 지침에 대한 경향성의 저항으로 인하여 원리의 보편성은 단순한 일반적 타당성으로 바뀌게 되면서 실천적 이성 원칙(법칙)과 준칙이 서로 만나게 된다(424). 도덕 형이상학은 어떤 일이 일어난 근거를 다루는 것이 아니라, 한 번도 일어난 적이 없다고 해도 일어나야만 하는 것에 대한 법칙을, 즉 객관적이고 실천적인 법칙을 받아들이는 것이다. 의지란 어떤 법칙에 대한 표상에 맞추어 행동하도록 자신을 결정하는 능력이다. 이 능력은 이성 존재자에게서만 발견된다(427). 그런데 이성 존재자가 마음대로 설정한 목적은 모두 상대적이다. 그것은 주체에 특별히 갖추어진 욕구 능력과 관련해서만 가치를 갖기 때문이며, 따라서 보편적인 원칙을 제공할 수 없다.

이성적인 존재자는 모두 목적 그 자체로서 존재하는 것이며, 단순히 어떤 수단으로서 존재하는 것이 아니다. 그래서 인간과 이성적인 존재는 모두 자신에게 하는 행위든, 다른 이성적인 존재에게 하는 행위든 모든 행위에서 언제나 동시에 목적으로도 생각되어야 한다. 이런 이성적 존재를 인격(Person)이라고 부른다. 인격은 우리의 행위의 작용으로서 있는 (우리가 행위해서 일어난 것이기 때문에) 우리에 대해 가치를 지니는 단순히 주관적인 목적(사물)이 아니라 객관적 목적이다(428). 이성적인 본성은 목적 그 자체로서 존재한다. 인간은 자기 자신의 현존을 목적 그 자체로서 존중받기를 원하며, 이는 곧 다른 사람에게도 그대로 적용되어야 한다. 따라서 그것은 주관적인 원칙인 동시에 객관적인 원칙이며, 최상의 실천적인 근거이므로 이로부터 의지의 모든 법칙이 도출될 수 있다. "네 인격 안의 인간성뿐만 아니라 모든 사람의 인격 안의 인간성까지 결코 단지 수단으로만 사용하지 말고, 언제나 [수단과] 동시에 목적으로도 사용하도록 그렇게 행위하라"(Handle so, daß du die Menschheit, sowohl in deiner Person als in der Person eines jeden anderen, jederzeit zugleich als Zweck, niemals bloß als Mittel brauchest. Act in such a way that you treat humanity, whether in your own person or in any other person, always at the same time as an end, never merely as a means. 428).”

칸트는 계속해서 묻는다. 자살행위가 목적 그 자체인 인간성의 이념과 양립할 수 있는가? 거짓 약속은 다른 사람을 목적으로 대하는 것인가?(429) 우연적으로 칭찬받을 행위가 목적성 자체인 인간성과 조화되는가? 모든 사람의 본성적 목적은 자기 자신의 행복이지만, 이는 타인의 행복을 저해하는 행위에 의하여 언제라도 훼손될 수 있다(430). 인간성과 모든 이성적 본성 일반을 목적 그 자체라고 보는 이 원칙은 결코 경험에서 얻어지는 것이 아니며, 순수한 이성에서 생겨나는 것이다. 보편적으로 법칙을 주는 의지는 이성적인 존재 각각의 의지라는 이념이다(431). 그러므로 자기의 모든 준칙을 통해 보편적으로 법칙을 주는 의지로서 각각의 인간 의지라는 원칙은 정언명법에 잘 부합된다. 도덕의 원칙은 오직 자기 자신이 주는(주관적) 원칙이면서도 여전히 보편적인(객관적) 법칙만을 따르며, 자신의 의지이지만 본성적 목적(자연목적)에 따라 보편적으로 법칙을 주는 의지에 맞게 행위하도록 하는 것이다(432). 이로부터 자율성의 원칙이 확정될 수 있다. 자기 의지의 모든 준칙을 통해 자신을 보편적으로 법칙을 주는 자로 생각해야 하면서 각각의 이성 존재자는 ‘목적의 나라’(Reichs der Zwecke)라는 개념으로 나아간다. 여기에서 ‘나라’는 다양한 이성적인 존재들이 공동의 법칙을 통해 체계적으로 결합하고 있는 것을 뜻한다. 목적의 전체는 이성적 존재의 개인적 차이와 사사로운 목적을 모두 배제할 경우에도 남게 되는 체계적인 결합체이다(433). 그런데 여기에서 이성적 존재자는 누구든지 스스로 법칙을 부여하는 자로 간주될 수 있다. 그것은 이성적인 존재자가 목적의 나라 안에서 스스로 입법자가 되는 경우에만 가능할 것이다. 따라서 그와 같은 "의지의 원칙은 보편적인 법칙이 되어도 여전히 준칙으로 존속할 수 있는 오직 그런 준칙에 따라서만 행위하라"는 것이고, 이는 곧 "의지가 자기의 준칙에 의해 스스로를 동시에 보편적으로 법칙을 주는 것으로 생각할 수 있도록 행위하라"([...] ein allgemeines Gesetz sei, [...] nur so, daß der Wille durch seine Maxime sich selbst zugleich als allgemein gesetzgebend betrachten könne. [...] to act only on a maxim through which the will could regard itself at the same time as enacting universal law.)는 것이다(434).

이성적인 존재가 목적 자체가 될 수 있게 하는 유일한 조건은 도덕성이다. 도덕성에 의해서만 목적의 나라에서 법칙을 주는 구성원이 되는 것이 가능하며, 오직 그 경우에만 인간은 존엄성을 갖게 된다(435). 도덕적으로 선한 마음의 태도, 즉 덕은 이성적인 존재가 보편적인 법칙을 부여할 수 있는 목적의 나라의 구성원에게서 나오며, 따라서 덕을 실행하는 인간의 존엄성은 무조건적이고 비교될 수 없는 가치를 가진다. 스스로 법칙을 주는 것, 즉 자율성은 인간 본성과 모든 이성적인 본성의 존엄한 근거이다.

모든 준칙은 형식(보편성)을 갖는다. 준칙은 보편적인 자연법칙과 같이 보편적으로 적용되어야 하는 것처럼 선택되어야 한다. 모든 준칙은 내용(목적)을 갖는다. 이성적인 존재는 그 본성상 목적이자 목적 그 자체이므로, 단순히 상대적이고 자의적인 어떤 목적도 모든 준칙에 들어오지 못하게 한정해야 한다. 각자가 자신에게 법칙을 준 데서 비롯된 모든 준칙은 가능한 목적의 나라, 그리고 자연의 나라와 조화되어야 한다. 의지 형식의 단일성(의지의 보편성)의 범주와 내용(객체들, 목적들)의 다수성의 범주는 체계인 전체성(총체성)의 범주로 진행한다(436).

칸트는 여기에서 무조건적인 선의지가 존재한다고 보았다. 그 준칙이 보편적인 법칙이 되어도 준칙 자신에게 결코 모순될 수 없는 의지는 절대적으로 선하다. 그러므로 준칙이 법칙으로서 보편적이도록 행위하라는 원칙은 의지의 최상, 최고의 법칙이며, 그 명령은 정언적이다. 준칙은 그 스스로 보편적인 자연 법칙으로 인정될 수 있도록 행위하도록 요구하고 있다. 이 명제는 절대적으로 선한 의지의 주체를 전제하고 있다. 따라서 "네 준칙에 이성적 존재 각자가 동시에 목적 그 자체로 적용될 수 있도록 행위하라"는 원칙은 "각각의 이성적인 존재에 대한 보편적인 타당성을 자기 안에 담고 있는 준칙에 따라 행위하라"는 근본 법칙과 동일한 것이다(437).

목적 그 자체인 각각의 이성적 존재는 자신이 복종해야 하는 모든 법칙에 대해 스스로를 동시에 보편적으로 '법칙을 주는 자'로 간주할 수 있어야 한다. 이성 존재자는 다른 준칙을 자기 자신의 관점에서 가져오는 동시에 다른 이성 존재자의 관점에서도 가져와야 한다. 이처럼 구성원들 모두가 자기 자신에게 법칙을 주게 됨으로써 이성 존재자들의 세계(mundus intelligibilis)는 목적의 나라로 기능할 수 있게 된다. 이성 존재자는 그 자신이 자기의 준칙에 의하여 언제나 목적의 보편적 나라에서 '법칙을 주는' 구성원인 것처럼 행위해야만 한다. "네 준칙이 동시에 (모든 이성적인 존재의) 보편적인 법칙이 되어야 할 것처럼 행위하라. 그러므로 목적의 나라는 오직 자연의 나라와의 유비에 의해서만 가능하다. 목적의 나라는 준칙, 즉 스스로 부과한 규칙에 의해서만 가능하고, 자연의 나라는 외부에서 강제로 작용하는 원인에 의해서만 가능하다"(438).

의지의 준칙이 필연적으로 자율성의 법칙과 조화를 이루는 의지는 신성하고 절대적으로 선한 의지[신의 의지]이다. 절대적으로 선하지 않은 의지[인간의 의지]가 자율성의 원칙(도덕적 강제)에 의지하는 것은 구속력이다. 따라서 구속력은 신성한 존재에는 적용되지 않는다. 구속력 때문에 어떤 행위를 객관적으로 해야만 하는 것[객관적 필연성]을 의무라고 한다(439). 의지의 자율성은 도덕성의 최상 원칙이다(440). 도덕성에 대한 모든 사이비 원칙은 의지의 타율성에서 생긴다(441). 행복의 원칙에서 나온 경험적인 원칙들은 자연적인 감정 또는 도덕적 감정을 기초로 한다. 완전성의 원칙에서 나온 합리적 원칙들은 이성 개념이나 신의 의지 개념을 기초로 한다. 경험적인 원칙들은 결코 도덕법칙의 근거가 될 수 없다. 그 중에서도 행복의 원칙이 가장 혐오스럽다(442).

칸트는 아리스토텔레스의 행복주의 윤리학의 한계를 극복하기 위하여 윤리학이 정초될 수 있는 형식적 틀을 제시하고자 하였다. 칸트가 시도한 보편적 규범 윤리학의 정초는 로렌스 콜버그의 도덕발달론 실험을 통하여 새로운 단계에 들어서게 된다. 콜버그는 소크라테스, 칸트, 듀이, 롤즈의 도덕철학과 정의론에 입각하여 보편적인 규범 윤리학의 정초작업에 착수했던 것이다.

### 5) 콜버그: 도덕의식은 진화하는가?

콜버그는 그의 저서 『도덕발달의 철학』,[10] 제4장 「사실로부터 당위에로」에서 자연주의적 오류와 심리학자의 오류를 넘어서서, 인지심리학 또는 발달심리학 이론에 의하여 사실적으로 검증된 단계 범주들을 단초로 하여 보편적으로 타당한 도덕발달의 단계를 입증하고자 하였다. 그의 도덕발달론은 다음과 같은 네 명제에 의하여 기초되고 있다. 첫째로 도덕 판단은 역할 기대의 과정(role-taking process)이라는 것이다(미드). 둘째로 각 단계에는 피아제의 사유 조작에 있어서 논리적 단계와 상응하는 새로운 논리적 단계가 나타난다는 것이다. 셋째로 구조는 정의-구조(justice structure)로 파악된다는 것이다. 넷째로 그러한 각 단계에서는 그 앞에 오는 단계보다 더 포괄적이고 분화적이고 평형적이라는 사실이다(147). 콜버그는 이 네 개의 테제를 도덕판단 능력의 여섯 단계에 적용한다. 도덕판단 능력의 여섯 단계는 관습이전의 두 단계(제1단계: 처벌과 복종, 제2단계: 도구적 교환), 관습 수준의 두 단계(제3단계: 사람들간의 동조, 제4단계: 사회제도와 양심의 유지), 그리고 관습 이후의 두 단계(제5단계: 선재 권리와 사회계약, 제6단계: 보편적 윤리적 원리)로 구분된다. 이러한 각 단계들에 원리적으로 적용되는 도덕적 규범과 특성은 콜버그가 경험적-심리학적 연구를 통하여 재구성한 것이다. 다시 말하면 콜버그는 경험적-심리학적 연구 사실의 결과들로부터 문화적, 종교적, 시대적 한계성을 초월하여 언제나 보편적으로 발견되는 도덕발달의 단계가 존재한다는 사실을 확인했다는 것이다. 그러한 단계들은 저마다 특징적인 도덕현상을 보이고 있으며, 언제나 낮은 단계에서 높은 단계로 나아가고, 건너뛰지 않는다는 것이다. 이와 같은 콜

10) Kohlberg, L.: *Philosophy of Moral Development. Moral Stages and the Idea of Justice*. New York 1981.

버그의 주장은 이미 칸트의 형식주의를 넘어선 것이며, 듀이를 매개한 헤겔의 변증법 사상이 작동되고 있는 것을 볼 수 있다. 콜버그가 제시한 여섯 단계의 내용은 다음과 같다.

'관습 이전의 1단계'(präkonventionelle Stufe 1)는 '벌과 복종의 단계'(the stage of punishment and obedience)이다. 이 단계에서 생각되는 '정의'는 규칙과 권위에 복종하는 것, 벌을 피하는 것, 신체적 위해를 가하지 않는 것 등이다. 아이들이 의로운 것을 행하는 이유는 강력한 힘을 가진 권위자로부터 벌을 피하려는 데 있다. 나쁜 행위에 대해서는 나쁜 결과가 기대된다. 그러나 이것은 평등과 상호성이라는 의미에서의 교환적 정의에 의해서가 아니라 약자는 강자에 복종하지 않으면 처벌이 따른다는 사회적 질서에 의하여 일어난다. 콜버그에 의하면 "이 단계는 자기중심적 관점을 취한다. 이 단계에 있는 사람은 다른 사람의 이해 관계에 대해 숙고하지 못하며 혹은 그들이 자신과 다르다는 것을 인식하지 못한다. 그러기에 그는 두 가지 관점을 관련지우지 못한다. 행위는 물리적 결과에 준해 판정되며 다른 이의 심리적 관심을 전혀 돌보지 못한다. 권위자의 조망과 그 자신의 조망과 혼란된 상태에 있다"(147f, 409). 이 단계에 속하는 아이들은 아직 피아제의 인지 심리학에서의 '논리적 상호성'(logische Reziprozität)이나 가역성(Reversibilität)과 같은 구체적인 사유조작을 하지 못한다. 그렇기 때문에 서로 다른 개인들 사이에서의 구체적인 상호적 교환으로서의 정의를 생각하지 못한다.

'관습 이전의 2단계'(präkonventionelle Stufe 2)는 '개인적인 도구적 목적과 교환의 단계'(the stage of individual instrumental purpose and exchange)이다. 이 단계에서의 '정의'란 그 자신이나 다

른 사람의 욕구를 충족시키는 것과 구체적 교환에 있어서 공정하게 거래하는 것, 즉 동등한 조건에서의 교환과 거래 및 협정에 있다. 그러므로 이 단계에서는 "너는 나를 해치거나 간섭하지 않아야 하고, 그리고 나도 너를 해치거나 간섭하지 않아야 된다"는 철칙이 중시된다. 그러므로 이 단계에서도 구체적 개인주의가 우세하다. 이 단계에 속한 아이들은 논리적 상호성과 가역성이란 의미에서의 구체적 사유조작을 할 수 있다. 정의는 교환과 분배의 구체적 상호성이라는 의미에서 공정성(Fairneß)을 뜻한다. 이 단계의 아이는 형이 자기의 형이고, 자신과 마주 서있는 사람의 오른손이 자신의 왼손과 같은 방향에 있다는 사실을 분별할 능력을 가진다. 하인츠-딜렘마(The Heinz Dilemma)[11]와 관련하여 친구의 생명을 살리는데 약을 훔쳐도 좋다고 하는데, 그 이유는 내

---

11) 콜버그는 그의 도덕발달론에서 '하인츠 딜렘마'의 이야기를 전 단계에 적용하고, 그 이야기에 대한 반응을 구조적으로 재구성하여 도덕 판단 능력의 단계를 구분하고 있다. 그러므로 콜버그에게서 '하인츠 딜렘마'는 그의 경험적-심리학적 연구를 위한 실질적이고도 가장 중요한 전거가 된다. 하인츠 딜렘마의 이야기 내용은 다음과 같다:

"유럽에서 어떤 부인이 치명적인 병으로 죽어가고 있다. 그 병은 일종의 암이다. 의사들은 그녀를 구할 수 있는 약이 단 한 종류가 있다고 보았는데, 그 약은 그 도시에 살고 있는 어느 제약사가 최근에 발견한 어떤 형의 라듐이다. 그 약의 생산 가격은 매우 높았다. 그래서 그 제약사는 약을 제조하는데 드는 총비용의 열 배 정도를 가격으로 책정하였다. 약을 생산하는데 200달러가 들었기 때문에 약값은 2000달러였다. 그 부인의 남편 하인츠는 돈을 빌리기 위하여 그가 아는 모든 사람을 찾아 다녔으나 그 약값의 절반밖에 되지 않은 1000달러를 구하는데 그쳤다. 제약사에게 자기 아내가 죽어가고 있다는 사실을 말하고 약을 싸게 팔든지, 그렇지 않으면 나머지 돈은 외상으로 해달라고 간청하였다. 그러나 제약사는 '안 됩니다. 나는 약을 만드는 사람이고 그 약을 팔아서 돈을 벌 것입니다'라고 말했다. 하인츠는 절망한 나머지 아내의 목숨을 구하기 위하여 약을 훔칠 생각으로 약방을 털었다"(12).

가 똑같은 상황에 있을 때 내가 그를 필요로 할지도 모르기 때문이다. 이 단계에서는 성서의 황금율이 뜻하는 바가 상쇄와 보복의 차원에서 받아들여지게 된다.

'관습적 3단계'(konventionelle Stufe 3)는 '인간 상호적인 기대와 관계 및 공조의 단계'(the stage of mutual interpersonal expectations, relationships, and conformity)이다. 이 단계에서의 '정의'란 자신에게 주어진 역할을 착하고 훌륭하게 수행하고, 동반자로서의 신뢰와 충성을 지키기 위하여 다른 사람들의 입장을 존중하는 것이다. 이 단계의 아이들에게는 성서의 황금율이 이상적인 대인관계에 대한 규정, 즉 "네가 다른 사람에게 대접받고 싶은 대로 다른 사람을 대접하라"는 의미로 정식화되면서, 다른 사람의 잘못을 용서할 수 있는 마음을 처음으로 갖게 된다. 그러나 이 단계에서는 역할 기대나 황금율의 보편성뿐만 아니라 규칙이나 올바른 태도 규범에 의하여 역할을 확정하는 사회적 기능 체계나 사회 질서라는 의미에서의 역할 의무나 법의 간결성은 아직 나타나지 않는다(149). 이 단계의 아이들에게는 처음으로 두 개의 다른 역할을 관련지우면서 서로 다른 입장을 동시에 생각해 보는 이른바 역할 기대(role-taking)에 대한 반성이 나타난다. 이를 위해서는 동시성이나 상호성에 대한 인지적 정향이 필수적으로 요구된다.

'관습적 4단계'(konventionelle Stufe 4)는 '사회체제와 양심의 유지를 위한 단계'(the stage of social system and conscience maintenance)이다. 이 단계에서의 정의는 사회에서 자신의 의무를 다하고, 사회질서를 지키며, 사회의 안녕을 유지하는 것이다. 이 단계에 속한 사람들은 국가 사회의 현행 규범이나 법체계에 순응하여 행동한다. 법은 그것과 상충하는 사회적 의무나 권리와 갈등하는 극단적인 경우를 제외하고는 철저하게 지켜져야 한다. 이 단계에서의 정의는 사회, 집단, 제도에 공헌함으로써 제도 그 자체를 유지하는 것이다. 그러므로 이 단계에서의 사람들은 개인들이나 가족들 사이에서의 보복이나 용서의 차원을 넘어서서 개인과 사회 체제의 관계를 새롭게 정립하는 동시에, 사회가 정한 법과 질서에 의거하여 의무를 다함으로써 자기 존재와 양심을 보존하려고 한다. 따라서 이 단계에 속하는 사람들은 체제의 관점을 바탕으로 하여 자기의 역할과 행위규정을 제약한다. 그는 체제 안에서의 위상 속에서 개인적 관계를 생각한다.

'관습 이후적 5단계'(postkonventionelle Stufe 5)는 '선차적 권리와 사회 계약 또는 공리성의 단계'(the stage of prior rights and social contract or utility)이다. 이 단계에서의 정의는 기본권, 가치, 사회의 법적 계약을 지지하는 것이다. 물론 이것들이 특정한 집단의 구체적인 규칙이나 법과 갈등을 일으키는 경우에도 마찬가지다. 이 경우에 콜버그는 법과 계약에 대한 합리적인 정당화 원리를 규칙공리주의가 말하는 유용성의 관점에서 설명한다. 그리하여 타당한 법과 규칙들은 4단계에서처럼 신성하게 전제되는 것이 아니라 다른 규칙들과의 비교를 통하여 개개인에게 보다 유익하게 제정된다는 것이 바로 규칙공리주의 관점이다(153). 이 단계에 속한 사람들은 개인의 자연권을 요구할 뿐만 아니라, 사회 질서가 규칙공리주의적 유용성의 관점에 근거한 계약을 통하여 수립되고 또한 동시에 그 수정도 요구할 수 있다는 사실을 중시한다. 4단계에서는 한 사람에게라도 예외를 허용하면 법의 구속성이 침해될 것이라는 우려가 지배적이다. 그러나 5단계에서는 아무것도 규정되지 않은 상태 혹은 기존의 법을 정당화하거나 수정하려는 데 있어서 가장 합리적인 방안이 무엇인가를 보다 중요하게 생각한다. 그러므로 5단계에서는 사법 행정적 차원에서의 법과 질서유지 차원보다는 입법적 차원에서 법을 새롭게 제정하고 수정하는 사유 조작과 관련된다.

콜버그는 5단계가 사실상 도덕적 원리를 타당하게 하려는 의도, 즉 도덕적 관점을 아직 가지고 있지 않다고 본다. 콜버그는 이러한 주장을 한편으로는 경험적인 검사 결과, 그리고 다른 한편으로는 칸트와 롤즈의 도덕 철학을 기초로 한 그 자신의 규칙 공리주의에 대한 비판적-철학적 논의 결과를 바탕으로 설명하고 있다. 콜버그는 5단계에 해당되는 학생들에게 남북전쟁 이전에 법을 어기고 노예의 탈주를 돕는 것이 정당한가라는 물음에 대한 대답을 경험적으로 분석한다(158). 이 경우의 학생들은 전형적으로 법의 효력과 관련된 합법성과 도덕적 관점 사이의 갈등을 드러내고 있다. 물론 도덕적 관점에서 보면 그것은 아직 '상호주관적으로 타당한 원리의 정초'는 아니고, '주관적 양심의 권리'로 이해된다. 도덕적 관점에서 그 학생은 노예 제도가 인간을 동물처럼 다루게 하기 때문에 부당하다고 말한다. 그리고 그 학생은 그러한 의견을 말할 수 있는 개인의 도덕적 권리와 그에 상응하는 시민 불복종에 대한 양심의 결단에 대해서도 말한다. 그러므로 그 학생에게 문제되는 것은 주관적 의견이나 결단이다. 그 학생의 진술에 의하면 현행법으로서의 국가법에 저촉되면 시민불복종을 결단한 그 개인은 사회의 밖에 있다는 것을 알아야 한다(158).

'관습 이후적 6단계'(postkonventionelle Stufe 6)는 '보편적인 윤리적 원리의 단계(the stage of universal ethical principles)이다. 이 단계에 속하는 사람들은 모든 인류가 따라야 할 보편적인 윤리적 원리를 지침으로 행위한다. 이 단계에서의 정의는 완전한 보편성과 가역성으로서의 평형화에 이르는 것이다. 이러한 정의 개념은 인권의 평등과 인간의 존엄성에 대한 존경에 기초하고 있으며, 입법과 사회적 제도를 창출하는 도덕적 관점으로부터 나온다. 이러한 도덕적 관점은 다른 모든 사람을 수단이 아닌 목적 그 자체로서 예우한다.

콜버그가 도덕 판단 능력의 최고단계를 정초하는 전형적인 논증은 바로 칸트주의에 기초하고 있다. 자체 목적으로서의 인격은 무조건적인 도덕 가치를 가지며, 그것은 모든 개개인의 주장들이 모든 상황에 있어서 동등한 처우를 받아야 한다는 원리이다. 이것은 모든 유용한 행위 방식이나 사회 계약에서 나오는 역할 기대와 비교해 볼 때, 모든 이성 존재를 '이상적인 도덕적 배역'으로 간주하는 사실에서 5단계와는 달리 '보편적'이라는 차이를 나타낸다. 칸트적인 의미에서 '정의의 원리'나 '인간을 목적 자체로서 보는 원리'는 법보다 고차적이다. 그 이유는 법과 계약에 대한 주장은 이 원리들로부터 연역될 수 있기 때문이다(164). 콜버그에서의 6단계 도덕 원리는 무당파적이고 보편적으로 타당하다. 또한 그것은 형식적 의무론적 원리와 함께 실질적 도덕 원리를 기술한다. 그것은 인간의 생명을 구하고 인격을 수단으로 다루지 말라는 것처럼, 모든 사람에게 언제나 타당한 의무를 위한 완전하게 보편적인 원리를 정초하기 때문이다(166).

### 6) 길리건: 윤리학에도 다른 목소리가 있는가?

최근에 새로운 윤리학으로서 대두된 페미니즘 윤리학은 함축적으로나 또는 노골적인 태도를 취하여 왔던 전통적인 규범윤리학에 대한 분석과 비판으로 시작되었다. 페미니즘 윤리학은 칸트 윤리학의 형식주의와 엄격주의를 비판하였다. 길리건[12] 이후의 페미니즘 윤리학에서는 칸트, 콜버그, 롤즈에 의하여 주장된 초당파적이고 보편적이며 개인의 관심이 사상된 관점을 가진 도덕적 견해의 중립성을 매우 격렬하게 비판해 왔다.

페미니즘 이론의 내부에서 윤리학과 관련된 수많은 논쟁들이 있었으며, 평등과 성별 차이, 여성도덕의 존재, 윤리적 판단 정초의 보편성, 주체철학과 주체비판 등의 주제에 대하여 여성주의적 관점에서 논쟁이 계속되었다. 페미니즘 윤리학 토론에서 가장 중요한 논쟁은 바로 페미니즘 윤리학이 보편적인 윤리학인가 혹은 맥락주의적 윤리학인가, 그리고 예를 들면 의무론적 윤리학과 목적론적 윤리학 중에서 어떤 윤리적 전통이 페미니즘 윤리학에 수용될 수 있는가 등의 물음이었다.

이와 같은 컨텍스트에서 페미니즘적 배려윤리의 가능성에 대한 논쟁이 이루어졌고, 역시 자유주의와 공동체주의에 의하여 정향된 페미니즘 윤리학 사이의 논쟁이 벌어졌다. 그 가운데서 여성도덕의 가능성에 대한 토론이 생겨났으며, 페미니즘 윤리학이 주체성과 자율의 개념을 받아들여야 하는가에 대한 물음이 제기되기도 하였다.

안네마리 피퍼에 의하면 페미니즘 윤리학은 보편윤리학의 토대에 대하여 다룰 뿐만 아니라 응용윤리학의 문제도 전통철학에

12) Gilligan, Carol: *In a Different Voice. Psychological Theory and Women's Development*. Harvard University Press, Cambridge and London 1982. Deutsch: *Die andere Stimme. Lebenskonflikte und Moral der Frau*. München, Zürich 1990.

서 당연하게 다루어져 왔던 남성중심주의적 전제들을 반성해야 한다. 철학적 숙고가 추구하는 바는 인간에게 보편적으로 적용될 수 있고 성을 차별하지 않는 것이다. 그러므로 페미니즘 윤리학은 지금까지의 남성도덕의 개념을 여성 윤리 도덕의 개념으로 보완하는 것, 결국 인간에게 보편적인 도덕을 구성하는 일이 의미 있는가를 물어야 한다. 아직까지도 풀리지 않은 이 물음은 우리에게 아직 물어볼만한 물음인 것이다.

페미니즘 윤리학의 논의에서 핵심적인 사항은 페미니즘 윤리학이 보편적인 윤리학으로서 정당화될 수 있는 가라는 물음에 있다. 길리건의 테제에 대한 찬반 논쟁은 필연적으로 칸트, 콜버그, 롤즈와 같은 의무론적 윤리학 전통에 대한 부정적인 비판과 연관된다. 길리건에서 도덕적 감정과 판단은 절대적으로 주어진 것이 아니라 유아기부터 형성된 관계 양상들의 결과들이다. 그리하여 길리건은 정의의 관점과 배려의 관점이라는 두 개의 도덕적 관점을 주장하였다. 길리건의 목표는 어떤 하나의 관점이 다른 하나의 관점에 의하여 무시되지 않고 두 개의 도덕적 지향을 동등하게 표현하는 데 있었다. 동등성의 윤리학과 차이의 윤리학 사이의 논쟁은 자율성, 자유, 동일성, 주체성 등의 철학적 개념들의 의미에 대한 다양한 평가에 기초하고 있다. 이 논쟁으로부터 페미니즘 윤리학의 또 다른 논쟁 영역인 자율적 주체성과 그것이 페미니즘 윤리학에서 어떤 의미를 가질 수 있는 가에 대한 논쟁에 들어서게 된다. 그러나 자율성과 주체에 대한 페미니즘적 비판과 더불어 페미니즘적 관점에서 자율적 주체의 이념을 다시 복원해야 하는 요구에 직면하게 된다. 여기에서 하나의 순환이 생겨난다. 페미니즘 윤리학의 논의는 여성들은 더 이상 타자의 상태나 내재성의 위치에 얽매어 있지 말고 그 주체와 자율성을 실현해야 한다는 하나의 테제로부터 출발한다. 그러나 동등성의 페미니즘과 차이 이론적 입장의 우위에 대한 비판 이후에는 윤리학에서의 보편성, 형식적 동일성, 정의, 자유, 주체성의 이념들에 대한 재발견과 재정식화에 직면하게 되었다. 예를 들면 페미니즘 윤리학의 논의 영역에서 유토피아적 사유는 이러한 가치들의 재발견을 목표로 설정하고 있지만, 그것은 언제나 하나의 이상으로 머무를 뿐이었다. 페미니즘 윤리학의 보편성 요구는 실재적인 의사소통공동체와 이상적인 의사소통공동체의 완전한 일치의 요청에 의해서만 해소될 수 있다.

페미니즘 윤리학의 정초 근거 및 보편성 주장에 대한 단초를 우리는 쇼펜하우어의 의지형이상학과 동고(同苦)의 윤리에서 찾아볼 수 있을 것이다. 쇼펜하우어가 칸트 윤리학을 비판하였을 뿐만 아니라 이성중심주의를 의지중심주의로 대체하였기 때문이다. 쇼펜하우어는 의지가 작동되는 두 가지 방식, 즉 삶의 의지의 긍정과 그 부정을 통하여 이기주의와 도덕적 가치를 가진 행위(정의와 인간애)가 구분될 수 있다고 보았다. 쇼펜하우어가 윤리학의 새로운 정초를 시도하는 출발점은 삶의 의지의 맹목적 긍정을 추구하는 이기주의이다. 그러나 삶의 의지의 부정을 추구하는 사람은 타인에 대하여 동고의 정서를 가지며, 그로부터 정의와 인간애를 윤리학의 최상원칙으로 채택한다. 타인에 대한 위해를 금지하는 규정은 정의의 원칙이고 타인에게 자비를 베풀게 하는 규정은 인간애의 원칙이다. 정의의 원칙은 소극적이고 부정적인 반면에 인간애의 원칙은 적극적이고 긍정적인 성격을 가지고 있다. 이 때문에 쇼펜하우어는 정의는 보다 남성적인 덕이고, 인간애는 보다 여성적인 덕이라고 규정하였다. 이러한 사실은 칸트의 윤리학에서 롤즈와 콜버그, 그리고 아펠과 하버마스에 이르기까지의 보편적 규범윤리학에 대한 비판적 논거가 될 수 있으며, 따라서 길리건이 제시한 페미니즘 윤리학의 정초 근거를 마련하는데 결정적인 단서가 될 것이다.

마지막으로 현대 윤리학에서 가장 근본적인 문제로 제기되고 있는 페미니즘 윤리의 보편성 주장 또는 여성주의 윤리학의 정초 근거를 우리는 불교의 보살사상과 자비의 윤리에서 찾아보고자 한다. 페미니즘 윤리학자들은 전통적인 규범윤리학자들이 이성(합리성)과 정의 개념을 중심으로 도덕이론을 정초함으로써 감성과 배려(사랑, 자비)의 측면을 무시하였다고 지적한다. 그러나 이와 같은 페미니스트적 주장은 감성이나 배려와 같은 개념들이 보편적인 규범 근거로서 작동될 수 있는가라는 반박에 부딪히면서 여성주의 윤리학의 보편성 주장 또는 정초 가능성의 문제에 직면하게 된다. 따라서 우리는 페미니즘 윤리학의 정초 근거 및 보편성 주장에 대한 단초를 대승불교의 실천철학, 특히 보살사상의 도덕적 지향성 구조에서 찾아보려고 한다. 이미 깨달은 자(타타가타)로서 열반의 경지에 들어갈 수 있지만 중생을 구제하기 위하여 삼사라의 세계에 머물면서 자비를 베풀고 있는 보살의 존재는 페미니즘적 관점에서 볼 때 매우 인상적이다. 자비 개념의 근본적 이해는 곧 바로 현대 페미니즘 윤리학의 보편성 주장의 문제와 직결될 수 있을 것이라는 기대를 갖게 한다. 우리는 불교의 보살사상에 대한 연구 동향, 특히 보살사상의 주요 이념으로서 보시(布施)와 회향(回向) 개념을 분석한 후에 관음(Avalokiteshvara, Guanyin) 보살의 경우를 중점적으로 살펴볼 것이다. 페미니즘 윤리학은 길리건의 발견술에 기초하며, 여성성의 경험을 통하여 얻어진 윤리적 가치들이 보편적인 정당성을 확보할 수 있는 가능성 조건이 무엇인지를 살피는 것을 주요 과제로 한다. 페미니즘 윤리학의 보편성 주장에 대한 회의적인 태도들은 보살사상에서의 보시와 수희와 회향 개념을 통하여 극복될 수 있다. 관계성의 차원이 개인과 사회, 국가를 넘어서서 전우주적으로 무한확장 될 수 있는 니르바나적 세계질서의 이념은 구체성과 추상성을 함께 아우르는 윤리적 지평이 될 수 있기 때문이다. 또한 동시에 초기 불교와 보살사상의 자비윤리에도 칸트적인 의미에서의 규범성이 정초되고 있는 사실을 간과해서는 안 된다. 보살의 보시행은 마땅히 보시바라밀행과 일치하도록 시행되어야 하며, 이를 통하여 니르바나적 세계질서의 무한 확장이 현실화될 수 있는 것이다.

# 2. 페미니즘 윤리학은 가능한가?

## 1) 페미니즘 윤리학의 정초 논쟁

캐롤 길리건(Carol Gilligan)[1]은 1982년에 발표한 저서를 통하여 칸트,[2] 피아제,[3] 콜버그,[4] 롤즈[5] 등의 전통적인 규범윤리학자들이 도덕이론을 구축하는 과정에서 여성들이 추구하는 덕목이나 가치를 고려하지 않았으며, 그 때문에 여성이 도덕성 발달 과정에서 저급한 단계에 머무르는 것으로 잘못 판단하였다는 주

---

1) Gilligan, Carol: *In a Different Voice. Psychological Theory and Women's Development.* Harvard University Press, Cambridge and London 1982. 이하 *Gilligan*으로 줄인다. Deutsche Fassung: *Die andere Stimme. Lebenskonflikte und Moral der Frau.* München, Zürich 1990.

2) Kant, Immanuel: *Grundlegung zur Metaphysik der Sitten.* Riga 1785; *Kritik der praktischen Vernunft.* Riga 1788; *Metaphysik der Sitten.* Königsberg 1797. Kant, Immanuel: *Foundations of the Metaphysics of Morals*. Indianapolis and New York 1959. Kant, Immanuel: *The Metaphysical Elements of Justice.* New York 1965.

3) Piaget, Jean: *The Moral Judgement of the Child.* New York 1997.

4) Kohlberg, Lawrence: *The Philosophy of Moral Development, Moral Stages and the Idea of Justice.* San Francisco 1981. 이하 *PMD*로 줄인다.

5) Rawls, John: *A Theory of Justice*. Revised Edition. The Belknap Press of Harvard University Press 1999.

장을 제기하였다. 이와 함께 규범윤리학에서 일반적으로 사용되어 왔던 이성, 합리성, 객관성, 보편성, 정의 등의 개념들에 대해서도 남성중심적이고 가부장제적인 영향을 받은 것이라고 주장함으로써 학문적 중립성과 무당파성을 의심하기도 하였다.

이처럼 페미니즘 윤리학은 전통적인 규범윤리학의 주요 개념들을 비판하는 것으로부터 출발한다. 페미니스트들은 새로운 윤리학의 입안을 통하여 기존 윤리학을 보완하거나 대체하려고 시도하고 있으며, 그 과정에서 페미니즘 윤리학 그 자체의 정초 문제가 제기됨으로써 그들 자신들이 대안으로 제시하는 윤리적 주장들이 과연 합리성, 정당성, 무당파성, 객관성, 과학성을 담보할 수 있는가라는 이른바 정초 논쟁에 휩싸이게 되었다. 페미니스트들은 그 동안 합리성의 근거 개념으로 자리잡았던 '이성'(Vernunft, reason)조차도 남성주의의 산물이라고 주장하기 때문에, 칸트가 수행하였던 이성비판을 넘어서서 새로운 차원에서의 이성비판을 감행하지 않으면 안 될 처지에 있다. 따라서 우리는 이와 같은 페미니즘의 이성비판은 수용되어야 하는가, 그렇지 않으면 극복해야 할 과제인가를 다시 묻지 않을 수 없게 된다. 이 물음은 결국 고대 그리스 철학이 발굴한 로고스 개념의 신빙성에 대한 도전이 될 것이다.

그렇다면 그와 같은 비판적 물음을 제기하고 있는 페미니즘 지식은 객관적 타당성을 가지고 있는가? 이 물음에 대해서 페미니스트들은 객관성과 타당성 역시 남성주의의 산물이라고 대답할 것이 분명하다. 그렇다면 남성주의가 내놓은 객관성과 합리성과 타당성 이외에 학문과 진리를 담아낼 수 있는 이론적 준거가 마련될 수 있는가? 도대체 객관적 사실들을 비난하는 여성주의적 관찰과 주장내용들이 의미를 가질 수 있다면, 그것들은 어떤 기준과 근거를 가지고 있는 것일까? 도덕과 윤리가 인간이 마땅히 추구하지 않으면 안 되는 의무규정이라고 할 때, 여성주의적 시각에서 본 도덕적 주장들이 보편성을 획득할 수 있는가? 또한 그것이 윤리학으로서 정초 가능하다면 남성들의 이익주장에 배치되는 경우에도 타당한 것인가, 아니면 여성주의 윤리가 학문적 타당성을 가질 수 있는 근거는 무엇일까? 페미니즘 윤리는 도덕적 보편주의를 지향하는가, 그렇지 않으면 상대주의 윤리설이나 상황윤리 정도로 만족할 수밖에 없는가? 이것이 바로 새롭게 물어야 할 우리의 과제이다.

2003년부터 틸부르크(Tilburg) 대학 가톨릭신학부에서 체계철학 분야를 강의하고 있는 사스키아 벤델(Saskia Wendel, 1964~)[6] 교수는 바로 이런 물음들을 감안하여 페미니즘 윤리학의 영역에서 제기되었던 논쟁들을 세 가지 정도로 압축하여 정리하고 있다. 그 하나는 모든 사람을 위한 하나의 윤리학이라는 관점에서 페미니즘 윤리학이 보편적인 윤리학으로 정초될 수 있는가, 아니면 맥락의존적 윤리학으로 정초되는가이다. 또 하나의 문제는 페미니즘 윤리학이 의무론적 윤리학에서처럼 정의 중심으로 가야 하는가, 아니면 여성들의 좋은 삶을 성취하는데 논의의 초점을 맞추는 이른바 목적론적 윤리학이어야 하는가이다. 이 물음은 결

---

6) 그 이전에 벤델은 1996년부터 독일 뮌스터대학에서 신학의 철학적 근본물음(Seminar für Philosophische Grundfragen der Theologie an der Universität Münster) 교수로 재직한 바 있으며, 저서로는 *Jean-Francois Lyotard. Aisthetisches Ethos*(1999), *Jüdische Traditionen in der Philosophie des 20. Jahrhunderts* (2000), *Unbedingtes Verstehen*(2001), *Affektiv und inkarniert*(2002), *Feministische Ethik zur Einführung*(2003), *Christliche Mystik*(2004) 등이 있다.

국 페미니즘 윤리학이 동등성의 윤리학이어야 하는가 아니면 성적 차별의 윤리학이어야 하는가라는 문제로 직결된다.7) 결국 페미니즘 윤리학에서의 정초논쟁은 윤리학 자체의 근거 문제이며, 윤리적 보편성의 준거 문제이기도 한 것이다. 그러므로 우리는 페미니즘 윤리학이 전통적인 규범윤리학을 남성윤리학이라고 단정하고 여성윤리학의 정당성을 주장하는 일이 순환논리의 오류에 빠지게 되는 것은 아닌지 면밀하게 살펴볼 필요가 있다.

현대사회에서는 거대체계나 획일주의보다는 다양한 주체들이 자유롭게 의견을 개진할 수 있는 여건을 보장하는 것이 중시되고 있다. 이런 사실에서 페미니즘 윤리의 근본주장은 기존의 보편적 규범윤리가 배제하거나 무시하였던 여성성에 대한 적극적인 배려를 주제화하고 있으며, 본 연구는 바로 페미니즘 윤리의 보편성이 확보될 수 있는 가능한 근거가 어디에 있으며 그것이 무엇인가를 다루고자 한다. 그래서 우리는 먼저 페미니즘 윤리를 정초하려는 지금까지의 노력들을 비판적으로 정리한 다음에, 자비와 배려의 도덕철학적 근거가 칸트와 콜버그 이외의 다른 철학자들에게서 발견될 수 있는가를 탐색하고자 한다.8)

## 2) 길리건의 콜버그 비판과 배려윤리

캐롤 길리건(Carol Gilligan)의 배려윤리, 즉 페미니즘 윤리학의

7) Wendel, Saskia: *Feministische Ethik zur Einführung*. Hamburg 2003, 이하 *Wendel*로 줄인다. S. 7f, 37-68.

8) 페미니즘 윤리학의 정초 근거에 대한 기존 논의들을 비판적으로 고찰한 연후에 쇼펜하우어의 동고 사상과 불교의 보살사상에서 그 단초를 발견하고자 한다. 이 책에서는 제4장과 5장에서 상세하게 다루었다.

정초 구상은 칸트와 콜버그의 보편주의 윤리학에 대한 비판으로부터 출발된다. 길리건은 뉴욕 출신으로서 하버드대학에서 박사학위를 받은 후 34년 동안 재직하였고 1997년에는 하버드대학 최초의 여성학 교수직을 맡기도 했으나, 최근에는 뉴욕주립대학으로 옮겨서 활동하고 있다. 『다른 목소리로』(동녘 1997)와 『쾌락의 탄생』(2003)[9]에서 그녀는 공리주의(밀), 보편주의 윤리학(칸트, 롤즈), 발달심리학(피아제), 도덕발달이론(콜버그)에서 제안된 도덕이론의 문제점을 비판하면서, 배려와 보살핌과 같은 여성적 가치를 내세운 페미니즘 윤리를 대안으로 제시하였다.

서구에서의 도덕철학은 합리성, 자율성, 정의를 중시하였다. 로렌스 콜버그(1927~1984)는 칸트와 존 롤즈의 규범윤리학을 피아제의 인지심리학과 연결시킴으로써 도덕적 규범성이 단계적으로 발달한다는 것을 보여주려고 시도하였다. 도덕은 관습과 문화와 국가를 넘어서서 어떤 이상적 경지를 지향하고 있으므로 개인이나 인류 전체에 대하여 동시적으로 구속성을 가져야 한다. 그리하여 콜버그는 도덕은 보편주의(Universalismus), 규정주의(Präskriptivismus), 인지주의(Kognitivismus) 혹은 합리주의(Rationalismus), 형식주의(Formalismus)를 전제해야 하는 것으로 생각하였다.[10] 그리고 그것은 한 마디로 정의(Gerechtigkeit)에 대한 물음을 다루는 것으로 간주하였다. 도덕판단은 역할기대의 과정이며, 정의 구조로 파악되는데, 각 단계에서는 피아제의 논리적 단계에 상응하는 새로운 도덕발달의 단계가 나타나고, 그 각 단계는 앞

9) Gilligan, Carol: *The Birth of Pleasure: A New Map of Love*. Vintage 2003. 캐롤 길리건, 『기쁨의 탄생: 새로운 사랑의 지형학』, 빗살무늬 2004.

10) Kohlberg, Lawrence: *Moral Stages*. Basel und New York 1983.

의 단계보다 더 포괄적이고 분화적이며 평형적이라고 보았다 (*PMD*, 147). 콜버그는 정의 개념의 출현 과정을 그의 저서 『도덕발달의 철학』(1981)에서 단계적으로 보여주고자 하였다. 그는 도덕발달의 단계를 6단계로 나누고, 관례 이전의 수준, 관례적인 수준, 관례를 넘어선 수준으로 분류하고 있다.[11]

칸트에서 롤즈[12]에 이르기까지의 자유주의 철학자들이 도덕감

---

11) 콜버그의 도덕판단의 발달단계론은 그가 20년 동안 84명의 남아들에 대한 경험적 연구에서 얻은 성과였다. 그는 자신의 이론이 칸트의 보편주의 윤리학을 계승하는 것으로 생각하였으며, 모든 사람들은 가장 낮은 제1단계에서 가장 높은 제6단계로 이행한다고 보았다. 그는 자신의 연구에서 실험 대상이 남아였기 때문에 남성중심의 도덕을 입안했다는 생각을 전혀 하지 않았다. 길리건은 콜버그의 실험대상이 남아에 그쳤기 때문에 그의 연구결과는 남자의 도덕발달에만 적용할 수 있다고 보았다. 콜버그가 제시한 여섯 가지 발달단계는 우선 관습 이전의 1단계는 '처벌과 복종의 단계'(the stage of punishment and obedience)이고 관습 이전의 제2단계는 '개인적 도구적 목적과 교환의 단계'(the stage of individual instrumental purpose and exchange)이다. 관습적 3단계는 '상호간 기대와 관계와 공조의 단계'(the stage of mutual interpersonal expectations, relations, and conformity)이고 관습적 4단계는 '사회체제와 양심 유지의 단계'(the stage of social system and conscience maintenance)이다. 관습 이후적 5단계는 '선차적 권리와 사회계약 또는 공리성의 단계'(the stage of prior rights and social contract or utility)이고 관습 이후적 6단계는 '보편적 윤리 원리의 단계'(the stage of universal ethical principles)이다.

12) 롤즈는 그의 정의론이 로크, 루소, 칸트의 사상을 보다 구체화 한 것이며, 그가 최종적으로 도달한 이론체계가 결국 칸트주의적인 것이라는 사실을 분명하게 밝히고 있다. John Rawls: *A Theory of Justice*. Revised Edition 1971, 1999, p. xviii, 10. 바로 이런 사실에서 그가 밝힌 정의론의 요지에서 가정하고 있는 원초적 입장(original position)과 원초적 합의에 대한 페미니스트들의 공격은 자연스러운 것이다. 왜냐하면 그것이 비록 가정이라 하더라도 현실적으로 자신의 이익증진에 관심을 가진 자유롭고 합리적인 사람들이 평등한 최초의 입장에서 자신들이 속한 공동체의 기본 조건을 규정하는 데 합의하는 것(p. 11) 자체가 이미 바로 그 가정된 상황에 내재된 불평등까지를 대변하고 있지 않기 때문이다. 더 나아가서 원초적 상황에서 '자유롭고 평등한 합리적 존재'(p. 452)로서 자신을 드러

의 최고단계를 보편적인 도덕원리에 따르는 정의감으로 생각하는 것과는 반대로 길리건은 여성들의 경우에 정의감에 비견되는 배려의 관점이 존재한다는 사실을 지적하였다. 자본주의 사회의 전형적인 윤리인 공리주의가 최대다수의 최대행복을 궁극적 이상으로 삼는 것과는 반대로 페미니즘 윤리는 상대방을 배려하고, 지속적인 유대관계를 유지 발전시켜 나간다는 사실을 부각시키고자 하였다. 타인에게 무관심한 공리주의 대신에 페미니즘 윤리는 배려와 보살핌에 주력하고자 한 것이다.

콜버그의 도덕기준에 의하면 도덕발달이 가장 미숙한 것으로 나타나는 집단은 여성들이며, 이들은 대개 3단계에 머물러 있다. 이런 기준에서는 대부분의 여성들이 도덕발달의 고차적인 단계에 오르지 못한다. 그러나 길리건은 오히려 그 반대로 생각하였다. 이는 여성의 도덕성 지각 발달이 낮기 때문이 아니라, 남성과는 다른 도덕 지각을 가지고 있기 때문이다. 남성들의 도덕적 사고가 정의 관념에 의존하는 것과는 달리 여성들은 배려의 원리에 신경을 쓰고 있다. 따라서 여성들이 주로 3단계에 속하는 이유는 그 행동반경이 주로 살림과 양육에 집중되어 있기 때문이며, 남을 돕고 배려하는 것을 최선의 덕목으로 확신하였기 때문이라는

---

낼 수 있는 부류는 이미 그 사회의 지배층이라는 사실에서 볼 때 페미니스트들이 그것을 남근중심적 가부장사회라고 규정한다면, 대다수의 여성들이 의사결정 과정에서 원천적으로 배제당하였다고 주장하는 것은 정당할 것이다. 롤즈의 정의론을 비판하는 페미니스트들로는 프리드먼(Marilyn Friedman: *What Are Friends For? Feminist Perspectives on Personal Relationships and Moral Theory*. New York 1993, S. 231-255), 헬트(Virginia Held: *Non-contractual Society: A Feminist View*, in: Hanen, Marsha/Nielsen, Kai (Hg.), *Science, Morality and Feminist Theory*, Calgary 1987, S. 111-137), 콘래디(Elizabeth Conradi: *Take Care. Grundlegung einer Ethik der Achtsamkeit*. Frankfurt 2001, S. 61-93) 등이 있다. *Wendel*, S. 19f.

것이다. 남성들이 정의와 자율성을 최고의 도덕성으로 생각한 것처럼 여성들은 배려와 보살핌을 최고의 도덕적 가치로 여겼다는 것이다. 여성들이 주로 속하여 있는 3단계의 사람들은 도덕성을 행위자 상호간의 일치로 이해하였으며, 일반적으로 대인관계에서 다른 사람을 돕거나 기쁘게 해주는 것을 중시하는 것으로 나타났다.

캐롤 길리건은 타자를 보살피고 배려하는 것을 본분으로 여기는 여성들이 도덕발달에서 열등한 단계에 있는 것으로 규정되는 가장 근본적인 이유는 바로 그런 여성적 품성을 도덕발달의 낮은 단계로 분류해 놓았기 때문이라고 비판한다. 이와 같은 사실에서 길리건은 칸트와 롤즈, 그리고 피아제와 콜버그를 비롯한 전통적인 규범윤리학이 남성중심적으로 정향된 결과라는 점을 지적하면서 그 이전의 도덕발달이론에 대한 전면적인 재검토를 수행하게 하였다(*Gilligan*, 18). 길리건은 심리이론을 구성하기 위하여 수행된 기존의 연구들에서 여성들의 도덕발달이 심각할 정도로 저조한 것으로 드러난 사실은 연구 조사방법 자체에 문제가 있으며, 조사과정에서 여성들이 전면적으로 배제되었기 때문이라고 주장한다. 여성들의 경험이 기존의 인간발달 모델에 부합하지 못한 것은 기존의 설명 방식 자체에 문제가 있었기 때문이라는 것이다. 피아제의 발달심리학과 콜버그의 도덕발달론에서 '어린이'나 '인간'은 모두 남성을 지칭하였다. '어린이' 개념에서 여아들은 처음부터 배제되었으며, '인간' 개념에서도 마찬가지로 여성은 들어설 자리를 가지고 있지 않다. 따라서 피아제와 콜버그가 실험 대상을 남아에 제한했다는 사실이 드러나면서 보편타당하고 객관적이라는 분석 결과들에 대한 회의가 생겨난 것이다.

그러므로 여성들을 연구대상으로 삼을 경우에 피아제와 콜버그의 연구결과와는 전혀 다른 도덕이론이 나올지도 모르는 것이다. 그래서 길리건은 여성들이 도덕적 갈등과 선택의 상황에서 어떻게 판단하고 행위하는 가를 연구하였으며, 그 결과 여성들의 도덕적인 의식은 남성들과 전혀 다르다는 사실을 알게 되었다(*Gilligan*, 1-2). 남성들과 여성들은 인간관계에 대한 서로 다른 생각을 가지고 있으므로, 하나의 동일한 사안에 대하여 서로 다른 도덕적 판단을 내릴 수 있는 것이다. 칸트와 롤즈, 그리고 콜버그가 하나의 사태에 대하여 남성중심적 정의 개념을 도덕적 표준으로 생각하였다면, 길리건은 배려와 사랑을 도덕적 기준으로 제시한 것이다. 지금까지 열등한 것으로 규정되어 왔던 여성들의 배려 관점(Fürsorgeperspektive)이 남성들의 정의 관점(Gerechtigkeitsperspektive)을 제치고 나선 것이다. 이것은 위계적 인간관계(the images of hierarchy)를 중시하는 남성들에 비하여 여성들은 그물구조적 인간관계(the images of web)를 중시하는 사실을 반영하고 있다(*Gilligan*, 62). 그리하여 길리건은 이렇게 말한다: "정의의 관점으로부터 배려의 관점으로 바꾸게 되면 관계가 조직되는 차원이 달라진다. 불평등과 평등의 관계가 결합과 결별의 관계로 변화된다. [...] 평등이 아닌, 결합을 총체적으로 파악하여 관계들을 변화시키게 되면 인간의 상호관계를 파악하는 방식이 된다. 그리하여 관계에 대한 그림이나 은유는 계급이나 균형이 아닌, 관계망이나 조직을 강조하는 것이다."[13] 여성들의 발달과정에서는

13) Gilligan, Carol: *Moralische Orientierung und moralische Entwicklung*, In: Nunner-Winkler, G. Hrsg.: *Weibliche Moral. Die Kontroverse um eine geschlechtsspezifische Ethik*, Frankfurt 1991, S. 84.

자신의 삶과 연관된 인간관계들이 가장 소중하고, 그런 관계들에 대한 정체성 확인을 통하여 배려와 책임감을 갖게 되는 것이다 (*Gilligan*, 159).

그렇다면 왜 그리고 어떤 근거에서 남성들은 정의의 원칙을 선호하고 여성들은 배려의 원칙을 선호하게 되었을까? 이 물음에 대하여 길리건은 레브 비고트스키(Lev Vigotsky)와 낸시 초도로(Nancy Chodorow)의 연구[14]를 소개하면서 자신의 의견을 제시하고 있다. 어린이들은 생존을 위하여 부모의 보호와 배려를 필요로 하는 동시에 자립과 권력에 대한 욕구를 갖게 된다. 여기에서 남아들은 어머니를 통하여 배려의 원칙을 접하지만 어머니로부터 벗어나려는 욕구를 갖게 되지만, 여아들은 어머니의 역할을 스스로 예견하면서 배려의 원리를 내면화 하는 차이가 나타난다. 남아들은 배려의 원칙을 접하기는 하지만 결국 그 자신의 해부학적 모델인 아버지를 추종하여 당파성을 배제하는 정의의 원칙을 선호하게 된다. 그들은 독립적이고 개별적이기를 추구하기 때문에 결국 어머니의 자기희생이나 당파적인 성향을 비독립적이고 감정적인 것이라고 평가절하 하게 되는 것이다.

그리하여 청년기에는 정체감과 친밀성을 근간으로 하는 두 개의 도덕이 표명되기에 이른다. 정의의 도덕과 책임의 도덕이 바로 그것이다. 정의의 도덕은 평등과 공정성을 중시하지만, 책임

---

14) Vigotsky, Lev S.: *Mind in Society. The Development of Higher Psychological Processes.* Cambridge, Mass. 1978. (Deutsche Fassung: *Geschichte der höheren psychischen Funktionen.* Münster 1992). Chodorow, N.: *The Reproduction of Mothering. Pschoanalysis and the Sociology of Gender.* Berkeley in Calif. 1978. Deutsch.: *Das Erbe der Mütter. Psychoanalyse und Soziologie der Mütterlichkeit.* München 1985.

의 윤리는 형평성과 차이의 인식을 중시한다. 정의의 윤리는 모든 사람들을 평등하게 존중하고 자아와 타아의 주장들을 균형있게 고려하는 것을 목표로 하지만, 책임의 윤리는 정감과 보살핌이 나오는 이해심에 의존한다(*Gilligan*, 164-165). 이처럼 청년기에서 성인기로 접어들면서 양성 모두가 겪게 되는 딜렘마는 자기성실성과 보살핌 사이의 갈등이다. 그러나 이 시기에 남성과 여성은 각각 이를 서로 다른 관점에서 접근하여 상반된 방향의 진리를 추구하게 된다. 이 두 관점은 두 개의 다른 도덕 이데올로기에 반영되어 있는데, 그것은 독립이 권리의 윤리에 의하여 정당화되고, 친밀이 보살핌의 윤리에 의하여 지지되기 때문이다. 이 두 개의 도덕원리가 상호보완적일 수 있다는 사실은 행위 주체가 도덕적으로 성숙했을 때에야 깨닫게 된다.

그렇다면 길리건은 남성중심적인 정의의 원리를 여성중심적인 배려의 원리로 대체하려고 한 것일까? 길리건의 주장은 확실한 것 같다. 그녀는 칸트에서 콜버그에 이르는 보편적인 규범윤리학이 한계를 가지고 있으며, 그것은 여성적 가치가 배제된 남성중심적 윤리 주장이라는 점에서 분명하다. 그러나 그녀는 정의의 원리를 배려의 원리로 대체하려는 것이 아니라 보완하자는 취지를 밝히고 있다. 길리건은 정의와 배려의 두 원칙이 배치되는 것이 아니라 상호 보충적이며, 인간의 행위를 위하여 요청되는 두 개의 서로 다른 가치 척도라는 사실을 강조한다.

물론 두 원리에 대한 양성의 선호도 차이는 분명한 것 같다. 남성들은 폭력이나 공격적인 성향이 정의를 위하여 불가피한 측면이 있다고 생각하지만 여성들은 근본적으로 그런 성향들에 대하여 거부반응을 가지고 있다. 이 같은 태도 차이는 임신중절에 대한 논쟁에서도 뚜렷하게 나타난다. 정의의 관점을 중시하는 남성들은 임산부의 권리와 3개월 이상 된 태아의 권리를 비교하여 보다 우월한 권리를 찾으려고 하지만, 배려의 관점을 중시하는 여성들은 우선적인 권리 규정보다는 이 사태에서 발생하는 딜레마에 대하여 일차적으로 반성하고 책임과 무책임의 측면에서 문제에 접근하고자 한다.[15] 이 때문에 길리건은 하나의 원칙이 채택되었다고 해서 다른 원칙을 무시해서는 안 된다는 입장을 제시한다. 하나의 동일한 사태에서 두 가지 서로 다른 가치 판단이 가능하며, 때로는 남성들이 배려의 원칙을 중시할 때도 있고, 대다수의 여성들도 정의의 원칙이 필요하다고 느낄 수 있기 때문이다.

길리건은 두 개의 서로 다른 도덕적 시각이 가지고 있는 한계를 인식하고 그 각각의 일면성과 편협성을 극복할 것을 요구한다. 서로 다른 도덕적 관점에서 이해하는 자세가 필요하다는 것이다. 상호적인 인간관계가 자율과 독립에 방해가 된다는 남성적인 편견이나, 자율에 대한 열망이 고립과 폭력을 유발한다는 여성적인 선입견을 극복하는 것이 필요하다. 정의 판단은 그 속에 내재된 자기중심주의 때문에 잘못을 범할 수 있다. 자신의 관점을 객관적인 진리라고 우길 수도 있고 타인의 관점도 자신의 기준에 맞추려고 하는 경향성이 강하다. 그와 반대로 배려 판단은 자신의 한계에 대하여 생각하지 않기 때문에 오류를 범할 수 있다. 그들은 자기 자신에 대하여 확신을 갖지 못하며, 따라서 타인의 관점에서 자신에 대한 평가를 내리려는 경향성이 있다.[16]

여성들이 중시하는 보살핌의 절대성은 그들에게도 개인적인

15) Gilligan: *Moralische Orientierung*, S. 86.
16) Gilligan: *Moralische Orientierung*, S. 97.

성실성이 필요하다는 사실을 인정하면서 복잡한 과정을 거쳐서 무너지게 된다. 그와 반대로 남성들은 자신과 타자 사이에 차이가 있다는 사실을 경험하면서 그들이 평등과 상호성의 개념들을 통하여 규정하였던 진실과 공정성의 절대적 의미를 의심하게 된다. 그리하여 결국에는 인간의 발달은 책임과 권리간의 갈등을 통하여 변증법적으로 성숙하게 된다. 따라서 길리건은 이 두 유형의 경험이 나름대로 진실되고, 서로 연결된다는 사실을 강조한다. 정의의 윤리가 모든 사람들이 동등한 대우를 받아야 한다는 평등의 전제에 의존하는 것과는 달리 보살핌의 윤리는 어떤 사람도 해를 입어서는 안 된다는 비폭력의 전제에 의존하고 있다. 이 두 관점들은 성숙한 도덕적 인식을 통하여 화해될 수 있다. 길리건은 아동들의 감정과 사고가 성인들과 다르다는 프로이트와 피아제의 지적을 통하여 우리가 더 많은 관심과 존중심을 가지고 아동들을 대하게 되었던 것처럼, 여성들의 경험과 이해가 남성들의 것과 다르다는 것을 인정함으로써 인간에 대한 보다 나은 태도를 갖게 될 것이라고 희망하였다(*Gilligan*, 165).

길리건의 주요 주장들을 정리하면 다음과 같다. 칸트에서 콜버그에 이르는 보편적인 규범윤리학은 정의와 자율성의 원리를 중시하고 있으며, 남성중심적인 가부장제도의 영향 속에 있다는 것이다. 이는 포스트모더니즘의 모더니즘 비판과 유사한 구조를 가지고 있다. 근대주의의 산물이었던 이성과 합리성, 자율성과 객관성, 전체성과 통일성은 동시에 남성주의의 산물이기도 하다. 길리건은 그 동안 고려 대상이 되지 못하였던 여성적 가치를 제시하면서 전통적인 규범윤리학에서 간과하였던 문제점과 한계를 지적하였다. 그러나 그녀는 정의의 원리를 배려의 원리로 대체하자는 것은 아니며, 정의와 배려의 두 원칙이 인간의 행위를 위하여 요청되는 상호 보충적인 가치 척도라고 지적한다. 하나의 동일한 사태에서 두 가지 서로 다른 가치 판단이 가능하기 때문에 성차와 관계없이 두 원칙이 모두 필요하다는 것이다. 정의 판단은 그 속에 내재된 자기중심주의에 빠질 수 있으며, 배려 판단은 타자 중심적으로 흘러가서 자신의 한계를 생각하지 않을 수 있기 때문에, 서로 다른 도덕적 관점에서 이해하는 자세가 필요하다고 보았다.

### 3) 페미니즘 윤리학의 맥락주의적 정초

사스키아 벤델(Saskia Wendel)은 페미니즘 윤리학의 정초 근거를 논하면서 맥락주의와 보편주의의 대립을 지적한 바 있었다. 페미니즘 윤리학의 맥락적 근거설정(kontextuelle Begründung)은 사실상 보편적인 정초(universale Begründung)와 반대극을 이루고 있다. 여성주의적으로 동기화 된 윤리적 맥락주의는 보편적인 페미니즘 윤리학과 모순적이다. 후자는 순수하게 상대주의적인 윤리설을 부정한다. 그러나 지배 비판적인 관심을 가진 페미니즘 윤리학은 상대주의적 윤리학일 수 없기 때문에 보편적 윤리학은 맥락주의 지지자에게 상대주의에 대한 대안이 될 수 없다. 왜냐하면 보편 윤리학은 행위 주체가 그 안에 살고 있는 맥락의존적 조건과 같은 특별한 행위 상황에 개입하여 윤리적 판단을 내릴 수 없기 때문이다. 그와 반대로 맥락주의는 절대성 주장을 거부하고 인지주의적 경향 속에서 감정의 측면, 특히 동정, 배려, 배분의 측면을 강조한다.

이와 반대로 페미니즘 윤리학의 보편적 근거설정을 지지하는 사람들은 평등, 정의, 상호성에 입각하여 인간 주체를 독립적이고 자유로운 고립된 주체로 여길 뿐만 아니라 행위 규범 자체도 행위 주체들이 살고 있는 공동체나 맥락에 독립적이라는 생각을 가지고 있다. 그리하여 규칙, 원리, 법과 의무 등 무조건적 구속성을 추구하는 윤리적 보편주의는 일반적으로 의무론적 윤리학과 같은 것으로 여겨져 왔다.

맥락주의의 대표적 인물로 평가되고 있는 캐롤 길리건(Carol Gilligan)은 피아제와 콜버그에 의하여 체계화된 도덕발달론이 전형적으로 남성중심의 윤리학이며, 이성과 자율성에 기초한 정의의 원칙을 선호하고 있음을 비판한 바 있다. 그 후에 로빈 메이 쇼트(Robin May Schott)는 길리건의 테제를 중심으로 칸트의 도덕 패러다임에 들어있는 자본주의적 물신주의를 비판하였다.[17] 길리건은 여성성을 도덕이론에 반영함으로써 이른바 배려의 원칙을 수립하였으나, 그것이 남성윤리를 대체하는 것이 아니라 상호적이라는 사실을 강조하였다. 그녀는 배려의 원칙과 정의의 원칙이 공존할 수 있는 토대 근거의 정초를 위하여 고심하였던 것이다.[18]

페미니즘적 맥락주의(feministische Kontextualismus)는 인간들뿐만 아니라 각각의 개인들 사이의 인간관계에 치중한다. 이들은

---

17) Schott, Robin May: *Cognition and Eros. A Critique of the Kantian Paradigm*. Beacon Press, 1988, Pensylvania 1993. *Feminist Interpretations of Immanuel Kant*. Pensylvania 1997. 이하 *Schott*로 줄인다.

18) Gilligan, Carol: *Die andere Stimme. Lebenskonflikte und Moral der Frau*. München / Zürich 1990, S. 14, 17; Moralische Orientierung und moralische Entwicklung, Nunner-Winkler, G.(Hg.): *Weibliche Moral. Die Kontroverse um eine geschlechtsspezipische Ethik*. Frankfurt 1991, S. 79.

보편주의가 주체 및 자율성 개념에 기반을 둔 형식주의에 빠져 있으며, 규범 체계 자체를 절대적인 것으로 맹신하는 점에서 매우 위험하다고 지적한다.[19] 이러한 입장의 지지자들로는 캐롤 길리건 이외에도 조안 트론토(Joan C. Tronto),[20] 세라 러딕(Sera Ruddick),[21] 엘리자베스 콘래디(Elisabeth Conradi) [22] 등이 동조하고 있다(*Wendel*, 40).

조안 트론토는 개인이 세계나 구체적인 환경과 결부되어 있는 배려의 윤리를 구상하였다. 이 경우에 배려는 우리가 세계를 유지하고 존속시키며 개선하기 위하여 행하는 모든 것을 담고 있는 특별한 활동으로 이해된다. 트론토가 생각하는 배려는 관심(caring about, Anteilnahme), 지원(taking care of, Unterstützung), 돌봄(care-giving, Versorgung), 보살핌을 받는 것(care-receiving, Reaktion der anderen Versorgung) 등 네 가지 단계가 있다. 이러한 배려 행위들은 세계의 보존과 지속과 개선을 위한 것으로서 세계내존재가 짊어져야 할 책임이기도 하다. 따라서 개인뿐만 아니라 공동체 역시 배려적 태도를 가져야 하는 것이다.

엘리자베스 콘래디는 조안 트론토의 배려 정의가 사회나 사회구조가 아니라 세계와 삶을 지속시키는 네트워에 적용하는 것에 비판적인 입장을 취한다. 도덕 판단이나 행위에 영향을 주고 있는 사회와 제도와 같은 현실을 외면한 것은 트론토의 한계라는

---

19) Sherwin, Susan: *Feministische Ethik und Invitro-Fertilisation*, in: Nagl-Dockecal, Herta/Pauer-Studer, Herlinde (Hg.), *Jenseits der Geschlechtermoral*, Frankfurt 1993, S. 232.

20) Tronto, Joan C.: *Moral boundaries: a political argument for an ethic of care*. New York/London 1993. S. 103.

21) Ruddick, Sara: *Mütterliches Denken*. Frankfurt 1992.

22) Conradi, Elisabeth: *Take Care*, a.a.O., S. 37ff.

것이다. 그리하여 트론토의 배려 윤리는 맥락적 윤리에 지나지 않는다고 지적한다. 그 대신에 콘래디는 '신중한 주의'(Achtsamkeit)의 윤리를 제시한다. 배려는 인간적인 상호작용을 나타내며, 자기 자신에 대한 배려를 제외하고는 대개 두 사람 이상의 관계 속에서 나타난다. 다른 사람들과의 관계를 중시하는 배려는 자연스럽게 사회적 실천으로 이해될 수 있으며, 베푸는 사람이나 보살핌을 받는 사람들의 관계로 나타날 수 있다. 그러나 배려의 상호작용은 가끔씩 비대칭적이고 불균형하게 나타날 수도 있다. 느끼고 생각하고 행위하는 방식으로 배려의 상호작용에 참여하는 사람들은 자율성의 격차가 매우 다양할 수 있으며, 규칙에 있어서 상호적이지 않을 수 있다. 콘래디는 트론토와는 달리 배려의 사회적 측면을 강조하면서도, 그 상호작용은 비대칭적이고 일방적일 수도 있다는 사실을 제시한 것이다. 의무론자들은 도덕법의 존중으로부터 엄격한 의무 이행을 강조하고 있지만 콘래디는 신중한 주의를 바탕으로 타자에 대한 비대칭적 배려의 가능성을 말하였다. 그러므로 콘래디에게 배려는 윤리적 원리가 아니다. 왜냐하면 윤리학은 어떤 경우에도 윤리적 판단의 정초 근거로서의 원리를 필요로 하지 않기 때문이다. 특수한 개체가 보편적 원리에 예속되어야 한다는 사실을 콘래디는 필연적인 사실로 받아들이지 않는다. 따라서 의무론적 윤리설보다는 상황의존적인 판단을 중시하는 이른바 아리스토텔레스적인 의미에서의 프로네시스에 더 집착한다.

배려는 배려하는 주체의 어떤 욕구들에 의하여 정향되어야 하는 가가 문제될 수 있다. 이 점에 관하여 사라 러딕은 배려의 태도가 모성적 태도를 취해야 하고 그로부터 모성에 의한 배려가 나와야 한다고 보았다. 어머니의 존재는 페미니즘 윤리학의 근본 원형이다. 그녀는 모성을 생물학적 사실이나 전통적인 가족 유형에서 접근하지 않고 모성적 행위를 가리키는 특별한 능력, 즉 모성적 사유(maternal thinking, das mütterliche Denken)로 이해하였다. 이 개념은 페미니즘 윤리학의 근거가 되어, 결국 버지니아 헬트(Virginia Held)의 페미니즘 윤리학에서 핵심적인 개념으로 자리잡게 된다. 헬트는 사회계약론에서 출발한 윤리학이 자율성과 상호성을 이상으로 내세우는 것과는 달리 부모와 자식이나 아이에 대한 관심에서처럼 비대칭적인 관계망을 중시하였다.[23]

### 4) 페미니즘 윤리학의 보편주의적 정초

길리건 이후의 페미니즘 논변에서는 길리건에 대한 찬반논쟁이 압도적이었으며, 길리건의 맥락주의 정초에 대한 반대자들은 페미니즘 윤리학이 윤리학을 지향하는 한에서 보편적 주장을 거부할 수 없을 것이라는 입장을 내세웠다. 길리건의 상대주의와 맥락주의는 원리와 원칙, 규범의 가치 등급에 대한 이해 차이에서 비롯되었으며, 그녀의 주장이 경험적 결과에 부여된 타당성에 대한 의문을 제시한 것이라는 지지 발언과 함께 규범적인 것을 너무 소홀히 다루고 있다는 비판이 잇달아 제기되었다. 가장 대표적인 지지자로는 벤하비브가 있고, 대표적인 비판가로는 눈너-빈클러를 꼽을 수 있을 것이다. 그 외에도 길리건의 테제에 대한 수많은 경험적 연구들이 나왔으며, 페미니즘 윤리학의 정초 가능

---

23) Held, Virginia: *Feminist Morality. Transforming Culture, Society, and Politics*. Chicago/London 1993, S. 192ff.

성에 대한 다양한 입장 표명이 제시되었다. 이처럼 페미니즘 윤리학의 정초 논의에서 맥락주의적 이론은 보편주의적 이론과 갈등을 일으킨다.

게어트루트 눈너-빈클러(Gertrud Nunner-Winkler)[24]는 길리건에 대한 대표적인 반대자이다. 그녀는 길리건이 경험적 관찰을 통하여 제시한 두 개의 도덕이론과 성별에 관한 질서는 하나의 신화에 지나지 않는다고 비판하였다. 눈너-빈클러 자신의 실험 결과에 의하면 남아와 여아 모두 정의의 관점에서 판단하며 동시에 배려의 관점에서도 판단한다는 것이다. 그들을 도덕적으로 지도할 때 결정적으로 영향을 미치는 것은 그때그때의 상황과 도덕적 판단능력의 성숙도였다는 것이다.[25] "어린 아이들은 특정한 법칙들이 보편적이며 권위와 상관없는 타당성을 가지고 있다고 파악한다. 사람이 함께 살고 있는 곳에서는 어디서나 언제든지 타당성이 부여된 법칙이 있는데, 그것은 도덕법칙이다"(*Nunner-Winkler*, 148). 눈너-빈클러는 도덕을 모든 문화와 모든 시대에 적용될 수 있는 일반적인 근거원리로 이해한다. 보편화 가능성(Universalisierbarkeit)과 무당파성(Unparteilichkeit)은 도덕법을 다른 모든 규범보다 우선시 하는 가장 핵심적인 요소이다.[26]

헤르타 나글-도케칼(Herta Nagl-Dockekal)은 칸트의 정언명법과 같은 보편주의는 형식적이기는 하지만 추상적이지는 않다고 진

24) Nunner-Winkler, Gertrud: *Weibliche Moral. Die Kontroverse um eine geschlechtsspezifische Ethik.* Frankfurt 1991.

25) Nunner-Winkler, Gertrud (Hrsg.): *Weibliche Moral. Die Kontroverse um eine geschlechtsspezifische Ethik.* Frankfurt 1991, S. 149.

26) Nunner-Winkler, Gertrud: *Gibt es eine weibliche Moral?*, in: dies. (Hg.), *Weibliche Moral. Die Kontroverse um eine geschlechtersspezifische Ethik.* Frankfurt, New York 1991, S. 147.

단한다. 왜냐하면 거기서는 모든 사람의 정복이 문제되고 있으며 따라서 각각의 개인이라는 특수성을 고려하고 있기 때문이다. 형식적인 규칙은 보편적이면서 동시에 매우 철저한 개체화 현상에까지 적용될 수 있다는 것이다.[27] 철저한 개체화는 질료적 차원의 규정이지만 윤리적 판단의 형식적 차원에서도 여전히 보편적으로 다루어질 수 있다. 그러므로 나글-도케칼은 배려 윤리와 같은 맥락적 윤리학에서도 하나의 보편적 원리, 그리고 인간성, 의무와 같은 보편적 개념들을 주장하고 있다고 본다. 따라서 맥락적 윤리학자들은 보편적 윤리학을 부정하면서 동시에 그것을 함축적으로 전제하는 아포리아에 빠져 있다는 것이다(*Wendel*, 44).

헤어린데 파우어-스투더(Herlinde Pauer-Studer)는 보편주의나 무당파성에 대한 피상적인 판단에 대하여 반박한다. 따라서 페미니즘의 입장이 보편적인 동의를 포기하고자 하면 즉각 여성주의적으로 변형된 윤리학의 적용 영역은 단지 여성적으로 사유하는 사람들에게만 한정될 것이라는 역설적인 결과에 부딪히게 될 것이다.[28] 물론 파우어-스투더는 추상적-보편적인 원칙윤리학과 결별하고자 하였다. 따라서 보편적 측면을 희생하지 않더라도 '좋은 삶의 윤리학'(Ethik des guten Lebens)의 요소들이나 개인적 유대와 감정과 상황적 요소들과 같은 현상들을 페미니즘 도덕이론으로 통합하고자 하였다. 무당파성의 입장은 실질적인 일상 윤리학의 차원에서는 항상 유용한 것은 아니지만, 형식적 차원에서는

---

27) Nagl-Dockekal, Herta: *Jenseits der Geschlechtermoral. Eine Einführung*, a.a.O., S. 25.

28) Pauer-Studer, Herlinde: *Moraltheorie und Geschlechterdifferenz*, in: Nagl-Dockecal, Herta/Pauer-Studer, Herlinde (Hg.), *Jenseits der Geschlechtermoral*, Frankfurt 1993, S. 43.

철두철미하게 적합하기 때문이다.

세일라 벤하비브(Seyla Benhabib 터키 1950~)[29] 역시 윤리적 보편주의를 희생시키려 하지 않았다. 그러나 그녀는 길리건과 마찬가지로 칸트의 윤리학이나 롤즈의 계약론에서와 같은 형식-보편적 도덕이론의 자율성 사상을 비판하였다. 이들의 이론에서 도덕적 자아는 구체적으로 나와 직접 마주치는 사람이 아니고 신체가 없고 결속되지 않은 존재로 취급된다. 이처럼 구체적인 인간, 구체적인 삶의 경험에 대한 추상은 거의 예외 없이 백인, 남자, 어른이라는 도덕적 주체에서 비롯되었다(*Benhabib*, 460). 벤하비브에 의하면 일반화된 타자에 대한 관점은 모든 개체를 법과 의무에 따라 행위하는 이성적인 존재로 요구한다. 따라서 이 경우에 추상화된 도덕 주체는 형식적 평등과 상호성의 규범에 의하여 규정되는 타자인 것이다. 벤하비브는 이런 추상화된 타자 대신에 구체적인 역사와 정체성과 감정을 가진 특별한 개인으로서 구체적인 타자를 내세운다. 이 경우에 우리의 타자에 대한 관계는 공정(Fairneß)과 보충적 상호성(komplementäre Reziprozität)의 규범으로 이행하게 된다(*Benhabib*, 468f). 이에 상응하는 도덕적 범주는 사랑, 배려, 동정, 협동 등이다.

벤하비브는 길리건과 콜버그 사이의 논쟁에서 길리건을 지지하면서도 페미니즘 윤리학의 정초 논쟁에서는 대체적으로 보편주의의 입장에 서는 편이었다. 프랑크푸르트학파 출신의 벤하비

---

29) Benhabib, Seyla: *Der verallgemeinerte und der konkrete Andere, in: Denkverhältnisse. Feminismus und Kritik*. Frankfurt 1989. 이하 *Benhabib*로 줄인다. Benhabib: *Kritik, Norm und Utopie. Die normativen Grundlagen der Kritischen Theorie*. Frankfurt 1992.

브는 롤즈의 정의론을 추종하면서도 성의 개념을 젠더의 관점으로부터 재구성하여 가부장적 사회를 극복할 수 있는 모델을 찾으려고 하였다. 그녀는 형식적이고 보편적인 도덕이론에 대한 비판과 함께 남성주체의 자율 개념을 공격한다. 그녀는 정의의 원칙을 포괄하는 보다 확대된 영역에서 윤리학적 고찰을 수행한다. 그녀에게 역사적으로 여성들을 억압하고 착취하는데 기여해 왔던 성의 질서는 유기체와 사회적 실재의 상징적인 분리와 체험을 나타내는 필연적인 형식이었다(*Benhabib*, 454-487). 그녀에 의하면 근대는 하나의 분기점이다. 실천철학에서 정의의 원칙은 공공성을 법적으로 보장하는 사회계약의 근본규범으로 자리 잡았으며, 가정은 도덕적이며 정치적인 관계에서 개인적인 차원으로 전락하게 된다. 가정에서 가부장은 자연적으로 부여된 개인적 소유원칙에 따라서 하인과 여성과 어린이를 마음대로 처리할 수 있게 되었다. 남성은 정의의 능력을 소유한 자율적인 존재로 부각된 반면에 여성은 살림살이를 하면서 배려하는 존재로 규정되었다. 이처럼 벤하비브는 두 도덕을 근대의 산물로 보았으며, 길리건이 주장한 '다른 목소리'를 여성들에게 가해진 관계의 억압 속에서 자신들의 초자아로 내면화되었던 명령의 반향으로 해석하였다.

그녀는 남성 존재를 땅에서 갑자기 솟아나는 버섯에 비유하고 있는 홉스의 문장을 인용하고 있다: "그들은 서로 아무런 관계도 맺지 않고 자라난다고 말 할 수 있다"(*Benhabib*, 464). 철저한 고독과 고립의 신인 나르시스는 자족이 반드시 적극적인 개념만은 아니라는 풍설을 확인시켜 준다. 자율은 타인을 배려하기 보다는 경쟁 대상을 제압하고 균형적인 관계를 유지하여 자신의 생존을 보존하려는 욕구에서 비롯된 것이다. 정의라는 개념은 잘못 이해된 나르시시즘, 즉 자율에서 파생되었다. 그리하여 그녀는 '역사가 만드는 정의의 공적인 영역과 삶에서 만들어지는 경영의 비역사적인 영역 사이의 분리'를 극복하지 못할 경우 자율적인 남성 개체는 이성과 성향 사이의 대립을 심화시킬 것이라고 보았다.

추상적이고 형식적인 '보편적 타자'의 관점에 대하여 벤하비브는 '구체적 타자', 즉 개체로서의 모든 합리적인 존재가 '구체적인 역사, 동일성 그리고 감정적인 범주'를 통하여 파악되어야 한다는 사실을 강조한다(*Benhabib*, 468). 그녀에게는 이처럼 다양한 인간들이 서로 관계를 유지하면서 자신들의 고유한 특성을 유지하는 것이 매우 중요하다. 책임, 결합, 분리를 드러내는 관계의 법칙은 사랑(Liebe), 염려(Fürsorge), 동정심(Sympathie), 일체감(Solidarität) 등의 도덕적 감정을 중시한다.[30] 현대의 보편주의 윤리학이 전제하는 '보편화된 타자'는 도덕적 성찰을 위해서는 필요하지만 비인간화를 초래할 수 있기 때문에 경계하지 않으면 안 된다. 보편화된 타자의 관점에서 이성 개념이 나오고, 이로부터 인간의 동일성을 정의하는 평등 개념이 나온다. 이런 평등 개념 아래서 인간의 권리와 의무를 수행하게 될 경우에 상이성에 대한 고려가 이루어지지 않으므로 개인들의 특별한 요구와 관심, 소질과 특권 등은 전혀 다른 모습을 하고 사라지게 된다. 이를 극복하기 위하여 벤하비브는 '상호관계적인 보편주의'를 옹호한다. 그녀는 이른바 '욕구를 해석하는 의사소통의 윤리학'과 '관계가 고려된 도

30) 벤하비브는 롤즈의 정의론과 하버마스의 담론윤리학에서의 보편주의가 역사적, 경험적 자기를 배제한 추상적 보편성에 기초하고 있다고 비난한다. Benhabia, 454-487 auch in: *Selbst im Kontext*, Frankfurt 1992, S. 33-75, 161-220. *Wendel*, S. 22와 함께 Pieper, Annemarie: *Gibt es eine feministische Ethik?* Stuttgart 1998. (이하 *Pieper)*, 76f도 참조할 것.

덕적 자율의 모델'이 결합된 포괄적인 도덕철학을 새롭게 제안함으로써 "구체적인 타자의 도덕적 동일성을 인정함으로써 보편화된 타자의 존엄성을 보증"하고자 하였다(*Benhabib*, 476).

그녀는 특히 '비판이론의 규범적 정초'를 주제로 하는 『비판, 규범 그리고 유토피아』(1986, 1992)에서 헤겔과 하버마스의 도덕이론에 대한 논의를 의사소통적 윤리학의 구상으로까지 연결시킴으로써 실천적인 합리성이라는 범주 안에서 도덕적으로 선한 삶을 조망하는 동시에 사실적인 욕구들도 도덕적인 판단 속에서 고려할 수 있게 하였다.[31] 그녀가 추구하던 의사소통적 유토피아는 단순한 피안이 아니기 때문에 더 이상 유토피아적이지 않다. 이것은 에른스트 블로흐의 유토피아 개념을 매개로 한 것이며, 이와 같은 유토피아는 규범에 대해서 적대적이지 않다. 이와 같은 비판이론의 정초 구상을 통하여 벤하비브는 정의의 원칙과 더불어 배려와 책임의 문제까지도 함께 고려할 수 있는 여지를 발견하게 되었던 것이다.

벤하비브는 한나 아렌트가 판단력 이론에서 도덕적인 판단 방법을 '모성, 다수성, 서사성의 관점'에서 진행되는 행위 절차로서 설명하는 것을 중시하고 있다. 이것은 '맥락을 고려하여' 보편타당하게 접근하자는 것이다. 이는 도덕적 행위 주체의 의도, 원칙, 장점, 가치관 등을 서사적인 역사 속에 포함시키고, 주체를 선입견 없이 이해하는 것을 전제로 한다. 규범 이행에 대한 이해와 설득을 위해서는 개인이 도덕적으로 행하게 되는 동기가 구체적으로 고려되어야 한다. 이처럼 담론과정을 거쳐서 참여 주체들의

31) Benhabib: *Kritik, Norm und Utopie. Die normativen Grundlagen der Kritischen Theorie*. Frankfurt 1992, S. 218ff.

동의를 얻어낸 행위규범들은 도덕적 가치를 인정받게 된다. 그리하여 벤하비브는 이렇게 말한다: "너의 행위의 원칙이 다른 모든 사람들의 관점이 담겨질 수 있고, 그리하여 그들로부터 동의를 얻을 수 있도록 하라"(*Benhabib*, 541). 그녀는 길리건의 테제를 수용하면서도 페미니즘적 관점을 다시 담론윤리와 연결시킴으로써 도덕성의 정초 근거를 마련하고자 하였던 것이다.

이와 같은 벤하비브의 견해는 길리건의 탈규약적 맥락주의(postkonventioneller Kontextualismus)와는 다소간의 차이를 보이고 있다(*Wendel*, 46). 구체적인 타자에 대한 유일한 관계는 근대 이전의 전통적인 부족, 국가, 대가족의 도덕과 동일하고, 그것은 정확하게 규약주의와 자의성으로 빠져 든다. 보편주의적이고 평등한 도덕적 관점에 이르기 위해서는 일반화된 타자의 입장을 취하는 추상작업이 요구되며, 그 반대일 경우에 이 입장은 구체적인 타자의 관점에 의하여 보충됨으로써, 형식적인 입장은 다시 상호적인 보편주의로 변형되어야 한다. 이 경우에 하버마스의 의사소통윤리는 벤하비브에게 상호작용의 요구와 윤리적 판단의 보편성을 동시에 정당화하는 하나의 모델이었다.

안네마리 피퍼(Annemarie Pieper)는 두 여성심리학자의 상반된 주장에 대하여 "현실은 구성하는 사람에 따라 서로 다양하게 생성되는 구성물이다." 라는 입장을 취함으로써 길리건과 벤하비브의 입장에 친근감을 나타내고 있다(*Pieper*, 104). 그녀는 경험이 실재 사실을 중립적인 사실로서 드러낼 수 있는가에 대하여 의문을 제기하면서, 사람들이 선입견 없이 사물이나 도덕적인 사실에 접근할 수 있다고 믿는 것은 잘못된 학문이론적 반성에서 나온 신화가 아니겠는가라고 반문한다(*Pieper*, 103). 피퍼는 서구 학문의 보편성과 합리성 근거가 되는 형이상학조차도 남성적인 자기 이해를 바탕으로 만들어진 사유 틀이라고 지적한다. 그리고 바로 이런 근거에서 우리는 사물을 남성주의적으로 볼 수밖에 없게 되었다고 말한다. 그리하여 여성의 도덕과 여성적 가치는 남성들에 의하여 강요된 것이나 마찬가지이다. 이런 측면에서 피퍼는 오늘날의 여아들이 정의의 원칙과 그에 따른 실천적 판단 능력을 가지고 있다고 하더라도, 그것만으로 전통적인 남성주의적 도덕을 극복한 것이라고 단정할 수는 없다고 봄으로써 눈너-빈클러의 주장을 반박하고 있다. 반면에 여성의 도덕 역시 자율과 정의의 원칙을 지지하는 남성중심주의의 산물이다. 따라서 피퍼는 벤하비브의 견해가 경험적으로 옳은 것으로 나타나더라도 그것은 단지 남성적으로 길들여진 진화결과에 불과할 수 있다고 부정적으로 평가한다. 그 때문에 여성들의 자기이해를 반영하는 여성의 도덕을 확립하는 것이 필요한 것이다.

### 5) 페미니즘 윤리학 정초 논쟁에서의 '제3의 길'

페미니즘 윤리학의 맥락주의적 정초 구상과 보편주의적 개념 구상 이외에 우리는 그 둘 사이에 들어설 수 있는 하나의 중간적인 입장으로서 제3의 길을 생각해 볼 수 있다. 안드레아 마이호퍼(Andrea Maihofer)와 넬 나딩스(Nel Noddings)가 여기에 속한다. 마이호퍼는 벤하비브가 하버마스의 담론윤리학에 기대고자 한 것과는 반대로 하버마스의 윤리학에서 제시되는 칸트의 자율적 주체(das autonome Subjekt)가 허울 좋은 환상에 지나지 않는다고 비판하였다. 그녀는 인간의 사회성을 추상화한 자율성과 자유의지의 형이상학뿐만 아니라 하버마스의 형식적-보편적 관점 역시 근대적인 시민의 도덕담론을 반영한다고 지적하였다.[32] 마이호퍼에서의 보편주의는 단지 보편적인 법을 통하여 시민들을 강압하고 있는 헤게모니적 요소에 지나지 않는다.

안드레아 마이호퍼는 이와 다르게 제시되는 도덕의 관점, 예를 들면 길리건의 배려윤리에 대해서도 보편주의적 관점에 계급적으로 종속되어 있거나 그로부터 약간 벗어나 있을 뿐이라고 진단한다. 길리건의 핵심적인 도덕명법은 비폭력의 보편적 원리이고, 그것은 보편성 주장에 대한 증거와 마찬가지로 문화사회적으로 제약되어 있기 때문이다. 더구나 길리건의 주장에는 이미 하우크(Haug)가 지적한 것처럼 지배도덕 그 자체에 대한 비판뿐만 아니라 도덕 개념 그 자체에 대한 사회이론적 문제제기가 결여되어 있다. 물론 사회적 갈등의 개체화와 개인화는 비판되고 있으나 길리건의 경우에는 사회적 관계의 변화에 대한 설명이 너무 간단하고 책임의 측면에서 개인이 철저하게 배제되어 있다는 것이다.

마이호퍼는 보편주의와 상대주의의 갈등을 일방적으로 풀려고 하지 않고 역설적인 상호작용에서 파악하고자 하였다. 그녀는 이 입장, 즉 사회이론적으로 반성된 다원적 보편주의로서 규범은 한편으로 사회적 역사적 조건 속에서 파악되고, 그와 더불어 다른 도덕적 견해가 동시에 정당하게 인정될 수 있다는 점에서 역설적이라고 생각하였다. 마이호퍼에 의하면 이러한 윤리적 다원주의는 자체모순에 빠지지 않고서 어떤 특정한 규범에 대하여 보편적 타당성을 주장하는 것은 불가능하기 때문에 보편적이라고 할 수

32) Maihofer, Andrea: *Geschlecht als Existenzweise*. Ulrike Helmer Verlag 1995. 이하 *Maihofer*로 줄인다. S. 153f.

있다는 것이다.

마이호퍼는 전통적인 정의의 원칙에 포함된 평등 개념이 여성적인 차이를 인정하는데 방해 요소가 된다고 주장한다. 모든 인간을 평등한 존재로 인정하려는 인권의 요구는 여성들을 제외해 왔다. 그들은 여성이기 때문에 인간으로서의 평등한 대우를 받지 못하였다. 성적 차이가 인간적인 불평등을 초래하였고, 사회적 법적 불평등을 초래하게 된 것이다. 그녀는 길리건의 논의에서 나타나는 차별원칙을 강조하면서 애매함의 관용(Ambiguitätstoleranz)을 옹호하고자 하였다. 동일성의 지형에 익숙해지면 이론적인 강요, 즉 다수성과 차이를 통일성과 동일성 안에서 제거하라는 요구가 생길 수 있다. 따라서 이중성 또한 통일성을 거쳐서 사유될 수 있어야 한다.[33] 여성의 해부학적 차이는 성 차별의 원인이었으며, 불평등에 대한 근거가 되었다. 남성중심적으로 재편된 규범과 척도로 판단할 경우에 여성은 언제나 뒤쳐지게 된다. 따라서 마이호퍼는 여성들이 자신들의 평등권을 쟁취하려면 자신들이 남성들과 본질적으로 다르다고 생각할 수 있거나, 아니면 남성과 여성의 차이는 본질적인 것과는 상관없다는 사실을 주장할 수 있어야 한다고 보았다(*Maihofer*, 356).

평등의 원칙은 본질적으로 동일한 것을 불공평하게 대하지 말라는 의도를 가지고 있다. 그것은 본질적으로 다른 것들에 대해서는 차이 나게 다룰 수 있다는 것을 의미한다. 따라서 평등을 모든 존재에 대하여 절대화하는 것은 부당하고 부적합한 결과를 초

---

33) Maihofer, A.: *Ansätze zur Kritik des moralischen Universalismus. Zur moraltheoretischen Diskussion um Gilligans Thesen einer "weiblichen" Moralauffassung*. Feministische Studien 6 (1988), S. 48, 32-52.

래할 수 있다. 이 사실은 결국 법적으로도 불공평하게 다루어질 수 있다는 것을 보여준다. 그러나 인간이 본질의 차이에 따라 불공평한 취급을 승인할 경우에는 법적 불평등을 초래할 수 있다. 이처럼 평등 개념은 분배적 정의와 평등적 정의의 조화에 기초하고 있지만, 그 조화를 규정하는 것 역시 남성적인 원리에 의존하고 있다. 이는 많은 페미니스트들이 인간의 이성이나 자율성, 그리고 심지어는 정의 개념조차도 남근중심적이고 여성에 대한 입장이 배제되어 있다고 생각하는 것과 일치한다. 롤즈의 원초적 입장에서도 원천적으로 배제된 존재가 가능하다는 것이다. 그러므로 마이호퍼는 평등 개념은 '남성적인 삶의 방식인 가부장적 권력구도에 의한 보편화'이며, 그 때문에 그것은 처음부터 중립적인 규범의 관점에서 벗어나 있다고 주장한다(*Maihofer*, 359). 남성적 삶의 방식과 가치는 여성의 평등을 판단하는 근거가 되기 때문에, 여성은 언제나 남성보다 열등한 위치에 놓이게 된다는 것이다. 인간은 누구나 법 앞에서 평등하다고 주장하지만, 그와 같은 평등의 원리는 남성의 본질에서 추출한 것이며, 그것이 윤리적으로 보편화되었던 것이다.

이처럼 마이호퍼는 여성에게 부여된 어떤 고유한 가치가 있다는 사실을 드러내고자 하였다. 그런데 피퍼는 여성에게 그런 것이 있다고 한다면 진정한 의미에서의 평등을 말할 수 있는 근거가 될 것이라고 역설적으로 접근한다(*Pieper*, 113). 여성 존재가 스스로 도덕적인 자기이해의 척도를 가지고 있고 또한 그것을 스스로 완성할 수 있다고 한다면, 그것은 성을 계급화하지 않고 그 본질적 차이에 따라서 각각의 권리를 인정해 줄 수 있는 근거가 될 수 있을 것이다. 그렇다면 자주적인 권력의 주체로서 여성들은 더 이상 남성중심적인 주권주의, 제국주의, 일원주의, 가부장제도의 포박상태에서가 아니라, 남성과 여성의 성별 차이에 따른 자신의 권리를 지각할 수 있게 됨으로써 다원적인 보편주의를 가능하게 할 수 있을 것이다. 이것은 전통적인 평등 개념이 남성과 여성의 본질적인 차이를 무시하고 남성적 가치로 획일화한 것인데 반하여, 새롭게 추구되는 평등 개념은 남성과 여성의 본질적인 차이를 인정하는 데서 출발하며, 남성적 가치와 여성적 가치를 동시에 고려하는 다원적 평등이라는 점에서 특징적이다.[34]

넬 나딩스(Nel Noddings)[35]는 페미니즘 윤리학의 보편주의와 맥락주의에 대한 물음에서 또 하나의 중간 입장을 취하는 여성학자였다. 그녀는 배려 윤리의 관점에서 특수한 행위에 대한 윤리적 판단이 아니라 우리가 어떻게 타자와 도덕적으로 마주칠 수 있는가라는 물음을 제기하였다. 나딩스는 보편화 가능성의 이념과 같은 원칙-윤리를 부정하지만, 형식적-보편적 관점을 넘어선 하나의 보편성, 즉 배려적 태도에 기초하고 있는 보편성만은 강조하였다. 그녀에 의하면 배려적 관계는 인간의 조건에 속하며, 존재론적으로 토대적인 것이다. 윤리학에서 중요한 요소인 구속성에 대한 지식과 요구, 그리고 배려를 통하여 성취하는 기쁨은 배려하는 주체가 생각하는 윤리적 이상에 대한 의무를 강화시킨다.[36] 인간 조건의 구성요소로서 배려의 보편적 특성에도 불구하

34) Maihoffer, Andrea: *Zu Carol Gilligans Thesen einer 'weiblichen Moralauffassung',* 1989. Maihoffer u.a.: *Differenz und Gleichheit.* Ulrike Helmer Verlag 1997.

35) Noddings, Nel: Caring: *A Feminine Approach to Ethics and Moral Education.* University of California Press 2003.

36) Noddings, Nel: *Warum sollten wir uns ums Sorgen sorgen?*, in: Nagl-Dockekal, Herta/Pauer-Studer, Herlinde(Hg.), *Jenseits der Geschlechtermoral,* Frankfurt 1993, S. 142.

고 나딩스는 배려는 결코 보편적일 수 없다는 한계를 노정하고 있다고 말한다. 진정한 배려는 모든 사람에게 관련된 것이 아니기 때문에 이 점에서 나딩스는 보편주의적 관점으로부터 구별된다고 보았다.

나딩스는 길리건과 벤하비브의 입장에 우호적이다. 그녀는 "우리는 왜 배려를 배려하는가?"라는 물음으로 아버지의 언어인 이성에 종사하는 전통적인 원칙윤리학에 대하여 여성의 에로스 원칙을 근간으로 하는 새로운 윤리학으로 도전하고자 하였다.[37] 윤리적 행위를 남성적으로 설명하는 주체는 "단절되어 있고, 이기적이며, 대립적인 사고로 각인되어 적대적이다." 반면에 이타주의는 여성의 미덕으로 간주되어 왔다. 이런 주장을 통하여 나딩스는 고대의 사유유형과 역할 고정관념을 증명하고자 한다. 정의의 원칙을 중시하는 남성주의 윤리학을 배려의 원칙에 충실한 책임 윤리학으로 대체하려는 것이다. 그녀는 배려의 윤리학은 본래적으로 여성적이라고 규정하면서도, 남성들이 그것을 공유할 수 없다고 선을 긋지는 않고 있다(*Noddings*, 144). 그녀는 구체적이며 개별적인 상황에서 윤리적인 자아에 대한 열망이 강한 사람은 규범을 중시하지만, 배려의 관점에서 행위하는 사람들에게는 그런 경향성이 비교적 적게 나타난다고 보았다.

나딩스에게서 배려의 본질적 요소는 배려하는 자와 배려 받는 자 사이의 관계에 있다. 배려를 받는 자는 자신일 수도 있고 내가 만나는 타자일 수도 있다. 타자에 대한 배려는 배려의 본질적인 측면이다. 타자에 대한 현실적인 배려는 나에 대한 가능적인 배

37) Noddings, Nel: *Warum sollen wir uns ums Sorgen sorgen?,* in: Nagl-Docekal, Herta (Hrsg.), S. 135-172.

려와 상응할 수 있으며, 타자의 관심 속에서 행위하는 것은 결국 나 자신의 고유한 관심 속에서 행위하는 것과 같다. 이런 사실에서 배려는 어떤 고정된 규칙 때문이 아니라 배려하는 태도의 기반으로서 애착(Zuneigung)과 존중(Achtung)의 감정에 의하여 발생하며, 이러한 태도는 다시 수용적이고 상호적인 특성을 갖는다. 즉 타자는 그 자신이 배려하는 자가 되었을 경우에 자신에게 배려한 자의 시혜에 상응하거나 그 이상으로 갚을 수 있다. 그러므로 콘래디에서와는 달리 나딩스에게 배려 윤리는 상호성의 윤리인 것이다.

타자배려의 윤리적 모델은 특히 보편주의적 여성윤리학자들의 강한 비판을 받았다. 이 비판에 의하면 타자배려 모델은 여성과 남성의 사회적 구성이나 그것과 연결된 배제와 지배 기제를 만들어낸다. 그리하여 재거(Jaggar)는 배려윤리에서 감정의 강조는 주관적으로 치우쳐서 상대주의(Relativismus)나 또는 특수규칙을 내세우는 지엽주의(Partikularismus)로 귀착될 수 있다고 우려하였다.[38] 사라 호글랜드, 프리가 하우크, 파우어-스투더와 같은 보편주의적 여성 윤리학자들은 타자배려 윤리학을 통한 보수적 가치의 재생산을 비난하였다.

사라 루시아 호글랜드(Sarah Lucia Hoagland)는 나딩스의 견해에 비판적이다. 따라서 길리건의 테제에 대해서도 근본적인 의문을 숨기지 않고 있다. 호글랜드는 여성적 행위의 본보기로서 모성적인 것과 남성적인 이기적 행동 유형에 대하여 관심을 나타내면서, 이 두 가지 사항 모두가 결국 남성중심주의적 이데올로기

---

38) Jaggar, Alison M.: *Feministische Ethik,* in: Nagl-Docekal, Herta(Hrsg.): *Jenseits der Geschlechtermoral.* Frankfurt 1993, S. 211.

라고 보았다.[39] 흑인 유모의 여성주의적 배려조차도 실상은 식민지의 백인 영주에 의하여 기획된 이미지에 지나지 않는다는 것이다. 흑인 모성의 성적, 인종적 이념은 남성의 뜻을 따르면서 자신이 돌보는 백인 아이를 위해 희생적으로 헌신하지만 그 사랑에 대하여 아무런 대가도 바라지 않는 절대적인 배려의 표상을 드러내고 있다. 따라서 호글랜드는 여성적인 것은 남성적인 것과 대립되는 것이 아니며, 배려의 원리 역시 남성주의적 이데올로기에 지나지 않는다고 비판한다(*Hoagland*, 184).[40] 길리건이나 나딩스가 여성적 가치라고 주장하는 것은 여성들에게 선험적인 것이 아니라 후천적으로 형성된 것에 지나지 않는다. 다시 말하면 배려와 헌신과 같은 여성적 덕목은 남성적 요구에 순응하기 위하여 오랜 동안 진화한 결과에 지나지 않는다는 것이다. 이는 진화론적 인식론자들이 칸트에서의 선험성을 후천적으로 획득된 것이라고 주장하는 것과 같은 맥락에 있다.

물론 호글랜드에서는 원칙 윤리에 대한 비판이나, 단순한 규칙 정향성에서 특히 배려와 같은 자연적인 감정이나 관계에 대한 관계로의 위치 변화와 같은 배려윤리학적 명제의 긍정적인 측면도 있다. 그러므로 호글랜드의 비판은 근본적으로 배려 사상에 대한 것이 아니고, 러딕과 나딩스가 배려적 태도의 범형으로 제시한 모성적 태도와 같은 하나의 비대칭적인 관계로서의 배려의 일방적인 실행을 겨냥한 것이다. 배려하는 관계의 비대칭성은 권위를 극복하는 대신에 오히려 지배와 예속을 초래할 수 있다. 그러나

39) Hoagland, Sarah Lucia: *Einige Gedanken über das Sorgen, in:* Nagl-Docekal, Herta (Hrsg.), *Jenseits der Geschlechtermoral*. Frankfurt 1993, S. 173f.

40) Hoagland, Sarah Lucia: *Lesbian Ethics: Toward New Values*. Institute of Lesbian Studies, 1989.

호글랜드는 페미니즘 윤리학이 가치를 촉진하고, 억압을 문제 삼고, 변화를 유도해야 한다고 생각하였다(*Hoagland*, 180).

그 밖에도 호글랜드는 공적 영역으로부터 물러나서 사적 영역의 사례와 관련시키는 나딩스의 주장을 비판한다. 호글랜드에 의하면 배려는 물질적 구조와 세계의 사회적 구조를 무시하는 정치적 현실일 수 없으며, 멀리 떨어진 곳에서 기아상태에 처한 인간이 도덕적 숙고의 영역에서 다루어질 수 없는 그런 윤리학은 부적합하다. 그리하여 호글랜드는 낯선 자에 대한 윤리적 태도, 억압의 분석, 변화를 위한 구상을 주요 문제로 숙고하는 그런 유형의 배려 윤리를 지지하였다. 그런 유형의 배려 윤리를 호글랜드는 부권적 가치로부터 귀결되는 부정의를 문제 삼았던 아마존 여성들의 배려로 규정하였다(*Wendel*, 50f).

프리가 하우크(Frigga Haug) 역시 배려윤리의 보수적 경향성을 비판하면서 그와 같은 참된 모성애를 고양하는 방식으로 수세기 동안 여성을 예속하는 대가를 치렀다고 강조한다. 불평등을 문제시하고 그것을 제거하기 위하여 노력하는 대신에 불평등한 관계의 지속을 기획하고 덕의 전개를 지지하고 거기에 의존하는 것은 문제가 있다.[41]

파우어-스투더는 나딩스가 제시한 배려 윤리의 한계를 다음과 같이 분명하게 보여주고 있다. 첫째로 배려와 정의의 대립은 일관적이지(durchhalten) 않다. 둘째로 배려는 단지 가까이에 있는 사람과 관련되어 있고, 멀리에 있는 낯선 사람에 대한 태도가 아니다. 셋째로 배려윤리는 규약주의적 도덕에 대립적이지 않다.

41) Haug, Frigga: *Die imaginierte Frau der Moral. Zum Moral Projekt einer feministischen Ethik, in: Argument 206, 36. Jg., 1994,* S. 759.

넷째로 억압관계가 주제화되고 있지 않다. 다섯째로 상호성과 평등을 비판하는 배려윤리학자들은 권력 관계를 고착시키는 문제점을 안고 있다. 여섯째로 배려윤리는 배려를 절대적인 것으로 고정시킨다는 점에서 일차원적이다.[42] 이러한 비판에도 불구하고 파우어-스투더는 배려윤리학의 공헌을 인정한다. 그것은 타자에 대한 배려와 관심의 도덕적인 적절성을 분명하게 보여주면서 이를 하나의 도덕적 입장으로 특징지었다. 파우어-스투더에 의하면 보편적 도덕이론에는 옳은 것과 좋은 것, 보편주의와 분파주의, 무당파성과 당파성이라는 두 가지 입장이 각축하고 있으며, 그에 대한 원칙윤리학과 정감적 덕의 도덕이 종합되는 하나의 도덕이론이 추구되고 있다. 이것은 물론 페미니즘 윤리학에서의 보편주의와 맥락주의 논쟁이 아니고, 보편적으로 이해되는 도덕 정초의 유형과 방식에 대한 논쟁이며, 그것은 바로 페미니즘 윤리학이 의무론적으로(칸트., 롤즈) 정초될 수 있는가 아니면 목적론적으로(아리스토텔레스, 누스바움) 정초될 수 있는가의 문제인 것이다(*Wendel*, 52).

눈너-빈클러가 페미니즘의 배려 원리 대신에 전통적 규범 윤리학에서의 정의 원리를 일반적으로 수용함으로써 길리건을 반박하는 것과는 전혀 다른 차원에서 호글랜드는 페미니즘의 배려 원리 그 자체도 남성주의적 이데올로기의 산물에 지나지 않는다고 비판하고 있다. 눈너-빈클러가 여성에게도 정의의 원리가 발견되고, 따라서 여성 전용의 페미니즘 윤리가 불필요하다고 보았다면, 호글랜드는 길리건이 페미니즘 윤리학의 정초 근거로 제시한

---

42) Pauer-Studer, Herlinde: *Das Andere der Gerechtigkeit. Moraltheorie im Kontext der Geschlechterdifferenz*. Berlin 1996, S. 45.

배려의 원리 역시 남성중심의 사유방식에 순응한 진화 결과라는 것이다. 눈너-빈클러에게는 페미니즘 윤리학의 도입이 불필요한 반면에 호글랜드에게는 보다 근본적이고 더욱 강력한 페미니즘 윤리학의 정초 논리가 요구되고 있는 것이다.

### 6) 정초 논쟁의 결산

새로운 미래사회의 구축을 위하여 노력하고 있는 우리나라의 현실에서 가장 긴급한 사안은 구성원들의 다양한 입장을 이해하고 각각의 이익주장들을 지혜롭게 조화시키는 일일 것이다. 현대사회에서 타자에 대한 관심은 이기적 관점의 연장선에서 나타나는 경향이 강하다. 개혁을 최고선으로 내세우고 있는 정치권의 경우에도 타자에 대한 이해보다는 자기 권력의 확대개편을 정당화하기 위한 방편 논리가 우세하게 작동되고 있다. 보다 나은 사회를 지향한다는 여러 시민단체의 주장도 결국 특정한 형태의 자체 이익을 확보하기 위하여 본래의 취지에서 이탈되는 경우가 많다. 이러한 사실에서 전통적인 규범윤리학에 반기를 들었던 페미니즘 윤리의 주장들을 살펴보는 것은 우리의 현실에 매우 유익할 수 있다. 페미니즘 윤리는 도덕규범의 원칙 설정에 대한 철저한 반성을 요구하고 있으며, 이 때문에 그것은 단순한 응용윤리학의 차원을 넘어서서 윤리적인 근본원리에 대한 반성을 주도한다.43)

최근에 기존의 윤리학설에 대한 여성주의적 비판을 통하여 새로운 형태의 윤리학이 요구되어야 한다는 이른바 페미니즘 윤리

---

43) Pieper, Annemarie: *Feministische Ethik*, in: *Angewandte Ethik*. München 1998, S. 338.

설이 대두되었다. 여성주의 윤리설의 주창자들은 페미니즘 윤리가 남성주도적인 관점에서 수립된 전통 윤리학에 대한 대안 혹은 보완책으로 기능할 수 있다는 데 의견을 같이 하고 있다. 그러나 이와 같은 관점들은 여성주의 윤리설을 한갓 남성들의 이익주장에 상반되는 가치주장이나 여성들의 입장을 대변해 주는 상황윤리 정도로 귀착시킬 위험이 있다. 따라서 우리는 기존의 윤리학설에 대하여 비판을 가하였던 주요 입장들을 비판적으로 성찰하면서 여성주의적 윤리설이 어떤 학문적 정초 근거 위에서 그들 나름대로의 객관성과 보편성을 추구하고 있는가를 살펴야 할 것이다.

예를 들면 로빈 메이 쇼트의 칸트 비판과 캐롤 길리건(Carol Gilligan)의 콜버그(Lawrence Kohlberg) 비판에서 페미니즘 윤리는 전통윤리설이 간과하였던 한계를 극복할 수 있는 새로운 논거가 제시되고 있는 것을 확인할 수 있었다. 이러한 시도를 통하여 페미니즘 윤리학은 윤리설이 추구하는 보편성의 지평확대를 가능하게 하였을 뿐만 아니라, 여성주의적 윤리주장들이 여성 우위적인 요구에 머무르지 않고 남성의 존재까지를 포용하고 배려할 수 있는 보편적인 행위지반을 마련한 점에서, 페미니즘 윤리의 정당성 근거를 확보하는데 결정적으로 기여했다고 평가할 수 있다.

길리건 이후의 페미니즘 윤리학에서는 칸트 이후의 대표적인 규범윤리학 체계들, 특히 피아제(Jean Piaget)[44]와 콜버그에 의하여 제시된 도덕발달론과 롤즈(John Rawls)[45]의 정의론 등이 남성

44) Piaget, Jean: *The Moral Judgement of the Child*. New York 1997.

45) Rawls, John: *A Theory of Justice*. Revised Edition. The Belknap Press of Harvard University Press 1999.

중심적으로 정향되어 있으며, 따라서 여성의 윤리적 덕목이나 성품을 적절하게 반영하지 못한 편향된 것이라고 비판하고 있다. 페미니즘 윤리에서는 이성(합리성)과 정의 개념을 중심으로 편성된 도덕이론이 감성과 배려(사랑, 자비)의 측면을 무시하였다고 지적한다. 이러한 주장을 단초로 하여 페미니즘 윤리에 관한 논의가 급속도로 활발하게 되었지만, 여성주의 윤리학이 남성 윤리학에 대한 보완의 수준을 넘어서서 일반적으로 승인될 수 있기 위해서는 필연적으로 보편성 주장 또는 정초 가능성의 문제를 해결하지 않으면 안 되었다.

이와 관련하여 스위스 출신의 여성윤리학자 안네마리 피퍼(Annemarie Pieper)는 페미니즘 윤리학의 과제가 지금까지 당연한 것으로 여겨져 왔던 남성중심주의적 전제들을 비판적으로 접근함으로써 보편윤리학의 토대에 대하여 반성적으로 문제제기하는 것이라고 주장한다. 다시 말하면 페미니즘 윤리는 '보편적인 도덕구성에 관한 기획'에 천착한다는 것이다(*Pieper*, 21). 그러나 이성과 정의 중심의 기존 윤리학인 남성주의 윤리학에 대하여 감성과 배려 중심의 여성주의 윤리학을 입안하고자 할 경우에 그 두 입장의 차이와 대립이 근본적인 것인가, 아니면 대체 또는 보완될 수 있는 것인가의 문제가 제기된다. 피퍼 자신도 옹호한 적이 있었던 페미니즘 유토피아론은 이 문제를 해결하기 위한 하나의 방편이었다.

페미니즘 윤리학의 보편성 주장을 확보하기 위하여 두 가지 전략이 구사되었다. 그 하나는 기존의 보편적 규범윤리학이 남성중심적이라는 사실을 강조함으로써 그에 대항할 수 있는 여성중심적 윤리학을 입안하는 방식이다. 다른 하나는 남성중심적인 정의의 원칙과 여성중심적인 배려의 원칙을 조화롭게 유지할 수 있는 방안을 모색하는 것이다. 첫 번째 방식이 공격적인 데 반하여 두 번째 방식은 다소 유화적이다. 그러나 첫 번째 방식은 그들 자신들이 비판하는 논거가 부메랑이 되어 그들을 향한다는 데 문제가 있다. 지금까지의 보편 윤리학이 남성중심적 윤리라고 한다면, 여성중심적 윤리학이 새롭게 탄생한다 하더라도 그것 역시 당파적 성격을 드러낼 수밖에 없기 때문이다. 두 번째 방식 역시 첫 번째 방식의 문제제기가 타당성을 얻은 후에야 비로소 논의를 시작할 수 있으며, 자비와 배려와 같은 개념들이 감정 의존적이고 객관적인 크기를 가질 수 없는 것으로 보이는 한에서 이 문제는 여전히 해결되어야 할 숙제로 남게 되는 것이다.46) 이런 사실에

46) 윤리학의 정초에 관한 문제를 근본적으로 다룬 사람은 아펠(Karl-Otto Apel)이다. 아펠의 담론윤리학 또는 의사소통공동체의 철학에서 최후정초 또는 마지막 근거설정에 관한 논의를 제시하였는데, 이것은 전통적인 상대주의나 가류주의에 반대하여 논의를 가능하게 하는 의사소통의 조건을 확보하려는 시도였다. 담론윤리는 권위, 명령, 전통에 의하여 해결될 수 있는 시대의 윤리학이 아니라 이성적인 논증을 요구하는 시대에 새롭게 요구되는 윤리학이다. 아펠의 담론윤리는 여성윤리학에도 그대로 적용될 수 있을 것이다. 페미니즘 윤리 또는 여성주의 윤리학의 출발점은 담론상황에서 언제나 이미 주어져 있지 않으면 안 되는 그런 필연적인 전제조건들에 대한 요구를 확인하는 데 있다. 더 이상 물러설 수 없는 논의 상황에서 여성들이 배제되어 있다면, 그것은 더 이상 모든 인류가 받아들일 수 있는 보편적이고 이상적인 합의를 추구하는 의사소통공동체일 수 없다. 만일에 전통윤리학의 설정근거나 주요 논의들 속에 여성에 대한 관점이나 이해관계가 근본적으로 또는 상대적으로 배제되어 있다면, 그와 같은 윤리적 주장들 역시 더 이상 보편적일 수 없을 것이다. 따라서 여성주의적 관점이 배제된 전통윤리학이 전 인류적 차원에서의 정당성과 보편성을 획득하기 위해서는 필연적으로 여성주의적 이익주장이나 논변에 귀를 기울여야 하고, 그것들과의 합리적인 쟁론절차를 통한 새로운 합의에 도달하도록 노력하지 않으면 안 될 것이다. 아펠의 의사소통공동체의 철학에 대해서는 김진, 『아펠과 철학의 변형』(철학과현실사 2000) 참조.

서 두 방식이 추구하는 여성주의 윤리의 정초근거는 여전히 해결되지 않은 채로 있다.

# 3. 페미니즘 윤리학은 보편적인가?

## 1) 페미니즘 윤리학의 보편성 논쟁

전통적인 규범윤리학에 대한 페미니즘 윤리학의 비판은 페미니즘 윤리학 자체의 정당성 문제를 야기하였다. 이른바 정초논쟁의 위기를 불러온 것이다. 길리건의 경우 규범윤리학의 논거들 속에 남성주의의 이데올로기가 개입되었다는 사실에도 불구하고 그것은 남성윤리학을 대체하기보다는 보완하는 방향으로 정리되었다. 예를 들면 파우어-스투더(Pauer-Studer)는 페미니즘 윤리학이 삶의 여건 속에서 여성의 비하와 불균형에 의하여 정향된 특정한 윤리학이라고 규정하였으나 페미니즘 윤리학의 대상 영역은 어떤 특정한 영역에 제한되는 것이 아니고 도덕철학의 영역과 중첩된다.[1)]

페미니즘 윤리학은 전통적인 남성중심적 규범윤리학자들의 지배 기능에 대한 비판뿐만 아니라 가부장적 사회에서 여성의 구체적인 삶의 상황을 분석하고 그것을 극복하기 위한 행위 지침을

---

1) Pauer-Studer, Herlinde: *Moraltheorie und Geschlechterdifferenz. Feministische Ethik im Kontext aktueller Fragestellungen*, in: Nagl-Docekal, H.(Hg.): *Jenseits der Geschlechtermoral. Beiträge zur feministischen Ethik*. Frankfurt 1993, S. 40.

내리는 목적을 가지고 있다. "페미니즘 윤리학에 대한 탐구는 전복적인 희망으로부터 온다"고 말한 프리가 하우크(Frigga Haug)[2]의 경우는 현재의 관계들에 대하여 여성들이 살 수 있는, 그리고 모든 사람들에게 보다 더 좋은 그런 대안이 있는가를 묻고자 하였다. 이 점에서 그는 페미니즘 윤리학의 요구가 지배 비판적(herrschaftskritisch) 특징을 가진다고 생각하였다.

사회비판이론에서 영향을 받았던 벤하비브 역시 같은 맥락에서 페미니즘 윤리학의 과제는 착취와 억압으로부터 투쟁하고 있는 여성들을 지원할 수 있는 해방 이론, 즉 페미니즘적 비판 이론을 발전시키는 것이라고 규정하였다.[3] 이로부터 페미니즘 윤리학은 '비당파성의 요청'(Unparteilichkeitspostulat)이나 '도덕적 관점'에 대한 요구는 부정하면서, 철저하게 여성들뿐만 아니라 지배관계에 예속되어 있는 모든 이들을 위한 당파적 과업을 떠맡게 되면서 이론적인 기획의 차원을 넘어서서 실천으로 나아가게 되었다. 하우크가 '전복적 희망'이라고 표현한 것 역시 이와 같은 맥락에서인 것이다.

페미니즘 윤리학이 지배 비판적인 차원에서 억압받은 이들을 위한 해방신학의 모습으로 변모하게 될 경우에 그것은 확실히 기존의 도덕질서에 바탕을 두고 있는 현실세계를 전복하는 것과 같은 의미를 갖게 된다. 페미니즘 윤리학 그 자체가 혁명의 이데올로기가 된 것이다. 이 경우에 우리는 또 다시 묻지 않을 수 없게 된다. 변화를 추구하는 새로운 이데올로기가 구축하는 미래의 현

---

2) Haug, Frigga: *Die imaginäre Frau der Moral. Zum Projekt einer feministischen Ethik*, in: *Das Argument* 206, 36. Jg., 1994, S. 767.

3) Benhabib, Seyla: *Der verallgemeinerte und konkrete Andere*, in: *Denkverhältnisse. Feminismus und Kritik*. Frankfurt 1989, S. 459.

실과 그 과정에서 빚어지는 모든 현재들의 총합이 기존의 도덕질서에 비하여 현저하게 더 좋다는 근거를 어디에서 발견할 수 있는가? 그것은 바로 마르쿠제가 물었던 물음이다. 혁명이냐 개혁이냐를 판가름하지 않더라도 정치적 당파성을 갖는 이데올로기가 보편성과 객관성을 담보할 수 있는가라는 근본적인 회의가 발생하는 것이다.

진화론적 인식론자들이 선험적인 것에 대한 칸트의 보편성 주장조차도 후천적인 것에 근거한다고 일축하였던 것처럼 메이 쇼트는 칸트의 이성이론과 합리성 주장을 페미니즘적 시각에서 분석하면서 자본주의 물화 이론의 한 형태라고 매도하였다. 이러한 주장은 페미니즘 윤리학자들에게 많은 영향을 주었으나, 페미니즘 보편주의자들은 이를 일축하고 있다. 우리는 이 글에서 페미니즘 윤리학의 주장이 보편성을 획득할 수 있으며, 그에 필요한 조건들은 무엇인가를 살펴보게 될 것이다.

### 2) 로빈 메이 쇼트의 칸트 비판

전통적인 규범윤리학이 제시하는 가치 기준은 남성적이고 가부장적 권위의 산물이라는 것은 오늘날 거의 모든 페미니스트들에게 일반적으로 받아들여지는 추세에 있다. 이러한 주장은 포스트모더니즘의 발흥으로 인하여 힘을 얻기 시작하였으며, 이성, 합리성, 정의, 평등, 권위와 같은 개념군들이 모두 남성주의에 정향되어 있다는 사실을 당연하게 받아들이게 하였다. 전통적인 규범윤리학 가운데서도 칸트와 콜버그는 페미니즘 윤리학자들에 의하여 일차적인 비판의 대상이 되고 있다. 특히 칸트의 의무윤리학에 대한 비판에서는 보편성과 객관성을 추구하는 형식주의 논거가 자본주의 사회에서 특징적으로 나타나는 사물화 현상과 동일한 구조를 가지고 있으며, 콜버그의 도덕발달론에 대한 비판에서는 도덕성을 추구하는 정의의 윤리학이 남성주의적 가부장적 로고스중심주의의 산물에 지나지 않을 뿐만 아니라 여성의 관심과 권리가 배제된 부정의하고 편향된 도덕이론이라고 몰아붙이고 있다. 그리하여 서구사회에서 그 동안 주도적이었던 이성중심의 덕윤리, 의무윤리, 정의윤리가 모두 남성중심적이며 편파적이라고 비판한다.4)

페미니즘 윤리학자들은 칸트의 의무윤리학이 보편적, 추상적, 일반적인 성격을 띠고 있는 한에서 물신주의를 반영하고 있다고 주장한다. 로빈 메이 쇼트(Robin May Schott)의 이러한 주장은 가히 혁명적이라고 할 수 있다.5) 일반적으로 칸트는 의무론적 규범윤리학을 체계화한 사상가로 평가되어 왔다. 그는 도덕법의 사실을 이성과 양심에 근거하여 규명하고자 시도하였다. 칸트는 선의

---

4) Wendel, Saskia: *Feministische Ethik zur Einführung*. Junius Verlag 2003 (이하 *Wendel*로 줄임), S. 18 참조: 헤겔과 막스 셸러가 그랬던 것처럼 배이어(Annette C. Baier: *Wir brauchen mehr als bloß Gerechtigkeit*, in: *Deutzsche Zeitschrift für Philosophie* 42, 1994, S. 225-236.), 마리온 영(Iris Marion Young: *Das politische Gemeinwesen und die Gruppendifferenz. Eine Kritik am Ideal des universalen Staatsbürgerstatus*, in: Nagl-Docekal, Herta/Pauer-Studer, Herlinde (Hg.), *Jenseits der Geschlechtermoral. Beiträge zur Feministischen Ethik*, Frankfurt 1993, S. 267-304), 나딩스(Nel Noddings: Caring. Los Angeles 1984) 등은 칸트의 도덕법에서 형식주의와 엄격주의를 비판하고 있다.

5) Schott, Robin May: *Cognition and Eros. A Critique of the Kantian Paradigm*. Beacon Press, 1988, preface, x. 로빈 메이 쇼트, 『인식과 에로스: 칸트적 패러다임에 대한 비판』, 이화여자대학교출판부 1999. 이 논문에서 쪽수 인용은 영어판에 따랐으며, 이하에서는 *Schott*로 줄임.

지(ein guter Wille)만이 도덕적으로 선하고, 도덕법에 대한 존경심으로부터 나온 의무의 이행만이 도덕적 행위가 될 수 있다는 입장을 밝혔으며, 순수하게 도덕적으로 행위 하는 경우에만 그 행위에 준하는 내세적 행복을 기대해도 좋다는 독특한 이론을 제시하였다.[6] 이를 우리는 동기주의에 입각한 형식윤리학, 즉 의무윤리학이라고 불러 왔다.

메이 쇼트는 칸트의 이성주의 철학과 윤리학에는 자본주의 사회에서 발생하는 물화현상이 특징적으로 나타나고 있으며, 그 때문에 육체와 여성에 적대적인 금욕주의가 들어 있다고 비판하였다. 그녀에 의하면 부르주아 사회의 발전 도상에서 등장한 프로테스탄티즘이나 합리주의적 유신론과 같은 금욕주의는 자본주의 사회에서의 인간 소외와 공통점을 가지고 있다(*Schott*, 119). 칸트는 고대 그리스와 기독교에서의 금욕주의를 계승하였기 때문에 순수성을 강조해 왔으며, 그의 철학에는 인간과 사물을 시장에서의 교환 대상으로 파악하기 시작한 초기 자본주의 사회에서 주도적으로 나타나는 물상화 현상을 반영하고 있다는 것이다. 이와 같은 주장은 그녀 이전에도 루시앙 골드만[7]이나 게오르그 루카치[8]가 선구적으로 언급한 바 있다.

메이 쇼트는 칸트의 이론철학과 실천철학에서 금욕주의나 물화현상이 드러나는 현상에 대하여 이렇게 말한다: "칸트의 금욕

---

6) Kant, Immanuel: *Grundlegung zur Metaphysik der Sitten.* Riga 1785, S. 1-23. 이하 *GzMS*로 줄인다. Kant: *Foundations of the Metaphysics of Morals*. Indianapolis and New York 1959, p. 21.

7) Goldmann, Lucien: *Immanuel Kant*. New Left Books, London 1971.

8) Lucács, Georg: *History and Class Consciousness. Studies in Marxist Dialectics*. Cambridge in Mass. MIT Press 1972.

주의는 감성을 비감각화하는 데뿐만 아니라, 객관적 지식을 오성의 순수 개념들로 분석한 데서 명백하게 드러난다. 사고의 형식이 순수하다는 생각은 감각을 이성으로부터 제거해 버리려는 금욕주의적 전통을 반영하는 것이지만, 칸트의 체계 안에 있는 범주들이 하는 특수한 역할은 18세기 독일의 사회적 발전과 긴밀한 관계를 맺고 있다"(*Schott*, 115).

메이 쇼트에 의하면 『순수이성비판』에서의 객관적 지식에 대한 칸트의 논의는 마르크스가 『자본론』에서 기술하고 있는 물신주의적 현상과 유사하다. 칸트철학에서 오성의 활동은 물화된 형태로 묘사되고 있다. 칸트에서 오성의 자발성이란 경험적인 인식주체의 창조적인 사유 과정을 나타내는 것이 아니며, 지식의 성립 가능성을 위한 형식적 조건에 지나지 않는다. 모든 사유 주체들은 통약 가능한 하나의 추상적 표준으로 환원되며, 인식의 세계는 개별 사상가의 즉각적 경험으로부터 멀어진다(*Schott*, 120). 이와 마찬가지로 물신주의에 대한 마르크스의 분석 역시 자본주의 사회를 지배하는 상품관계에 주목하고 있다. 상품은 인간의 노동에 의하여 산출되는 현실적, 물질적인 사물이다. 경제적 관점에서 볼 경우에 그것은 사용가치와는 전혀 다른 독립된 교환대상으로 기능하게 된다. 이처럼 인간 노동의 산물이 그것을 만든 노동자 자신의 일부분이 아니라 그와는 전혀 다른 대상으로 보이는 현상을 우리는 상품의 물신주의라고 부른다. 추상적이고 보편적인 이런 기준에 의하여 실재적인 물질적 대상들은 형식화되고 만다. 상품을 생산하는 인간의 노동 역시 똑 같은 방식으로 추상화 되는 것이다(*Schott*, 116).

이처럼 칸트가 지지하고 있는 과학적 체계는 인간과 사물 사이에서의 물신적 관계에 토대를 두고 있다. 그러나 칸트의 객관성 이론은 사회적, 역사적 관련성을 거부한다. 칸트의 인식론은 객관적으로 주어진 불변의 자연법칙을 전제하고 있다. 인식 주체는 역사적 사회적 관계로부터 유리된 추상적이고 보편적인 '나'이며, 그것은 직접적이고 감각적 특성들을 배제하여 지식의 대상을 구성하는 경향성을 가지고 있다. 그리하여 칸트가 말하는 '참된 철학'(wahre Philosophie)은 어떤 사회적 조건이나 역사성으로부터 제약되지 않은 보편적, 형식적인 특성을 가지는데, 그것은 바로 '하나의 참된 인간 이성의 체계'(Ein wahres System derselben [s.c. menschlichen Vernunft])이다.[9] 칸트에 의하면 개념들은 보편타당하기 때문에 그 어떤 역사성도 갖지 않는다. 현재 상태에서 타당한 순수 개념은 미래의 시점에서도 절대적으로 타당하고, 반성활동 역시 아무런 변화도 겪지 않는다(*Schott*, 127). 사고의 형식들이 파편화된 내용의 질서를 바로잡기 위하여 보편적인 규칙들을 제공한다는 칸트의 지식론은 오직 개인들의 어떤 추상적이고 보편적인 유대에 입각해서만 결합하는 부르주아 사회의 단면을 인식적 차원에서 묘사하고 있다.

메이 쇼트는 칸트 인식론의 물신주의적 성격은 그의 도덕이론에도 그대로 적용되고 있다고 주장한다. 칸트의 도덕이론에서 도덕적 주체는 구체적이며 주관적인 인간 존재의 모습과는 전혀 다르게 묘사되고 있다. 칸트는 도덕적 행위를 도덕법에 대한 존중,

9) Schott, 185, Kant: *Metaphysik der Sitten*. (이하 *MS*로 줄임) 1. Teil: *Metaphysische Anfangsgründe der Rechtslehre*. Königsberg 1797. Vorrede, S. A VII. Kant: *The Metaphysical Elements of Justice*. Indianapolis and New York 1965, p. 5.

즉 의무감에서 순수하게 우러나오는 행위로 한정한다.10) 도덕법에 대한 존경감에서 의무적으로 비롯되는 행위는 사랑이나 연민과 같은 감각적인 기분을 전적으로 배제하고 있는 것이다(*Schott*, 137-138). 도덕에서는 인격이 중요하게 다루어져야 하지만, 구체적인 개인들 사이에서의 문제는 여기에서 철저하게 배제되고 있다는 것이다. 이 사실은 무엇을 의미하는가?

이는 칸트가 그의 인식론에서 개별적인 인간들의 인식 활동보다는 인간의 인식능력을 추상화한 결과로서나 생각할 수 있는 이성 그 자체에 대한 비판을 통하여 객관적인 체계를 중시한 것처럼 실천철학에서도 역시 구체적으로 실재하는 남성과 여성들의 도덕적 행위보다는 모든 인간들에게 의무로서 주어졌다고 생각하는 객관적인 도덕법으로부터 출발하고 있다는 것을 말하여 준다. 도덕법칙은 인간이 선의지에 따라서 수행하는 경우에만 현실화될 수 있다. 이처럼 도덕원리는 보편타당하게 주어져 있으므로, 어떤 특정한 사회적 상황과도 독립해 있으며 구체적인 개인들 간의 관계를 고려하고 있지 않다. 메이 쇼트는 칸트의 도덕철학에 나타난 형식주의가 부르주아 사회에서 경험하는 문화를 반영하고 있다고 주장한다(*Schott*, 138).

칸트의 도덕이론은 개인들 간의 관계가 객관적인 교환법칙을 매개로 해서만 가능하다는 이른바 사회적 객관화 현상을 반영하고 있다. 여기에서 개인들 상호간의 유대는 객관적인 도덕법칙에

10) 칸트는 '의무'(Pflicht)를 '법에 대한 존중감으로부터 나오는 행위의 필연성'이라고 정의하고 있다(*GzMS*, 14). 따라서 어떤 행위가 도덕적이기 위해서는 반드시 도덕법이 명령하고 있기 때문에 필연적으로 행위하는 경우로만 한정되는 것이다.

의하여 통제되고 사상되어 버린다. 개인들 간의 도덕적 관계는 객관적인 도덕법에 의하여 매개된 결과에 지나지 않으며, 개인에 대한 모든 존중 역시 도덕법에 대한 존중으로부터 나오는 의무 이행에 대한 하나의 범례에 지나지 않는다(*Schott*, 146). 칸트는 여기에서 현실적인 법체계의 존재보다는 그 근거가 되는 현존하는 입법적 권위의 근원에 대한 복종을 강조하고 있다(*MS*, 36). 그러나 그것 역시 어디까지나 도덕법의 범례에 지나지 않는다.

칸트의 도덕이론에서 행위 주체가 '목적의 왕국'에 들어가기 위해서는 자신의 감성, 기분, 물질적인 이해관계를 배제하고, 오직 자신의 의지를 도덕법에 복종하도록 해야 한다. 도덕법의 존중에서 나오는 의무로부터 행위하라는 것은 개인이 갖고 있는 모든 경향성(Neigung)을 전적으로 배제하라는 의도를 표현한 것이다. 경향성은 언제나 결핍 상태에 있으며 감각적 욕망에 의존하고 있다(*GzMS*, 11). 행위 주체가 만일 자신의 모든 육체적 영향에서 자유롭지 않다면, 그의 행위는 도덕적인 것으로 인정되지 않는다.

행복, 동정심, 허영심, 명예, 사랑을 고려한 행위는 경향성에서 비롯된 것이므로 도덕적 행위로 인정되지 않는다. 칸트는 행복, 자제심, 냉철한 사려, 흥분과 열정의 억제 등과 같은 특성들이 인격의 내적 가치라는 것을 인정하면서도 그것들이 아무런 제한 없이 선하다고 볼 수 없다고 지적한다. 선의지 그 자체를 제외하고는 어떤 것도 그 자체로서 선하다고 할 수 없다. 인생의 행복이나 만족 역시 목적뿐만 아니라 수단까지도 선하지 않으면 안 되는 것이다. 도덕은 행복의 조건이어야 한다. 다른 사람을 동정하는 것 역시 자신을 과시하거나 허영심에서 비롯될 수 있으며, 사랑과 자비를 베푸는 것 역시 자신의 명예를 위한 것일 수도 있다. 그러므로 칸트는 의무이기 때문에 자선을 베푸는 것, 즉 '실천적 사랑'(praktische Liebe)만이 도덕적이라고 할 수 있으며, 그것만이 경향성에 의한 다른 모든 감상적이고 병리학적 사랑(pathologische Liebe)과 구별될 수 있다고 보았던 것이다(*GzMS*, 13). 더 나아가서 칸트는 영리함(Klugheit)의 원칙에서 볼 경우에는 신용을 지키지 않고 속이거나 거짓말을 하는 것이 유익할 수 있는 것처럼 보이지만, 그것은 결국 자신에게도 그대로 적용될 수 있기 때문에 보편적으로 선하다고 볼 수 없다고 말한다.[11)]

이처럼 칸트의 도덕철학에서는 선의지와 도덕법칙을 전제한 엄격한 의무의 원칙이 강조되고 있다. 이에 대한 메이 쇼트의 입장은 매우 비판적이다. 우선 칸트의 도덕법, 정언명법은 형식성과 보편성을 특징으로 한다. 도덕적 행위의 형식은 모든 사람에게 동일하게 적용되고, 그와 같은 형식적 통일은 각자의 준칙이 하나의 보편법이 될 수 있도록 행위하라는 요구로 이어진다. 메이 쇼트는 "칸트 윤리학의 형식주의는 도덕 원리들이 작용하는 특정한 사회와 무관하다는 사실을 전제로 하고 있으며, 칸트는 이러한 시각을 부르주아 사회에서 빌어 왔다고 해석한다(*schott*,

---

11) 선의의 거짓말에 대한 철학적 논의가 국내외에서 활발하게 제기되고 있다. 그 중에 빅토르 프랑클이 제기한 바에 의하면 칸트의 도덕이론에서는 들어설 자리가 없는 선의의 거짓말이 로고테라피에서는 일정한 의미를 부여받을 수 있다는 것이다. 유대인을 숨겼느냐는 게쉬타포의 질문에 그렇지 않다고 거짓말을 함으로써 사람의 목숨을 구했다면 그것은 얼마든지 의미있는 행위이며 도덕적으로 비난받을 필요가 없다는 것이다. 그러나 이런 상황제시가 칸트의 문제제기에 합당한 반론은 아닌 것 같다. 어떤 상황에서 거짓말을 하는 것은 도덕적이 아니라는 것과 어떤 거짓말은 유용하거나 의미를 가질 수 있다는 것은 전혀 다른 맥락이기 때문이다.

141f). 보편적인 도덕법이 도덕적 행위를 통제하는 것은 보편적이고 불변적인 시장 법칙이 노동자의 생산행위를 통제하는 것과 같다는 것이다. 여기에서 메이 쇼트는 칸트가 개인적 관계의 질적인 특성을 전혀 고려하지 않았다고 비판한다. 시장에서의 물화 현상처럼 동정과 배려와 보살핌과 같은 자연스러운 유대감은 형식적인 도덕성을 구축하기 위하여 사상되고 말았다.

그러나 루카치의 주장[12)]을 수용한 메이 쇼트는 도덕적인 시도란 언제나 현실세계와 긴밀한 관계를 가지고 있다는 사실을 강조하면서, 거짓말이 약속 준수제도를 파괴하기 때문에 허용되어서는 안 된다는 칸트의 주장이야말로 개인의 생활 형편을 고려하지 못한 한계를 드러낸다고 비판하였다. 가난한 사람이 변제 능력이 없으면서도 돈을 빌리는 행위가 자신의 약속 준수라는 형식 원리에 저촉되는가, 아니면 채무 이행이라는 자본주의 사회의 특수한 제도를 위반하는 것인가에 대한 숙고가 결여되어 있다는 것이다.[13)]

---

12) Lucás, Georg: *History and Class Consciousness. Studies in Marxist Dialectics*. MIT Press, Cambridge 1972, p. 125.

13) 이와 비슷한 경우가 콜버그의 도덕발달론에서 예화로 제시되는 하인츠-딜렘마이다. 칸트의 정언명법에 의하면 어떤 조건 하에서도 인간은 자신의 절도 행위를 정당화 할 수 없다. 비록 죽어가는 생명을 구하기 위해서 약을 훔치는 경우에도 마찬가지이다. 약을 훔침으로써 그는 약방 주인을 목적이 아닌 수단으로서 대하였기 때문이다. 이처럼 인격에 대한 형식적 존경심은 칸트의 윤리학이 생명보다 재산에 더 우월한 가치를 부여하고 있다는 비판을 받게 하는 측면이 있다(*Schott*, 147). 칸트는 부르주아 사회에서 개인이 경험하는 고립을 규범화하면서도, 도덕적 주체가 정념과 이익에 따라 타인들과 관계를 맺는 일종의 사회적 주체라는 사실을 부정했다는 것이다. 다른 한편 빅토르 프랑클은 특정한 상황 속에서 정언명법이나 십계명을 지키지 못한 사람의 행위도 어떤 의미를 가질 수 있다는 사실에 착안하여 형식적인 규범윤리학의 한계를 극복하고자 하였다. Frankl,

이처럼 칸트는 사회로부터 독립적인 도덕 원리를 만들려고 했으나, 그 스스로 현존하는 법체계와 입법적 권위에 복종할 것을 주장하였다. 이 사실은 칸트 자신도 시대적, 사회적 상황으로부터 자유롭지 못했다는 것을 단적으로 입증한다. 메이 쇼트는 칸트가 실정법의 합법성을 시민의지의 입법적 능력에 궁극적으로 토대를 둔 사실에서 실정법을 도덕법과 같은 지위를 부여하고 있다고 지적한다. 개인은 모두를 위해서, 모두는 개인을 위해서 그런 실정법을 제정하는 입법적 권위가 법 지향적 의지 형식에 토대를 두고 있기 때문에 특정한 사회가 제정한 법률들은 도덕적 구속력을 갖는다는 것이다.[14] 이런 사실에서 칸트의 도덕법은 부르주아 사회에서 차용된 것이며 자본주의의 물화현상을 반영하고 있다고 비판한다. 다시 말하면 감정과 경향성의 주관적 영향을 배제한 도덕법의 객관적 원리는 비록 자본주의 사회에서의 인간의 의지를 반영한 것이지만, 도덕적 행위 주체에게 그것은 마치 자신의 행위와는 무관하게 정당화 되어 있는 객관적 원리인 것처럼 보인다. 노동자가 시장의 상품을 자신의 행위 소산으로 느끼지 못하는 것처럼 도덕적 행위 주체 역시 그 자신을 입법의

---

Victor: *The Will to Meaning. Foundations and Applications of Logotherapy.* New York American Library, New York 1970. 프랑클, 『삶의 의미를 찾아서』, 청아출판사 1995, 88쪽 이하 참조.

14) Kant, *MS*, S. 73. 모든 사람의 안전을 위하여 다른 모든 사람들에 대한 법적 구속성을 요구하는 상황을 칸트는 여기에서 '시민적 상태'(der bürgerliche Zustand)라고 규정한다. 프랑크푸르트학파의 마르쿠제는 이와 같은 칸트식의 보편법의 명령을 실제적인 지배체제의 권위뿐만 아니라 일반적인 권위까지도 사회적으로 필요하다고 강력하게 정당화시키는 이른바 부르주아 철학의 논리라고 지적한 바 있다. Marcuse, Herbert: *Studies in Critical Philosophy*, Beacon Press, Boston 1966, p. 94.

주체가 아니라 '법이 부과한 의무'를 수행하는 자로 전락하게 된 것이다(*MS*, 16).[15] 도덕적 행위는 미리 주어진 보편적인 도덕법에 자신의 행위 원칙(준칙)을 일치시키려는 행위로 변질된다(*Schott*, 144). 그리하여 칸트가 개인과 권위를 동일화하는 것은 부르주아 계급이 자신을 국가 권위와 동일시하도록 고무하는 효과를 내고 있다는 것이다.

칸트의 도덕철학이 자본주의 시장원리를 수용한 것이라는 메이 쇼트의 주장은 하인츠 딜렘마에 대한 해석에서 그 절정에 이르게 된다. 칸트의 정언명법에서는 어떤 경우에서도 절도 행위는 정당화 될 수 없다. 그러나 하인츠는 죽어가는 부인의 생명을 구하기 위하여 값비싼 약을 훔칠 수밖에 없는 상황에 처하여 있다. 물론 칸트에서는 하인츠의 행위가 결코 용납될 수 없다. 이런 사실에서 메이 쇼트는 칸트의 형식주의 윤리학이 생명보다 재산에 더 높은 가치를 부여하는 경향성을 가졌다고 비판한다(*Schott*, 147). 부르주아 사회에서는 인격성에 대한 추상적 존중으로 구체적인 도덕적 관계들을 위협할 수 있으며, 칸트 스스로 자신의 윤리학을 그와 같은 부르주아적 존재의 물화된 관계로부터 헤어나지 못하였다는 것이다.

물론 칸트주의에서 출발한 콜버그는 하인츠가 약을 훔치기 위하여 내세우는 정당화 논변의 내용적 차이로부터 도덕성 발달의 정도를 측정하고자 하였다. 그러나 길리건은 콜버그의 도덕발달론에서 채택된 칸트의 형식주의 윤리학이야말로 남성적인 편견

15) 칸트는 이처럼 법절차에 따른 의무 이행을 '외적인 의무'(äußere Pflicht)라고 규정하였다(*MS*, 15). 그에 의하면 이러한 법 절차는 행위 주체의 자의성의 규정 근거인 내적인 의무의 이념을 요구하지 않는다.

의 소산이라고 비판한다. 칸트는 도덕이 추상적이고 합리적인 원칙에 의하지 않고 감정과 경향성에 의존할 경우에 결함이 있는 것으로 이해하였으나, 길리건은 오히려 칸트와 콜버그의 도덕철학은 여성의 관점에서 중요한 요소들을 배제하는 오류를 범하고 있다고 비판한 것이다. 길리건은 도덕적 이슈들이 제기되는 구체적인 맥락을 고려하면서, 그 행위의 결과들을 검토하는 윤리적 접근이 필요하며 보살핌의 감정과 같은 여성적 관점을 도덕적 사고 안에 포함시켜야 한다고 주장하였다(*Schott*, 224-225). 여기에서 메이 쇼트는 콜버그가 채택하였던 칸트의 형식주의 윤리가 남성적 편견의 표현이라고 비판한 길리건의 입장을 환기시킴으로써 칸트주의 비판으로부터 여성주의로 이행할 수 있는 가능성을 찾는다. 메이 쇼트의 칸트 비판에 함의된 여성주의적 요소들은 사실상 길리건의 칸트주의 비판을 통하여 드러난 것들이지만, 루시앙 골드만, 게오르그 루카치, 막스 호르크하이머와 허버트 마르쿠제의 칸트 비판을 바탕으로 하여 자본주의적 물화현상에 착안한 점에서 매우 특이하다고 할 수 있다.

### 3) 페미니즘 윤리학의 남근중심적 사유 비판

페미니즘 윤리학은 남근적 합리성(phallische Rationalität)에 대한 비판으로부터 시작된다. 페미니스트들은 전통윤리학이 추구하는 주요가치들, 특히 이성, 합리성, 자율, 보편성, 객관성 등의 개념이 남근중심적이라고 비난한다. 이 때문에 보편적 규범 윤리학 속에 무차별적으로 내재되어 있는 남성적 가치 전반에 걸친 대대적인 수술이 필요하게 되었다. 이들은 칸트, 롤즈, 하버마스의 윤리학에 남성중심주의라는 성적 관점에서 바라본 맹점(blinden Fleck)이 있다고 보았다.[16] 시몬 보부아르는 이미 선구적으로 여성을 '타자'로 규정하면서 남성중심적 사고에서 여성이 인격을 가진 인간 존재가 아니라 남성들을 위하여 종사하는 타자적 존재에 지나지 않는다는 사실을 지적한 바 있다. 그것은 바로 인간은 남성이라는 사실, 남성에만 국한된다는 사실을 말해 준다. 사람들은 여성을 있는 그대로 정의하지 않고 남성들과의 관계 속에서 바라본다. 여성은 자율적인 존재가 아니며, 남성들과의 관계를 통해서만 규정되고 구분된다. 남성이 주체이고 절대자인 반면에 여성은 본질적인 것에 대한 비본질적인 것이며 언제나 낯선 타자일 뿐이다.[17] 이와 같은 관점에서는 여성은 일방적으로 희생된 존재이기 때문에 그 해결책은 오직 해방에서만 찾을 수 있을 것이다.

메리 데일리(Mary Daly 뉴욕 1928~)의 경우는 매우 분명하다. 그녀는 여성신학을 제안한 사람으로서 가톨릭계 세인트 로즈 대

---

16) 이런 주장을 한 학자들로는 우르술라 피아 야우흐(Ursula Pia Jauch: *Immanuel Kant zur Geschlechterdifferenz. Aufklärerische Vorurteilskritik und bürgerliche Geschlechtsvormundschaft*, Wien 1988), 헤르타 나글-도케칼(Herta Nagl-Docekal: *Jenseits der Geschlechtermoral*, a.a.O.: Dies., *Feministische Philosophie. Ergebnisse, Probleme, Perspektiven*, Frankfurt 1999, S. 178-187), 오노라 오닐(Onora O'Neill: *Construction of Reason. Explorations of Kant's Practical Philosophy*, Cambridge u.a. 1989, S. 51-65; dies.: *Einverständnis und Verletzbarkeit. Eine Neubewertung von Kants Begriff der Achtung für Personen*, in: Nagl-Dockekal, Herta/ Pauer-Studer, Herlinde Hg.: *Jenseits der Geschlechtermoral*, S. 335-367; dies.: *Tugend und Gerechtigkeit. Konstruktive Darstellung des praktischen Denkens*. Berlin 1996) 등이 있다.

17) Beauvoir, Simone de: *Das andere Geschlecht. Sitte und Sexus der Frau*. Hamburg 1989, S. 10f.

학에 다녔으며(1950), 1963년 스위스 프라이부르크(Fribourg) 대학에서 토마스 아퀴나스에 관한 논문 "사변신학의 문제들"로 신학박사 학위를 받았으며, 1965년에는 토마스 아퀴나스와 자크 마리탱을 다룬 "자크 마르탱의 철학에서 신에 대한 자연적인 인식"이라는 연구논문으로 철학박사 학위를 받았다. 1966년에 미국으로 돌아와서 예수회 계통의 보스톤 대학에서 페미니즘 윤리학을 가르쳤다.[18] 『교회와 제2의 성』(1968)에서 그녀는 교회의 구조가 철저하게 가부장적이라는 사실을 폭로하였으며, 여성의 피학증이 성모 마리아 숭배와 고백성사에 근거하고 있다고 밝혔다.[19] 그녀는 『聖父를 넘어』(1973)[20]에서 여성적 하느님을 거론하면서, 여성들이 우주적인 결속으로서의 자매애를 발휘하여 기독교 안에서의 남성중심주의를 극복할 것을 호소하였다. 그녀는 가부장적 폭력이 이론(언어)의 차원에서 여성을 배제하는 방법을 소개하고 있다. 마녀재판 또는 학문세계로부터의 추방(박멸), 모계신화의 부계신화로의 전환, 잘못된 양극화, 일부 여성들에게 고위직을 부여하여 성차별의 부재를 입증하는 방식이 바로 그것들이다.[21] 그녀는 신학적 논증의 바탕에 흐르는 남성우월주의를 해체하여 남성과 여성이 동등하게 형제적 관계로서 기술될 수 있는

---

18) Rullmann, Marit: *Philosophinnen. Zweiter Band. Von der Romantik bis zur Moderne*. Frankfurt 1995, S. 243. 마리트 룰만, 『여성철학자』, 이한우 역, 푸른숲 2005, 666쪽.

19) Daly, Mary: *The Church and the Second Sex 1968. Kirche, Frau und Sexus*. Olten/Freiburg I. Br. 1970, S. 24.

20) Daly, Mary: *Beyond God the Father: toward a philosophy of woman's liberation* 1973. *Jenseits von Gottvater, Sohn & Co. Aufbruch zu einer Philosophie der Frauenbefreiung*. München 1988.

21) Rullmann, Marit: *Philosophinnen. Von der Romantik bis zur Moderne*. Frankfurt 1998, S. 241-247.

틀을 모색하였다(*Pieper*, 30).

마이어-제탈러(Carola Meier-Seethaler)는 감각이 이성에 환원되지 않고서도 독립적으로 작동된다는 사실을 보여줌으로써, 이성중심주의에 대항할 수 있는 논거를 마련하였다.[22] 그렇다면 감성적인 것(das Ästhetische)이 인간의 자기이해를 위한 토대가 될 수 있을까? 감성적인 것은 합리성이 제시하는 진리의 조건들이 드러나게 되는 방편이다. 합리성이 보편적인 것 안에서 특수한 것을, 차이 속에서 동일성을 드러낼 수 있는 것은 감성적인 것 때문이다. 최근에 진행된 감성에 관한 연구[23]들은 이와 같은 측면들을 강조하고 있다. 감성의 역할에 대한 새로운 평가는 여성의 우위적 근거를 보여주는 하나의 좋은 사례이다. 여성의 판단과 행위는 결코 이성이 배제된 감성(감각적 몽상)에서 비롯된 것이 아니며, 그것은 오히려 이성을 전제한 감성의 최적화를 통하여 가능하게 된다. 가사와 간호활동에서 사회적인 능력을 터득하는 여성들의 경우에 머리와 손에다가 가슴이 덧붙여짐으로써 여성의 탁월한 능력이 나타나는 것이다. 그리하여 최근에는 '감성적 지성'(emotionale Intelligenz), '감각들 안에 깃들어 있는 합리성'(*Pieper*, 19f)이라는 새로운 개념들이 발굴되었다. 특히 카롤라 마

---

22) Meier-Seethaler, Carola: *Gefühl und Urteilskraft. Ein Plädoyer für die emotionale Vernunft*. München 1997.

23) Heller, Agnes u.a.: *Theorie der Gefühle*. Hamburg 1981. de Sousa, Ronald: *The Rationality of Emotions*. Cambridge 1987. Greenspan, Patricia C.: *Emotions and Reasons. An Inquiry into Emotional Justification*. New York, London 1988, Hamburg 1980. Ulrich, Dieter: *Das Gefühl. Über die Psychologie der bedürfnis-relevante Bewertungszustände. Grundriß einer epistemologischen Emotionstheorie*. Tübingen 1990. Meier-Seethaler, Carola: *Gefühl und Urteilskraft. Ein Plädoyer für die emotionale Vernunft*. München 1997.

이어 제탈러는 『감정과 판단력』에서 감각이 이성에 환원되지 않고도 상호 독립적으로 연관성을 가지고 있는 사실을 보여주고 있다.[24)]

자크 라캉의 여성 제자들, 특히 뤼스 이리가레이, 율리아 크리스테바, 엘렌 시수는 정신분석학과 페미니즘의 관계에 천착하고 있다. 이들은 소쉬르와 야콥슨의 언어학, 레비스트로스의 후기구조주의, 리오타르의 포스트모던주의, 라캉의 정신분석학 등에서 강한 영향을 받았다, 이들은 언어 구조 속에 가부장적인 법칙의 기반이 되는 남근의 욕구가 들어있다는 사실을 드러내고자 한다 (*Pieper*, 29).

뤼스 이리가레이(Luce Irigaray 벨기에 1930~)는 여성으로서의 자신의 경험을 토대로 성차별에 대한 페미니즘 논의를 주요 연구 대상을 삼았다. 그녀는 단순하게 남녀간의 위계질서를 비판하는 수준을 넘어서서 두 성 사이의 서열을 그 자체, 즉 남성과 여성의 차이로 보아야 한다고 주장하였다. 그녀의 차이 개념은 현실적으로 성적 차이는 극복할 수 없다는 사실에서 비롯된다. 여성에게 부과되는 성적 정체성은 가부장제의 구성물이다. 두 성 사이의 차이는 자아의 선천성에서 비롯되었으며, 이는 명확한 틀을 갖고서 오랜 세월에 걸쳐서 여성성의 주체를 보다 명확하게 드러내기 위한 전략에서 형성된 것이다. 다시 말하면 여성의 성적 정체성을 규정하는 그 선천성은 후천적으로 형성되었다는 이야기가 된다. 자크 라캉의 문하에서 정신분석학을 공부하였으며, 1974년에

---

24) Meier-Seethaler, Carola: *Gefühl und Urteilskraft. Ein Plädoyer für die emotionale Vernunft*. München 1997. Vgl. Pieper, S. 20. Meier-Seethaler: *Ursprünge und Befreiungen. Die sexistischen Wurzeln der Kultur*. Frankfurt 1992.

"또 하나의 여성에 관한 고찰"[25]로 박사학위를 받았다. 그녀는 이 논문에서 플라톤에서 프로이트에 이르는 철학적 전통을 라캉의 시각에서 비판하였다. 특히 여성들은 남근을 통하여 자신을 바라보는 남아들과는 전혀 다른 방식으로 자신을 발견한다는 사실을 강조하면서, 여성의 언어로 여성적인 상상력을 키워나감으로써 기존의 상징질서에 맞설 수 있는 열린 가능성을 구축하고자 하였다. 1984년의 강연집 『성차의 윤리학』[26]에서 그녀 자신은 결코 남성의 입장이 될 수 없으며, 그 어떤 남성도 자신의 입장이 되지 않는다고 강조함으로써, 서로 대체할 수 없는 성을 차이의 차원에서 보존하는 놀라움, 즉 그들 사이에 있는 자유와 유대의 공간이야말로 성 차이를 분리하고 통합할 수 있는 가능성을 함축하고 있다고 말한다. 그리하여 그녀는 성차의 윤리학을 바탕으로 여성적 계보학에 다양하고 포괄적으로 깔려 있는 역사적인 망각을 거두는 새로운 계보학을 기술하는 것이 필요하다고 보았다. 여성과 여성들의 관계는 주체와 객체가 아니라 주체와 주체간의 관계이며 매우 긴밀한 사회적, 문화적 관계이다. 그녀는 새로 기술한 여성적 계보학에 비추어 여성들에게만 한정되는 법안을 제정하여 여성들을 보호하는 이른바 차이의 사유를 강조하였다.

이리가레이의 비판자들은 그녀가 인습적인 전범을 파괴한다는 이유에서 언어와 같은 상징적인 차원에 지나치게 치중함으로써 관념론적으로 후퇴하여 신본질주의를 초래하였다고 지적한다. 그녀가 전통적인 성차 개념에 반대하는 것은 여성적인 발언과 육체를 또 하나의 본질로 내세움으로써 차이를 공고하게 하는 새로

25) Irigaray, Luce: *Das Geschlecht, das nicht eins ist* (1977). Berlin 1979.
26) Irigaray, Luce: *Ethik der sexuellen Differenz* (1984). Frankfurt 1991.

운 본질적 사유에 빠지게 되었다는 것이다. 그러나 지지자들은 그녀가 급진적인 신체 메타포를 통한 정신분석학 비판, 여성 계보학의 옹호, 또 다른 여성으로서 어머니에 대한 상징적인 가치 절상 등에서 실천적인 전망을 이루어냈다고 평가한다.[27)]

크리스테바(Julia Kristeva 불가리아 1941~)는 롤랑 바르트와 자크 라캉에게서 수학하였으며, 루시앙 골드만에게서 언어학 박사를 받았다. 『시적 언어의 혁명』(1974)[28)]으로 언어학 교수자격을 취득하였다. 그녀는 언어이론에서 서로 다른 언어적 기호들을 통하여 드러나는 의미부여의 다양한 형태들이 존재한다는 상호 텍스트성(Intertextualität) 개념을 발굴하였다. 어떤 경우에도 단일한 의미는 존재하지 않으며, 의미를 나타내는 기호들 사이에는 차이가 존재한다는 것이다. 하나의 의미와 하나의 진리가 존재할 수 없는 것과 같이 단일한 주체 역시 존재하지 않는다. 그녀는 언어에서 상징적인 것은 아버지의 법칙, 즉 가부장적 질서를 대변한다고 말한다. 유아의 상징단계는 오이디푸스 콤플렉스 이후에 나타나는데, 여성들은 어머니의 육체로부터 완전하게 단절되지 않기 때문에 이 단계에 이를 수 없다. 그녀는 이처럼 남근의 법칙으로 이루어진 언어 속에서 남성과 여성이 구분되고 있다는 사실을 발견하였다. 아들은 오이디푸스 콤플렉스에 의하여 거세 위협을 당함으로써 어머니로부터 강제적으로 거리를 두지만, 딸은 자신이 원래부터 거세되어 있다는 사실에서 남성에게 굴복당하는 운명이라는 것을 받아들이게 된다. 더 나아가서 그녀는 유대 일신

---

27) Gehring, Petra: *Luce Irigaray*, in: *Philosophinnen. Von der Romantik bis zur Moderne*. Frankfurt 1998, S. 257-264.

28) Kristeva, Julia: *Die Revolution der poetischen Sprache*. Frankfurt 1978.

교와 서구의 상징체계에서 유일신 신앙은 부성적인 초자아 공동체의 원리가 되어 여성들을 압박해 왔다고 지적한다. 이는 가부장사회를 기본 모델로 차용한 것이며, 일신교적 통일성은 남성과 여성의 철저한 분리에 의해서만 유지될 수 있는 추상적인 권위가 작동한 산물로서 형성된 상징적 질서이다. 그러므로 크리스테바는 그때마다의 언표행위에서 언제나 새롭게 구성되는 주체를 중시하게 되었고, 특히 기존의 언어 질서를 파괴함으로써 모든 여성과 남성의 서로 다른 경험들이나 성차에 대하여 열려 있는 새로운 주체 개념을 얻어내기 위하여 고심하였다. 그녀는 여성성에 대한 적극적인 의견 개진보다는 남성과 여성으로 분리를 유지한 상태에서 독단적으로 추상화 한 주체성과 가부장적 본질주의를 거부하면서 그로부터 전적으로 초탈할 수 있는 새로운 주체 개념을 얻어내는 것이 시급하다고 지적한다. 이와 같은 주장은 결국 유대교의 일신론뿐만 아니라 전통적인 규범윤리학조차도 남성중심적 주체 개념에 정향되어 있으며, 새로운 윤리학은 새로운 주체 개념의 획득과 더불어 비로소 가능하다는 점을 시사하고 있는 것이다.[29)]

크리스테바와 더불어 후기구조주의 및 라캉주의에 기반을 두고 언어분석을 시도한 엘렌 시수(Helène Cixous)[30)]는 여성적 글쓰기를 통하여 여성의 성적 정체성을 언어적으로 표현하고자 하였다(*Pieper*, 30). 그 밖에도 푸쉬(Luise F. Pusch)[31)]와 트뢰멜-플뢰츠

---

29) Rullmann, Marit: *Philosophinnen. Von der Romantik bis zur Moderne.* Frankfurt 1998, S. 272-278.

30) Cixous, Helene: *Geschlecht oder Kopf?* In: *Aisthesis. Wahrnehmung heute oder Perspektiven einer anderen Ästhetik*, Leipzig 1990, S. 98-122.

31) Pusch, Luise F.: *Das Deutsche als Männersprache.* Suhrkamp Verlag,

(Senta Trömel-Plötz)[32]와 같은 언어비판적 분석가들은 독일어가 남성언어이고, 이런 남성적 언어구조는 남성우월주의를 반영하고 있다고 지적하기도 하였다.

카바레로(Adriana Cavarero)는 '나'(Ich), '인간'(Mensch)과 같이 보편적인 표현들조차도 성별을 초월하여 중립적일 수 없다고 주장한다. 남성의 논리가 드러나지는 않지만 남성주의적 사유가 분명히 존재한다는 것이다. 특히 '인간' 개념은 남성의 자기이해를 보편화하고 있다. 인간존재는 남성이라는 존재의 본질을 보편화하여 이상적인 것으로 드러내고 있는 것에 지나지 않는다. 여성은 중성적인 '인간' 개념 속에서 자신의 특성을 드러낼 수 없다. "남성에게만 해당되는 것을 보편화하기 위한 과정에서 여성의 고유한 특성으로 드러나는 것은 있을 수 없다. 따라서 남성의 논리 밖에서 보고 구체화시켜야 할 것이다."[33] 여성은 주체적인 사유를 통해서 자신을 경험하거나 주체적인 논의를 할 수 없다. 즉, 여성은 독자적으로 논의할 수 없으며, 자신의 정체성을 주장할 수 있는 논리도 가지고 있지 않다. 남성의 논의에서 여성은 배제되어 있으나, 여성은 전적으로 남성적 사유에 의존하고 있다. 이런 사실을 바탕으로 카바레로는 여성적 논의의 오류가 여성을 제한한다고 규정하였다. 이를 극복하기 위한 논리를 카바레로는 구약성서의 창세기에서 찾으려고 한다. 창세기에는 여성과 남성이 모두 신을 닮았다. 신적인 것은 남성과 여성에게서 동일하게 말

---

Frankfurt 1984.

32) Trömel-Plötz, Senta: *Gewalt durch Sprache*. Milena Verlag 2004.

33) Cavarero, Andriana: *Ansätze zu einer Theorie der Geschlechterdifferenz. Diotima: Der Mensch ist zwei. Das Denken der Geschlechterdifferenz*. Wien 1989, S. 67. Cavarero, A.: *Platons Töchter*. Rotbuch, 2003.

할 수 있는 사실이다. 그리스도 역시 남성이 아니라 성별을 초월한 신이다. 그 때문에 여성도 그리스도 수난의 의미를 깨달을 수 있는 것이다. 신과의 닮음은 성적 차이와 무관하다. 신과 더욱 닮은 존재나 그렇지 못한 존재가 공존할 수 있으며, 이들은 서로 다르게 존재하는 관계 속에서 대상적이며 동시에 주관적인 의미를 갖게 된다(*Cavarero*, 98). 카바레로는 이런 이중성(Dualität)을 동일성보다 더 근원적인 것으로 평가한다.

카바레로는 서양의 형이상학이 이성중심주의이고 여성에게 호의적이지 않은 이유를 소크라테스 이후의 철학자들이 유사성(닮음)의 문제에 빠져서 결국 영원불변의 본질을 사유하는 방향으로 나아간 사실에서 찾으려고 하였다(*Pieper*, 47). 남근적 합리성(phallische Rationalität)의 사유는 전통 논리학과 형이상학의 본질적 특성이다. 이것은 남성과 여성, 논리적인 것과 감정적인 것, 강한 것과 약한 것, 자긍심과 비굴함과 같이 극단적으로 다른 것을 대비시켜서 그 중 하나를 다른 하나에 귀속, 복종, 정복에 이르게 하는 위계질서를 만든다. 여기에서 동일성은 최상의 원리로 군림한다(*Pieper*, 48). 남근적 합리성이 추구하는 통일 원리는 생산 능력으로 나타난다. 남성들은 생산능력을 최선의 것으로 여기고 있으며, 끊임없는 사정이야말로 그 자신들의 직관적인 의지가 중단 없이 지속되는 것에 비유될 수 있다. 여성들은 이러한 사정의 패러다임을 경험할 수 없으며, 따라서 참된 지식의 논리적 기초를 세울 수 없다. 이러한 남성의 인지능력을 통하여 무한하고 전능한 잠재력을 가진 신에 대한 인식이 가능하게 된다. 이러한 생식의 은유법(Zeugungsmetaphorik)은 수직논리(vertikale Logik)의 패러다임을 이루고 있다. 남성의 고유한 정체성은 신적인 자기생산의 신화에서 특징을 이룬다.

그러나 페미니즘은 억압구조를 드러내는 가부장적 수직논리와는 반대로 동등함과 상호관계에 착안하는 수평논리(horizontale Logik)를 중시한다. 여기서는 합법적인 승인에 이르게 하는 상호인정이 바탕을 이룬다. 그러나 차별원칙을 내세워 남성의 사유에서 비롯되는 합리성의 모델과 대립시키거나 의식적으로 통일 원리를 주장하는 것이 아니라 상호이해를 통한 합법적인 승인을 목표로 한다(*Pieper*, 49). 흔히 우리는 인간을 '이성적 동물'(anomal rationale)이라고 말하는데, 여기에서 인간의 합리성은 남성적으로 규정되고 있으며, 전통사회에서 남성들의 역할과 지위를 그대로 반영하고 있다. 그것은 개념, 논의, 이론의 영역에서 근본적으로 조직 원리를 제공하는 지배형식이며 가부장적, 전체주의적 통일 원리를 구축하기 위한 것이다. 합리성은 결국 모든 존재와 사유의 근거가 되고 있는 것이다. "남성적인 합리성의 이상은 이러한 최상의 원리와도 같은 것이다. 이것은 반드시 남성적인 것으로부터 나와야 하며, 이중논리의 근저에 깔려있는 것이다. 그러한 원칙과 동일한 것, 또는 동일하지 않은 것이 있지만, 그것과 동일하지 않은 것은 논리적, 언어적 그리고 실존적으로 존재할 수 없게 된다"(*Pieper*, 50). 그리하여 카바레로는 남성중심주의가 고안한 수직논리를 대신하여 남성과 여성을 동등하고 상호적인 존재로 인정할 수 있는 수평논리를 새로운 독해법으로 제시한 것이다.

**드루실라 코넬**(Drucilla Cornell)은 카바레로가 합리성에 근거한 수직논리를 비판한 것처럼 평등 개념에 함축된 남성우월주의를 극복하고자 하였다. 그녀는 특히 보편적인 원칙이 개인에게 적용되었을 경우에 제기되는 문제점을 다루고 있다.[34] '평등' 개념과 같이 보편적인 원칙을 모든 사람에게 적용하려 할 경우에 특정한 개인들을 무시하게 되는 부당성의 원인이 될 수 있다. 이와 같은 평등 개념은 근본적으로 배제되어 있는 여성이나 차이를 강조해야 할 요인들을 무시하고 있기 때문이다. "남근에 대한 환상은 근거가 없는 것이다. 단지 그와 다른 존재를 인정하지 않기 위한 필요에 의해 생겨난 것이다. 우리는 자율에 대한 이념과 자기생산의 신화를 설명하고 있는 철학적인 내용에 대해서 한 가지 근원적인 토대를 볼 수 있어야 한다. 그것은 다름 아니라 인간, 즉 남성은 스스로 생겨났으며 어떤 다른 존재에 의해서 생겨나지 않았다고 보는 것이다"(Cornell, 137). 따라서 코넬은 남성적인 척도에 의하여 재단하려는 이해보다는 각 개인의 동등한 가치라는 새로운 관점을 제시하고 있다. 개인의 차이를 인정하면서 각자가 선택한 삶의 방식과 형식에 근거한 사회적 역할구조와 개인의 경험을 수용하자는 것이다. 그녀는 생물학적 성차는  사회문화적으로 구성된 것이므로 근본적인 차이가 아니라고 거부하였다. 평등(Gleichheit)보다는 동등한 가치(Gleichwertigkeit)를 중시하였던 것이다.[35]

유디트 버틀러(Judith Butler)는 주체 및 그와 연관된 보편성 개념에 전체주의적인 힘의 원리를 정초하려는 사유가 나타나고 있으며, 남성의 권력욕구가 전체주의적으로 구성된 것이 바로 주체라고 보았다.[36] 포스트모던적 성향의 유디트 버틀러는 처음부터

---

34) Cornell, Drucilla: *Die Zeit des Feminismus neu gedacht*, in: Benhabib, Seyla: *Der Streit um Differenz. Feminismus und Postmoderne in der Gegenwart*. Frankfurt 1993, S. 133-144.

35) Cornell, Drucilla: *Transformations: Recollective Imagination and Sexual Difference*. Routledge, 1993.

젠더 관점에 의존하지 않으려고 하였다. 그 이유는 젠더 관심 역시 남성중심적인 구조에 의거하는 생물학적 관점을 전제하고 있다고 보았기 때문이다. 버틀러에 의하면 동일성 개념은 주체와 연관되어 있다. 그것은 추상적으로 순수한 정신의 매개체 안에서 발전된 것이 아니라 남성의 육체적인 특성에 근거하여 재구성된 것이다.[37] 벤하비브는 이러한 맥락에 대해서는 비판적이다. 상황이나 역사에 의해 규정되는 자율, 자아동일성의 주체를 가정하지 않고서는 성차에 대한 논의를 진행시킬 수 없기 때문이다.

미셸 푸코는 남성철학자로서는 매우 드물게 도덕에서의 남성주의적 요소를 지적하였다. 남성을 위하여 만들어진 도덕은 그에 맞는 도덕적 주체가 되려는 사람들에게 남성적 구조를 정립하도록 요구한다. 여성은 남성의 자유를 위하여 그가 요구하는 관계 속에서 안주해야 한다. "여성의 덕은 예속관계를 통해서 나타나고 보장된다. 엄격한 남성이 주권을 가지고 여성으로서의 윤리를 규정한다."[38] 그리하여 성 차별은 생물학적으로 존재하는 것이 아니라 남성적 논의의 결과라는 사실이 분명하게 된다. 여성의 몸이 존재론적 구조를 벗어나서 가부장적인 수행의 결과물로 기

---

36) Butler, Judith: *Kontingente Grundlagen. Der Feminismus und die Frage der 'Postmoderne'*, Benhabib Seyla(Hg.): *Der Streit um Differenz*. Frankfurt 1993, S. 38-41.

37) Butler, Judith: *Antigones' Verlangen*. Frankfurt 2001. Butler: *Das Unbehagen der Geschlechter*. Frankfurt 2002; *Körper von Gewicht*. Frankfurt 1997; *Kritik der ethischen Gewalt*. Frankfurt 2003; *Psyche der Macht*. Frankfurt 2001. 버틀러에 대한 개론서는 Hanelore Bublitz: *Judith Butler zur Einführung* (Junius Verlag 2002)을 참고할 수 있다.

38) Foucault, M.: *Sexualität und Wahrheit*. Frankfurt 1977-1986, Bd.2, *Der Gebrauche der Lüste*, S. 33, 110. 233.

획된 사실을 인식하게 됨으로써, 그것을 다시 본래적인 상태로 되돌리는 기획의 필요성이 제기되었다. 푸코와 유사한 생각을 가지고 있는 버틀러는 주체란 남성의 권력욕구가 전체적으로 구성되고 있는 것에 불과하다고 보았다. 주체 개념 및 그와 관련된 보편성 요구에는 전체주의적 힘의 원리가 은폐되어 있다는 것이다.[39] 먼저 주체는 육체 구성의 결과이다. 육체는 아무것도 그려지지 않은 백지와 같은 것이며, 거기에 문화적, 정치적인 덧칠이 가해져서 구성된 산물이다. 이러한 주체범주는 억압수행의 도구로써 사용되면서 여성적인 특성을 이론적, 실천적으로 규정하기에 이르렀다. 그로 인하여 여성은 자신의 천한 동일성에 알맞은 언어를 사용하도록 강요되었으며, 육체 역시 단순하게 주어진 것이 아니고 주체적 논의를 통하여 성의 동일성이 규정되면서 활동하게 된 것이다.

따라서 버틀러는 성의 동일성을 단순히 우연적으로 조작된 실행의 결과라고 생각하지 않는다. 이는 '성의 특징으로 규정된 동일성'이 연속적으로 나타나는 것이 아니라, 시대적으로 유형화되는 행위의 반복으로써 나타나는 데서 알 수 있다. 성의 동일화 현상은 유형화를 반복적으로 수행하면서 구성된 것이다.[40] 이러한 과정을 통하여 우연성은 마치 본성처럼 나타난다. 이처럼 성의 동일성을 고정되고 보편적으로 나타날 수 있게 한 것은 바로 시간이다. 이렇게 성의 동일성이 결정된 후에는 그 이전에 있었던 자아나 행위자의 존재는 모두 부정된다. 바로 이 점에서 성의 동

---

39) Butler, Judith: *Kontingente Grundlagen. Der Feminismus und die Frage der 'Postmoderne'*, in: Benhabib Seyla hrsg.: *Der Streit um Differenz*, S. 31-58.

40) Butler, Judith: *Das Unbehagen der Geschlechter*. Frankfurt 1991, S. 191f, 205. 207, 214.

일성은 시간을 매개로 한 문화적, 정치적 구성물이라고 할 수 있다. 그녀가 '현실적인 성의 구별'을 환각적인 구성이라고 말하는 것은 바로 이 때문이다. 여성적인 자기이해는 남성의 의지를 실현하는 규범에 의하여 각인되어졌다. 그리고 언제나 여성이기를 강요해 왔다. 우리의 현실 역사 속에서 여성은 이제 여성으로 자리매김 당한 것이다. 도덕적인 의무를 강요하는 권력은 남성중심적으로 형성된 성 정체성을 자연법적 사실로 인정하고 말았다.

동일성은 생기는 것이고 구현되는 것이다. 몸을 이해하기 위해서는 몸에 각인된 사회적 역할을 어떤 기준에 의하여 정의하는지를 알아야 한다. 버틀러는 『몸의 무게』라는 책에서, 몸을 무겁게 하는 물질은 오래 전부터 악의 총체로 여겨져서 정신의 영역에서 추방당하고 전통 형이상학에서 경시되어 왔으면서도, 그것은 다른 한 편에서 인간의 본질을 스스로 그리고 자신을 통해서 구체화시키는 개별적인 전체로서 기능해 온 이중성을 가지고 있다고 강조하였다.[41] 바로 이 점에서 버틀러는 주체범주로서의 여성의 탈주체화까지를 감행하고자 시도하였던 것이다.

마릴린 프리드먼(Marilyn Friedman)은 길리건의 입장을 옹호하면서도 성별의 차이에 따라서 도덕화가 다르게 형성될 수 있다고 주장한다. 문화적으로 성별의 차이에 따라서 도덕적 가치와 규범이 서로 다르게 형성된다는 것이다. 여성과 남성에게 고정관념, 상징, 신화로 나타나는 성의 사회적 구성은 각각 서로 다른 도덕적 규범을 양산한다. 그 때문에 남성과 여성은 서로 다른 도덕적 판단을 내리는 것이다.[42] 이처럼 여성을 상징하는 도덕적 음성은

41) Butler, Judith: *Körper von Gewicht. Die diskursiven Grenzen des Geschlechts*. Berlin 1995.

남성의 도덕적 목소리와 구분할 수 있다는 점에서 프리드먼은 길리건의 테제를 수용한다. 배려는 여성들에게 부여된 성별 고정관념인 반면에 자율은 남성들에게 두드러진 고정관념이다(*Pieper*, 105f). 두 가지 도덕에 관한 길리건의 논의는 배려의 관점을 윤리적인 본질로서 지속적으로 유지하려는 하나의 입장과 그런 관점을 통해서 보다 적극적으로 성별 도덕화를 극복하려는 입장으로 전개된다.

문화적 성별화의 차이를 인정하는 프리드먼은 그러나 정의의 원리를 배려의 원리로 대체하려는 나딩스의 입장에는 반대하고 있다. 그녀는 나딩스와 마찬가지로 전통적인 배려도덕이 남성중심주의 도덕의 전형적인 모습이라고 지적한다. 그러나 그녀는 나딩스와는 달리 정의와 배려는 원칙적으로 배타적이지 않고 타협할 수 있는 것이라고 보았다. 정의의 관점을 배제하고 배려의 원리만을 여성의 덕과 연관지울 경우에는 개인적인 것(배고픔의 해소), 성적인 것, 재생산과 관련된 것, 자기 자신에 대한 것 등에서 남성들에게 착취당할 수 있기 때문이다. 따라서 프리드먼은 두 가지 관점에서의 수정을 요구한다. 첫째로 여성들도 정의의 관점을 인정할 수 있어야 한다는 것이다. 이 점에서 그녀는 눈너-빈클러를 지지한다. 어머니가 아이를 보살피는 것 역시 정의의 관점이 없으면 그 책임을 감당할 수 없게 된다는 것이다. 둘째로 모든 인간이 보편적으로 인정하는 추상적인 합리성의 가치와 마찬가지로 능력, 욕구 및 개성과 같이 개별적 가치의 권리도 존중할 수

---

42) Friedmann, Marilyn: *Jenseits von Fürsorglichkeit. Die Ent-Moralisierung der Geschlechter*. Nagl-Docecal, Herta(Hrsg.): *Jenseits der Geschlechtermoral. Beiträge zur feministischen Ethik*. Frankfurt 1993, S. 242-265.

있어야 한다는 것이다. 여성들이 정의의 원리를 인정하는 것처럼 남성들 역시 배려의 원리를 있는 그대로 평가할 수 있어야 한다. 참된 의미에서의 배려는 가부장적인 의도를 배제한 것이어야 하기 때문이다. 프리드먼은 이처럼 두 가지 방식으로 정형화된 도덕의 이분법은 오직 성의 탈도덕화를 통해서만 극복될 수 있다고 보았다. 배려를 넘어선다는 것은 정의의 요구를 벗어나는 것이기도 하다. 이를 위해서는 여성과 남성을 분명하게 규정하면서 서로 다른 도덕적 역할을 제시하는 성의 고정관념을 극복해야 한다. 그것을 가능하게 하는 것은 성의 탈도덕화(Ent-Moralisierung der Geschlechter)이다(*Friedmann*, 255). 프리드먼은 성이 하나의 도덕을 규정하는 틀이 되어서는 안 된다고 강조한 바 있다(*Pieper*, 115). 그녀가 말하는 새로운 도덕은 남성의 사유와 행위습관 뿐만 아니라 여성의 것도 보편적인 규칙으로 승화시키려고 하지 않는다. 그것은 다만 그 자체로서 인정되어야 하고 서로 대화할 수 있고 실천적으로 완성될 수 있는 규범을 만드는 방향으로 나가야 한다.[43] 이로써 프리드먼은 두 개의 도덕이 상호보완적으로 기능해야 한다고 주장한 길리건에 대하여 조건부 지지의사를 표명한 것이나 마찬가지이다. 두 개의 도덕을 세운 두 개의 서로 다른 성 주체를 없앰으로써 그것은 오히려 성의 탈도덕화를 추구하는 것이며, 이러한 그녀의 입장은 다시 눈너-빈클러의 입장에도 상통한다.

캐서린 맥키논(Catherine A. MacKinnon)은 젠더의 관점에서 사회비판을 시도한다. 그녀는 남성의 이데올로기를 통해 각인된 삶

43) Friemann, M.: *Autonomy, Gender, Politics*. Oxford University Press 2002.

의 형식에 대하여 남성적인 것이 모든 사회를 구속한다고 주장한다. 남성의 생리학은 대다수의 운동경기 종목을 정하고, 남성의 욕구는 자동차 보험과 의료보험을 규정한다. 남성의 관점과 성향은 학문의 질을 정하고, 남성들이 객관화해 놓은 삶은 예술과 전쟁과 통치형태와 신까지도 규정한다.[44] 젠더 관점에서 보면 여성의 사회적 입장이 확연하게 드러난다. 인간은 정신적이고 선험적인 존재가 아니라 사회적이며 역사적이고 언어적인 예술품이다. 인간은 언제나 허구적인 의미의 구조 안에 갇혀 있다.[45] 전통적인 인간상에서 본 여성의 지위와 역할 역시 일방적으로 가부장적이고 남성중심적인 관점에 의존해 있다. 따라서 여성에 대한 어떤 특정한 관점만을 보편적이고 인간적이라고 규정할 수는 없을 것이다. 그런데 이와 같은 남성우월주의에 대한 여성주의적 비판 역시 동일한 입장이나 비판에 직면할 수 있다. 젠더의 관점에서 볼 때 전통적인 형이상학에서 이중논리(binäre Logik)의 근거로 등장하는 동일성(Identität)과 통일(Einheit), 자율성(Autonomie), 주관(Subjekt) 개념은 가장 우선적인 비판의 대상이 된다. 이 개념들은 대립 구도 안에서 하나가 다른 하나를 차별하면서도 통일을 논리적 이상으로 내세우는 특성을 가지고 있다. 따라서 통일은 강요와 굴종을 요구할 수 있다. 헤겔이 기술한 변증법의 원리는 통일을 위하여 특정한 것을 가차 없이 배제하고 사상시킬 수 있다는 사실을 여실히 보여주고 있다. 그러나 페미니즘 윤리학에서

44) MacKinnon, Catherine A.: *Feminism Unmodified. Discourses of Life and Law*. Cambridge 1987, p. 36. MacKinnon: *Toward a Feminist Theory of the State*. Harvard University Press; 1991.

45) Flax, Jane: *Thinking Fragments. Psychoanalysis, Feminism and Postmodernism in the Contemporary West*. Berkeley 1990. p. 32.

는 어떤 개인도 소외시키지 않는 구체적인 타자의 관점을 강조한다. 인간은 성별, 민족, 종교 등의 차이에도 동등한 위치를 가진 담론 대상으로 인정되어야 한다.

### 4) 새로운 윤리학의 보편성 주장

페미니즘 윤리학의 맥락적인 정초는 필연적으로 의무론적 윤리가 내세운 동등성의 윤리, 상호성, 정의 원칙 등을 부정하려고 하였다. 특히 형식적인 도덕법칙 그 자체도 남성적인 사유의 결과라고 단정하였다. 이러한 주장은 전통적 규범윤리학의 한계를 지적하는 차원에 머무르지 않고 그것은 보완하거나 대체하는 방향으로 나아갈 수밖에 없었다. 그러나 이와 같은 맥락주의는 또 다시 보편주의자들의 비판에 직면하게 된다. 나글-도케칼은 칸트의 의무론을 바탕으로 여성주의적으로 변형된 정의윤리를 인정하려고 하였다(*Wendel*, 53).

칸트주의자인 오노라 오닐(Onora O'Neill) 역시 칸트의 의무론과 행복 개념을 연결시켜서 이른바 칸트적으로 정향된 페미니즘 윤리학을 지지하고자 하였다. 칸트의 의무론은 존중, 즉 타자에 대한 배려와 같은 것이며, 정언명법의 요구, 즉 행복을 실현하라는 최고선을 함축하고 있다고 생각하였기 때문이다. 타자의 행복을 실현하는 것은 도덕법이 명하는 무제약적인 의무이다. 이러한 입장은 자율성 사상과의 연결을 통하여 배려윤리의 가부장적, 보수적 경향을 회피한다. 주체 개념의 확장이 그에 대한 전제이다. 만일 여성들이 자율성을 가진 도덕적 행위 주체로 인정될 수 있다면 정언적 명법은 남성에게 뿐만 아니라 여성에게도 타당성을

갖게 될 것이다.[46)]

수스만 몰러 오킨(Susan Moller Okin)의 의무론적 윤리학에서는 롤즈의 정의론이 척도가 되고 있다. 오킨은 롤즈의 원초적 상태에 이타주의적 태도가 포함되어 있다고 주장하였다. 원초적 상태에서 고려되는 모든 사람들의 입장은 신체를 갖지 않은 사람이 아니라 모든 가능한 구체적인 타자의 입장을 뜻한다는 것이다.[47)]

벤하비브는 타자를 보편화한 롤즈의 입장을 비판하면서, 정의의 보편윤리학과 근본적으로 일치하는 사실에서 도덕이론의 대상영역을 확장할 필요성을 보았다. 그리하여 권리뿐만 아니라 욕구도, 정의뿐만 아니라 좋은 삶의 가능한 형식까지도 예견된 유토피아적 관점으로 포착할 수 있게 하였다(*Benhabib*, 477). 이러한 벤하비브의 시도는 정의윤리를 배려윤리와 구분하는데 목적이 있는 것이 아니라 정의 관점을 좋은 삶의 측면으로 보완하는데 있었다.

같은 방향에서 파우어-스투더의 도덕 개념이 제시된다. 여기서도 보편적 존중의 도덕과 인정을 좋은 삶의 필연적 조건이라는 의미에서 좋음의 이론과 결합하려는 시도가 돋보인다.[48)] 좋음을 보완하는 의무론적 윤리학에 대한 최소한의 구상은 자유주의적 윤리학에 있다. 자유주의는 공동체주의에 의하여 신랄하게 비판되었는데, 특히 자율성을 가진 주체 개념과 그 규칙성, 좋음이 아

46) O'Neill, Onora: *Bounds of Justice*, Cambridge 2000, S. 97-111, 143-167.

47) Okin, Susan Moller: *Von Kant zu Rawls. Vernunft und Gefühl in Vorstellungen von Gerechtigkeit*, in: Nagl-Docekal, Herta / Pauer-Studer, Herlinde (Hg.), *Jenseits der Geschlechtermoral*, a.a.O., S. 329.

48) Pauer-Studer, Herlinde: *Das Andere der Gerechtigkeit*, a.a.O., S. 264f.

닌 법에 대한 집중과 도덕적 근본태도로서의 덕에 대한 집중은 미카엘 샌들(Michael Sandel)이나 매킨타이어(Alasdair MacIntyre)와 같은 공동체주의자들에게는 모순이었다. 공동체주의는 좋음을 도덕적인 행위의 표준으로 일의적으로 규정하는 사회적인 결속이나 전통으로의 회귀로 보는 점에서 자유주의와 대립한다. 이것은 다시 공동체의 도덕적 지향에도 기여한다. 그와 반대로 파우어-스투더는 그것이 페미니즘적 주장과 부합되지 않는다는 점에서 공동체주의적 윤리학자들을 비판한다. 공동체주의가 유대, 전통, 공동체를 선호함으로써 보수적인 입장을 지지하기 때문이다. 공동성이나 공동의 과제 수행을 중시하는 공동체주의는 태생적으로 전통적인 유대나 삶의 방식에서 이탈하는 것, 특히 근대적인 개인이나 해방을 추구하는 여성의 요구를 묵살할 수밖에 없다. 그와 반대로 파우어-스투더는 자유주의 전통과 결합할 수 있는 좋음의 최소 개념을 선호한다. 도덕적 선은 핵심 영역으로 좁혀지고 선의 규정은 수정되고 비판될 수 있다. 동일한 것은 덕의 개념에 적용되고, 또한 도덕적 행위와 태도표명의 핵심영역으로 축소된다. 덕은 그것이 도덕을 위한 보편성의 구성적 요소인 경우에 단지 도덕적으로만 적용될 수 있다. 여기에서 파우어-스투더가 규정하는 조건은 개인이 성공적인 삶을 추구할 수 있어야 한다는 점이다. 행복은 언제나 주관적으로 규정되고 근대적인 조건들에서는 보편적일 수 없으므로, 좋음의 최소 개념은 일반적으로 개인의 행복을 위한 편파적인 전제들이다.

파우어-스투더, 나글-도케칼과 같은 의무론적 여성 윤리학자들이나 누스바움과 같은 여성 아리스토텔레스주의자가 옹호하는 자유론적 평등 이상은 페미니즘 윤리학의 내부에서 격렬하게 비판되었다. 자유론적 페미니즘론에서는 자유, 평등, 주체성을 강조한다. 자유주의적 페미니즘의 형식적 평등이론은 성적 차이 이론을 지지하는 입장과 대립한다. 이들은 이른바 '여성도덕'(Weibliche Moral)을 표방하였다. 그리하여 맥락주의와 보편주의는 평등 윤리학과 성적 차이의 윤리학으로 대결하면서 여성도덕을 둘러싼 논쟁을 이끌었다(*Wendel*, 69-). 캐롤 길리건, 뤼스 이리가레이, 유디트 버틀러의 이름이 여기에서 다시 등장한다. 이들의 생각은 페미니즘 윤리학이 목적론적 구상(*Wendel*, 57-68)에 친화적이라는 사실로 전개되면서, 콘래디(Elisabeth Conradi), 구트만(Amy Guttmann), 배이어(Annette C. Baier), 헬트(Virginia Held) 등의 지지자를 규합하였다. 코드(Lorraine Code)와 프리드만(Marilyn Friedman)도 이러한 경향성을 취하게 되었다. 그러나 누스바움(Martha Nussbaum)은 자유주의적 아리스토텔레스주의를 페미니즘과 결합하면서 국제적, 인간주의적, 자유론적 개념의 토대를 구축하고자 하였다. 자유주의는 모든 인격을 수단이 아닌 목적으로 대하라고 지시하고 있다(*Wendel*, 67). 이런 사실에서 자유주의는 페미니즘으로부터 무엇인가를 배울 수 있을 것이다. 현실적으로 존재하지 않지만 조화를 통하여 추구하는 가족 이상에 대한 비판이 이로부터 가능하게 된다. 가족을 정치적인 것의 장소로 여기는 것을 비판하면서도 국가가 개인을 보호하기 위하여 개입하는 것이 정당화되는 것이다.

그러나 목적론자들에 대하여 눈너-빈클러, 나글-도케칼, 프리가 하우크 등은 다시 석연찮은 눈길을 던진다. 그리하여 다시금 페미니즘 윤리학의 보편성 주장에 대한 논쟁으로 되돌아오게 된다. 페미니즘 윤리학의 보편성 근거를 마련하는 것은 곧 페미니즘 윤리학의 정초 근거를 마련하는 것이나 마찬가지이다. 페미니즘 윤리학의 정초는 여성적 덕목을 담보로 한 도덕 이론이 여성과 남성을 넘어서서 모든 인간에게 구속성을 가질 수 있는가에 대한 물음으로부터 시작된다. 페미니즘 윤리학이 남성중심적 윤리학을 대체하는 것이라면 규범 윤리학 이상의 보편성 주장을 펼칠 수 있어야 하고, 남성중심적 윤리학을 보완하는 것이라면 규범윤리학의 한계로 제시된 부분들에 대한 보편성 주장을 제시할 수 있어야 할 것이다. 페미니즘 유토피아론은 그와 같은 시도 중의 한 사례로서 검토될 수 있을 것이다. 페미니즘 유토피아론은 기존의 남성중심적 윤리학에 대항하여 여성윤리학에게 독립성이나 보편성을 담보할 수 있는 근거 작업으로 제시된 바 있으며, 여기에는 주로 샐리 밀러-개르하르트,[49] 바르바라 홀란트-군츠,[50] 나탈리 해리스 블루스톤,[51] 코넬리아 클링거,[52] 이어스 매리언 영,[53] 그레이스 클레멘트,[54] 안네마리 피퍼,[55] 마르타 누스바

49) Miller-Gaerhart, Sally: *Künftige Visionen und die Politik von heute. Feministische Utopien im Überblick*, in: Hoffmann-Baruch, Elaine u.a.(Hg.). *Weder Arkadien noch Metropolis. Frauen auf der Suche nach ihrer Utopie*. München 1986.

50) Holland-Cunz, Barbara(hg.): *Feministische Utopien – Aufbruch in die postpatriarchale Gesellschaft*. Meitlingen 1987.

51) Bluestone, Natalie Harris: *Women and the Ideal Society. Plato's Republic and Modern Myths of Gender*. Oxford 1987.

52) Klinger, Cornelia: *Die Frau von morgen – aus der Sicht von gestern und heute*, in: Sloterdijk, P.(Hg.): *Vor der Jahrtausendwende. Berichte zur Lage der Zukunft*. Frankfurt 1990.

53) Young, Iris Marion: *The Ideal of Community and the Politics of Difference*, in: Linda J. Nicholson(ed.), *Feminism/postmodernism*, Routledge, New York 1990.

54) Clement, Grace: *Care, Autonomy, and Justice – Feminism and the Ethic of Care*. Westview Press 1996.

움,[56] 브리타 짱엔[57] 등이 속하여 있다.

페미니즘 유토피아론(feministische Utopie)에서는 남성중심주의로부터 벗어나기 위하여 이성(Vernunft) 대신에 판단력(Urteilskraft)의 기능을 중시한다. 판단력, 특히 반성적 판단력은 보편적인 것과 특수한 것을 매개하는 능력이며, 따라서 보편적인 것의 틀 속에서도 개체적인 것들의 특수성을 드러낼 수 있는 장점을 가지고 있다. 페미니즘 유토피아론자들은 이 점에 착안하여 유토피아적 사유야말로 주종관계나 성차를 넘어서서 자신과 타자의 대립에도 불구하고 각각의 특수성과 가치를 손상하지 않고 통일과 조화에 도달할 수 있게 한다고 믿었다.[58] 안네마리 피퍼는 전적으로 이 주장에 동조하였다. 그러나 이들은 반성적 판단력 역시 칸트적인 의미에서 이성의 한 기능에 불과하며, 따라서 이성에 기반을 둔 남성주의적 윤리학으로부터 완전하게 자유롭지 못하다는 사실을 간과하고 있다.

---

55) Pieper, Annemarie: *Gibt es eine fenimistische Ethik?* München 1998.

56) Nussbaum, Martha C.: *Sex and Social Justice*. Oxford University Press 1999.

57) Zangen, Britta: *Feministische Utopien – eine Tagung*. Sulzer 2002.

58) LeGuin, Ursula K. u.a.: *Winterplanet*. München 1974. Zimmer-Bradley, Marion: *Die Matriarchen von Isis*. Bergisch Gladbach 1979. Russ, Joanna: *Planet der Frauen*. München 1979. Wittig, Monique: *Die Verschwörung der Balkis*. München 1980. Miller-Gaerhart, Sally: *Künftige Visionen und die Politik von heute. Feministische Utopien im Überblick*, in: Hoffmann-Baruch, Elaine u.a.(Hg.). *Weder Arkadien noch Metropolis. Frauen auf der Suche nach ihrer Utopie*. München 1986. Sargent, Pamela: *The Shore of Woman*. Toronto, New York 1987. Holland-Cunz, Barbara(hg.): *Feministische Utopien – Aufbruch in die postpatriarchale Gesellschaft*. Meitlingen 1987. Klinger, Cornelia: *Die Frau von morgen – aus der Sicht von gestern und heute*, in: Sloterdijk, P.(Hg.): *Vor der Jahrtausendwende. Berichte zur Lage der Zukunft*. Frankfurt 1990.

후기 페미니즘 윤리학에서는 여성과 남성 모두가 가지고 있는 이성적인 능력을 판단력이라고 보았다. 이성과 오성만이 보편타당성의 근거가 되는 것은 아니다. 보편적인 것과 특별한 것의 매개를 가능하게 하는 것은 바로 판단력이다. 이것은 개별적인 것이 보편적인 것과 관계를 맺게 하는 특별한 능력이다. 남성중심주의에서 벗어나 후기 페미니즘적 윤리학으로 이행하게 하는 과정에서 우리는 유토피아적 사유와 만나게 된다. 유토피아적 사유는 개별적인 것과 보편적인 것 사이에서 제기된다. 오성의 포괄모델은 경제원칙에 입각하여 보편적인 관점에서 불필요한 요소들을 사상시켜 버린다. 이 때문에 최고의 보편적인 개념을 위하여 개체적 특성들은 배제될 수밖에 없게 된다. 이로부터 얻어지는 지식에 대하여 우리는 객관성의 의미를 부여하는 신화 만들기 작업을 수행하게 된다. 그러므로 학문의 객관성에 대한 신화는 태생적으로 개별적인 것의 희생을 바탕으로 하고 있다. 각각의 단계는 단절되어 있으며, 그것은 본질적인 것과 다수의 논리에 의하여 무시되고 배제됨으로써 생겨나게 된다. 그러므로 단절은 권력을 가진 자의 정립을 통하여 일어나는 사건이기도 하다. 이런 근거에서 페미니즘 윤리학자들은 오성이 다수를 구성하고 배열하고 통일하는 작업을 통하여 산출한 지식은 바로 그 인식주체의 권력의지가 생산한 것이라고 인식하게 되었다. 이처럼 남성적인 관점에서 일방적으로 추구되는 보편성의 신화에서 특수하고 개별적인 것의 의미를 살려내기 위한 시도가 바로 유토피아적 사유 방식이다.

고전적인 유토피아론에서는 이상적인 것이 드러날 장소는 아무데도 없었다. 실존이 드러날 시간이나 공간이 없기 때문에 그것은 희망적 사유를 통하여 먼 미래에 투사되는 것에 지나지 않는다. 유토피아는 경험적으로 구성될 수 없고 규범적인 관념의 틀 위에서만 사유될 수 있다. 유토피아적 사유는 사실상 사회주의 실험의 몰락과 더불어 한물간 것으로 치부되어 왔다. 모어, 베이컨, 캄파넬라와 같은 유토피아론자들에게서 이성중심주의를 극복하려는 노력은 찾을 수 없으며, 따라서 여기에서도 보편적인 것의 테러는 여전히 활발하게 이루어지고 있다. 선의 이데아, 도덕 원칙, 그리고 도덕성의 원리와 같이 실천적인 측면에서 보편적인 것들 앞에서는 개인적인 관심이나 욕구들과 같이 실천적으로 특수한 것들은 들어설 여지가 없는 것이다.

그러나 안네마리 피퍼는 이와는 다른 관점에서의 유토피아적 사유에 집중한다(*Pieper*, 131f, 135). 그녀는 유토피아적 사유가 주종관계를 넘어서 성별을 초월하여 이원적인 사유를 가능하게 하고, 서로 다른 것들의 가치를 동등하게 인정하고 바라보는 관점에서의 통일을 추구하기 때문에, 특수하고 개별적인 것을 재평가할 수 있게 한다고 보았다. 그녀는 유토피아적 사유를 초역사적인 실천이성의 기반 위에 그려진 이상사회가 아니라 구체적인 상황과 연관된 반성적인 것으로서 이해하고자 하였다. 이를 위하여 그녀는 우선 규범적 구속성을 가진 보편적인 이념을 백지상태로 만드는 이른바 판단중지를 수행한다. 이를 통하여 보편적인 것 앞에서 사라진 개별적인 것들을 동등한 관계 속에서 바라볼 수 있게 하는 것이다. 반성적인 유토피아적 사유를 통하여 남성중심주의의 저 너머에 있는 남성과 여성을 있는 그대로 재현하고, 지금까지 망각된 여성적인 것의 근원을 복원할 수 있게 되는 것이다. 그러나 여성적인 것의 근원은 지배적인 사유틀을 제거한다고 해서 찾을 수 있는 것이 아니다. 그것은 보편화의 통일원칙에 의하여 갈취된 내면의 참된 근원을 재구성하는 꿈의 기획을 통하여 비로소 접근할 수 있게 된다. 이를 통하여 적대적인 대결구도를 피하면서 차이를 인정함으로써 다른 관점에 대한 상대적인 가치를 부여할 수 있게 된다는 것이다(*Pieper*, 137). 그러나 피퍼의 유토피아적 사유는 말처럼 쉽지 않을 것이다. 그것은 일상적인 대화공동체 속에서 동일한 권리를 행사하는 구성원들의 발언권 행사가 아니라 기존의 매트릭스를 파괴하려는 한 선지자의 예언처럼 고뇌에 찬 실존적 결단의 모습일 수 있기 때문이다.

우리는 페미니즘 윤리학이 보편성을 담보할 수 있는 또 하나의 가능성을 담론윤리학에서 제시하고 있는 현실적인 의사소통공동체와 이상적인 의사소통공동체의 결합이라는 모델에서 찾아볼 수 있다. 담론윤리학적 최고선인 이상적인 합의의 실현 가능성은 현실적인 의사소통공동체에서의 합의 내용이 무한하게 펼쳐져 있는 이상적인 의사소통공동체의 담론과정에서 승인되는 데서 현실화 된다. 이와 같은 모델에다가 페미니즘 윤리학을 도입할 경우에 우리는 전통적인 규범윤리학의 안티테제로서 뿐만 아니라 두 개 또는 그 이상의 윤리학적 주장들이 상호 무모순적으로 매개, 통합될 수 있는 이상적 공간을 상정할 수 있을 경우에만 가능하다고 생각할 수 있다.

길리건과 메이 쇼트에 의하여 수행된 칸트주의 비판은 전통적인 보편 윤리학에서 간과하였던 문제들을 새롭게 제시하고 보완할 수 있게 함으로써 페미니즘 윤리학의 정초 근거를 확보하는데 결정적으로 공헌하였다. 그러나 메이 쇼트가 칸트의 이성철학이 지닌 한계(자본주의적 사물화 현상에 의한 구체성의 결여)를 지적하고, 길리건이 남성의 윤리학에 상응하는 여성의 윤리학이 있다는 사실을 보여주었음에도 불구하고, 이 두 가지 시도만으로는 페미니즘 윤리학의 당파적 한계성을 완전하게 해소하였다고 보기는 어려울 것이다. 길리건이 시도한 것처럼 페미니즘 윤리학이 남성윤리학과 병존하여 상호 보완적인 관계를 유지할 수 있다면, 그것은 어떤 가능한 조건에서 실현될 수 있는지가 물어져야 하기 때문이다. 두 윤리학의 변증법적 합일을 통한 새로운 보편성 주장의 가능성이 현실적으로 제시되지 않으면 안 되는 것이다. 그것이 제시되지 않는 한 페미니즘 윤리학의 정초 요구는 하나의 유토피아적 주장에 지나지 않을 것이다.

이런 문제점들을 우리는 아펠의 담론윤리학적 전제들을 통하여 해소할 수 있다고 생각한다.[59] 아펠의 담론윤리학 또는 의사소통공동체의 철학에 의하면 이 세상에는 무수하게 중첩된 크고 작은 의사소통공동체들로 가득 차 있으며, 각각의 의사소통공동체는 합의를 도출하기 위한 기본적인 담화조건을 전제하고 있다. 의미 있는 논의를 진행시키려는 사람들은 언제나 이미 선행적으로 논의의 윤리학을 전제하고 있다. 담론윤리학의 논의 상황은 사회적으로 불평등한 모든 구조의 제거를 출발점으로 하며, 특정한 공동체에서의 합의가 무한한 이상적인 의사소통공동체의 합의와 일치하는 것을 이상으로 하고 있다. 이 점에서 아펠은 칸트의 이상 개념을 수용하고 있다. 이와 같은 담론윤리학의 논변 구조를 페미니즘 윤리학에 적용할 경우에 우리는 페미니즘 윤리학

59) 아펠과 하버마스의 담론윤리학에 대한 논의는 김진, 『아펠과 철학의 변형』(철학과현실사 1998), 그리고 박해용, 『아펠 : 철학의 변형』(울산대학교출판부 2001)을 주로 참조하였다.

의 출발점이 현실적인 논의 구조에 은폐되어 있는 장애물의 제거 주장을 출발점으로 하고 있으며, 페미니즘 윤리학에서의 진리 주장이 남성공동체는 물론이고 인류공동체 안에서도 승인될 수 있는 가능성 조건을 탐색하는데 관심을 기울이고 있다는 사실을 발견하게 된다. 더 이상 물러설 수 없는 현실적인 논의 상황에서 여성들이 배제되어 있다면, 그것은 더 이상 모든 인류가 받아들일 수 있는 보편적이고 이상적인 합의를 추구하는 의사소통공동체일 수 없다. 칸트의 이성에 여성성이 배제되어 있고 롤즈의 원초적 입장에서도 역시 여성적 권리가 고려되지 않았다면 페미니즘 윤리학의 문제제기는 정당성을 가질 수 있다. 전통윤리학의 설정근거나 주요 논의들 속에 여성에 대한 관점이나 이해관계가 근본적으로 또는 상대적으로 배제되어 있다면, 그와 같은 윤리적 주장들은 더 이상 보편적일 수 없으며, 따라서 여성주의적 관점이 배제된 전통윤리학이 전 인류적 차원에서의 정당성과 보편성을 획득하기 위해서는 필연적으로 여성주의적 이익주장이나 논변에 귀를 기울이고 합리적인 쟁론절차를 통하여 새로운 합의에 도달하도록 노력해야 할 것이다. 그러나 이러한 요구는 페미니즘 윤리학에도 그대로 적용될 수 있다.

아펠은 인류의 생존이라는 현실적인 의사소통공동체의 존재요청과 예견의 실현이라는 이상적인 의사소통공동체와의 합일이 이상적 합의라는 최고선이 현실적으로 드러날 수 있는 조건이라고 보았다. 여성주의적 관점에서 보면 현실적인 의사소통공동체로서의 전통윤리학적 담론공간에는 여성적 관심이나 여성의 지위주장에 대한 배려가 결여되어 있다. 이 같은 현실적 결여는 이상적인 의사소통공동체의 실현을 위한 무한한 노력을 통하여 극복되어야 할 것이다. 다른 한편 페미니즘적 담론공간에는 남성적 관심이나 남성의 지위주장에 대한 배려가 결여되어 있다. 이 같은 현실적 결여는 이상적인 의사소통공동체의 예견의 실현을 통하여 해소되지 않으면 안 될 것이다.

### 5) 페미니즘 윤리학의 자체 진단과 과제 전망

우리는 이제 지금까지 인류의 절반이 암묵적으로 진리의 원천으로부터 제외되어 있었다는 사실에 가까스로 동의할 수 있게 되었다(*Pieper*, 71). 지금까지 '인간에게 보편적'이라는 말은 '남성에게 보편적'이라는 것을 뜻하였다. 그리고 이성은 남성의 정신이었으며, 정의와 자율성은 남성의 덕목이었다. 그렇다면 페미니즘 윤리학은 이 같은 남성적 덕목을 폐기하거나 교체하는 것인가? 이것은 페미니즘 윤리학의 목표설정, 즉 내정 규정과 과제 전망에 대한 물음이다. 우선 페미니스트들은 여성중심주의(Gynozentrismus)를 통하여 남성중심주의의 부족한 부분을 보충하려고 할 것이라고 생각해 볼 수 있다. 그러자면 여성적인 직관의 모델이 될 수 있는 근원적인 개념들을 발전시키는 것이 필요하다. 여성중심의 질(膣) 혹은 자궁의 은유가 담긴 자기이해를 위한 그림들, 즉 관계구조, 연관, 문맥들을 강조하는 것이다. 여성은 남성 아래 예속되어 있는 소외된 개체가 아니라 연관관계 안에서 활동하는 주체가 되고 그 관계들을 잇는 일에 공헌할 수 있다고 본다(*Pieper*, 72). 그러나 이러한 시도는 남근에 내재된 잠재력이 우월하다고 하는 환상에 빠져있는 남성중심주의적 인지유형을 단지 여성을 중심으로 정초하는 틀 안에 맞추어 넣는 것으로 만족하지 않을 것이다. 그보다는 오히려 페미니즘 윤리학은 남성중심주의적으로 사유와 인식을 정초하려는 편향된 태도에서 벗어나자는 데 주된 관심을 가질 수 있다. 이는 남성의 자기이해뿐만 아니라 여성의 그것까지도 포괄하고 수용하려는 태도이며, 남성과 여성에게 공통적으로 나타나는 인간적인 영역의 구분이 문제시될 것이다. 그러나 '인간적인 것'을 '남성적인 것'과 '여성적인 것'의 결합으로 이해하는 것이 얼마나 큰 변화를 가져올 수 있을까?

파우더-스투더(Herlinde Pauer-Studer)는 페미니즘 윤리학이 윤리학의 토대를 이루고 있으며, 특히 성의 차별에 의하여 형성된 도덕철학과 도덕이론을 비판적으로 논의한다고 보았다.[60] 파우어-스투더는 페미니즘 윤리학을 환경윤리학이나 경제윤리학처럼 새로 생겨난 윤리학 분과 혹은 이론으로 보지 않고, 윤리학의 토대에 관한 문제로 이해한다. 도덕철학이나 도덕이론들이 구체적인 도덕의 갈등상황들을 분석하고 있다면, 페미니즘 윤리학은 성의 차별이라는 문제를 가지고서 도덕철학과 도덕이론을 분석하려고 한다. 적어도 그녀는 페미니즘 윤리학이 윤리학의 정초 문제에 관한 근본적인 물음을 제기하고 있다는 사실을 간파하고 있었다.

안네마리 피퍼(Annemarie Pieper) 역시 페미니즘 윤리학은 보편적 규범윤리학적 논의의 토대를 검토하는 동시에 여성을 포함한 전 인류에게 보편타당할 수 있는 새로운 윤리학의 구성에 종사한

---

60) Pauer-Studer, Herlinde: *Moraltheorie und Geschlechterdifferenz. Feministische Ethik im Kontext aktueller Fragestellungen*, in: Nagl-Docekal, H.(Hg.): *Jenseits der Geschlechtermoral. Beiträge zur feministischen Ethik.* Frankfurt 1993, S. 35.

다고 주장함으로써 파우어-스투더와 같은 견해를 보여주었다.[61]

피퍼에 의하면 페미니즘 윤리학은 보편윤리학의 토대가 되고 있는 물음을 반성하는 동시에 응용윤리학의 문제들에 대해서도 비판적으로 논의한다. 이를 위하여 전통철학에서 당연시 되는 남성중심주의적인 전제들을 반성한다. 진정으로 인간에게 보편적이기 위해서는 성의 차별이 배제되어야 한다. 따라서 페미니즘은 전통철학이 사회적인 성 역할 고정관념에 빠져 있다는 사실을 비판한다. 오성이나 이성에 기댄 보편주의는 남성적 시각의 산물이라는 것이다. 그리하여 '페미니즘 윤리학은 윤리학적 논의의 토대를 우선적으로 검토해야' 할 과제를 떠안게 된다. 그리고 동시에 '남성중심의 도덕을 여성도덕으로 보충하는 일'이 의미있는 것인가에 대한 반성적인 성찰도 수행해야 한다. 페미니즘 윤리학의 과제는 '인간에게 보편적인 도덕의 구성을 기획하는 것'(Konstrukt einer allgemeinmenschlichen Moral zu entwerfen)이다(*Pieper*, 21). 페미니즘 윤리학은 성의 사회적 역할에 대한 관점을 적용하여 특정한 행위 영역에 남성주의적 요소가 있는가를 밝힘으로써 정치윤리학, 생태윤리학, 경제윤리학의 가능성을 모색한다. 특히 피퍼는 페미니즘 윤리학이 첫째로 여성의 관점으로부터 전통윤리학을 단순히 발전시키거나 보충하려는 의도를 가지고 있지 않으며, 둘째로 기존의 논의와 경쟁하거나 대결하려는 의도를 가진 평행적인 작업을 지양하며, 셋째로 여성적인 도덕이 특별히 나은 것이라고 하면서 대립을 시도하는 단면적인 형식을 취하지 않는다고 주장한다(*Pieper*, 25).

우선 페미니즘 윤리학은 여성과 남성의 도덕이 다르다는 '관점

61) Pieper, Annemarie: *Gibt es eine feministische Ethik?* Stuttgart 1998.

의 변화'를 전제한다. 전통철학의 본질주의는 남성중심적 사고를 전제하고 있으며, 남성적 사유와 행위의 특성만이 보편적인 규범으로 생각되었다. 보편성과 합리성은 남성중심적인 강제성과 폭력성에 기반을 두고 있으며, 따라서 그것은 인류의 절반에게만 타당한 도덕규범을 지지하고 있는 것이다. 따라서 가부장사회의 규범적 틀 안에서의 여성의 사회화 과정에 이의를 제기함으로써 전통윤리학의 수정, 보완, 대체, 지양을 시도하고 있는 것이다. 코페르니쿠스적 전회를 통한 여성적 사유는 시몬 드 보부아르로부터 출발한다. "여성은 여성으로서 태어나는 것이 아니라, 여성으로 만들어진다"[62]는 유명한 명제를 통하여 그녀는 여성이 생물학적 범주에 의해서가 아니라 남성적 시각에서 구성된 규범에 의하여 규정된다는 사실을 보여주었다. 남성은 규범적 지배를 통하여 여성 위에 신처럼 군림해 왔다는 것이다. 그러므로 남성들이 여성의 본성에 충실하라고 요구하는 것은 자신들의 기득권을 정당화하기 위한 수단이다.

이 때문에 페미니즘 윤리학의 화두는 자연스럽게 **성차에 따른 특수한 도덕의 윤리학**(Ethik der geschlechts-spezifischen Moral)과 **보편적인 인간 윤리학**(allgemein-meschliche Ethik)의 문제로 이행하게 된다(*Pieper*, 115). 여기에서 피퍼는 전략적으로 성차에 따른 특수 윤리학을 도입한 후에 인간의 상호작용을 총체적으로 발전시킬 수 있는 방식으로 나가야 한다고 제안한다. 진정한 의미에서의 통일은 어느 하나가 다른 하나를 지배하는 제국주의적 수직 모델을 넘어서서 수평적인 관계로 이행할 경우에 가능하다고 보

62) de Beauvoir, Somone: *Das Andere Geschlecht. Sitte und Sexus der Frau*. Reinbeck 1992, S. 334.

았기 때문이다. 그러나 여전히 문제는 도사리고 있다. 여성들에 의하여 새롭게 요구되는 규범과 가치들이 남성중심주의적 규칙들로부터 과연 얼마만큼 다르고 어느 정도까지 자유로울 수 있겠는가의 문제가 바로 그것이다(*Pieper*, 116). 피퍼는 우리가 성에 대한 비판적 의식으로서의 젠더 관점(Gender-Perspektive)을 가질 경우에 새로운 윤리학의 정초가 가능하다고 말한다.

### 6) 동고(同苦)의 윤리학과 자비(慈悲)의 윤리학

페미니즘 윤리학의 정초 요구는 페미니즘 유토피아론이나 담론윤리학에서의 이상적인 의사소통공동체의 실현 요청에 의하여 잠정적으로 해소될 가능성이 있다. 그러나 이 두 가지 가능성은 어디까지 미래적인 것이며, 아주 실현되지 않은 것이다. 따라서 그것은 매우 소극적이고 부정적인 단계에 머물러 있을 뿐이다. 따라서 우리는 보다 현실적인 다른 가능성을 추구하지 않으면 안 된다. 우리는 페미니즘 윤리학에서 제기한 두 개 이상의 개념 군에 주목할 필요가 있다. 하나는 배려와 보살핌의 차원에서 동정과 동고(同苦, Mitleidenschaft)이고, 다른 하나는 회향과 자비이다. 페미니즘 윤리학이 주시하는 보살핌과 배려는 쇼펜하우어의 철학에서 제시되는 동고의 감정에서 그 존재론적 근원을 밝힐 수 있을지 모르겠다. 쇼펜하우어는 칸트와 헤겔철학에 대한 반동으로 의지형이상학을 제안하고 타자에 대한 동고의 감정을 강조하였다. 만일에 쇼펜하우어의 의지형이상학이 세계에 대한 하나의 관점으로 제시될 수 있다고 한다면 우리는 마땅히 페미니즘 윤리학의 정초 근거를 여기에서 발굴할 수 있을 것이다.[63]

쇼펜하우어의 동고윤리와 보살사상의 자비윤리는 페미니즘 윤리의 보편성 주장을 위한 새로운 근거가 될 가능성이 다분하다. 따라서 앞으로 계속될 연구에서는 페미니즘 윤리의 정초 근거 및 보편성 주장에 대한 단초를 쇼펜하우어의 동고의 윤리와 대승불교의 실천철학, 특히 보살(菩薩, Boddhisattva) 사상의 도덕적 지향성 구조에서 찾아보려고 할 것이다. 쇼펜하우어와 초기불교에서의 여성관은 일반적으로 여성의 지위에 대하여 비하적인 태도를 보이고 있으나, 이 두 사상에서 제시하고 있는 동고의 감정과 자비의 정신은 전통적인 규범윤리학에서는 간과되었던 범주들에 속한다. 이러한 도덕적 개념들은 바로 페미니즘 윤리학에서 자주 강조되고 있는 배려와 사랑의 개념과 같은 것으로서 이 두 사상체계 속에서는 하나의 보편적인 도덕의 이념으로 제시되고 있다. 특히 쇼펜하우어는 이성주의와 합리성의 철학에 대한 새로운 도전으로서 의지의 형이상학을 제안하였으며, 의지를 칸트적인 의미에서의 물자체라고 규정한 바 있다.[64] 칸트의 이성중심주의를 의지중심주의로 대체한 것이다.[65] 쇼펜하우어는 의지 중심의 철

---

63) Fricker, Miranda(ed.): *The Cambridge Companion to Feminism in Philosophy*. Cambridge University Press 2000.
Trumann, Andrea: *Feministische Theorie*. Schmettering Verlag 2002.
Doye, Sabine u.a.: *Philosophische Geschlechtertheorien*. Ditzingen 2002.
Wendel, Saskia: *Feministische Ethik zur Einführung*. Junius Verlag 2003.
Meyer, Ursula I.: *Einführung in die feministische Philosophie*. Ein-Fach-Verlag 2004.

64) "물자체로서의 의지는 자신의 현상과는 전혀 다르며, 현상의 모든 형식들로부터도 완전히 자유로운 것이다"(Schopenhauer Werke I, *Die Welt als Wille und Vorstellung*, 1, §23, Frankfurt 1986, S. 173).

65) 쇼펜하우어는 윤리학에 대한 탁월한 저서로 잘 알려진 『도덕의 기초』(*Über die Grundlage der Moral*, Schopenhauer Werke III, Frankfurt 1986)에서

학을 강조하면서도 이기주의적 자기 확장의 논리를 극복할 수 있는 철학적 논리로서 삶에의 의지의 부정을 통한 동정의 윤리를 제안한 바 있다. 타자의 고통에 함께 동참하도록 권장하는 것이야말로 현대사회에서 다양한 이익주장으로부터 필연적으로 제기되는 문제들을 해결할 수 있는 근본적인 출발점이 될 수 있으며, 이와 같은 관점은 바로 남성주의 윤리학이 이성주의와 전체주의에 근거하고 있다는 길리건의 비판과 연계될 수 있는 중요한 대목이다.

쇼펜하우어의 제안보다 훨씬 먼저 고대 인도의 불교사상에서는 자비의 윤리가 새로운 보편적 가치로 제시되었다. 특히 대승불교의 보살사상에서는 개인의 수행보다 타인에 대한 자비와 연민의 태도가 더 소중한 것으로 여겨졌다. 니체가 불교를 '수동적 니힐리즘'이라고 규정한 것처럼 서구사상에 비하여 불교사상은 여성적인 측면이 강하다. 특히 이미 깨달은 자(타타가타)로서 열반의 경지에 들어갈 수 있지만 중생을 구제하기 위하여 삼사라의 세계에 머물면서 자비를 베풀고 있는 보살 존재는 여성주의적 관점에서 볼 때 매우 인상적이다. 리타 그로스(Rita M. Gross)와 같은 현대의 불교이론가들은 페미니즘의 관점에서 불교사상을 재구성하려는 시도를 하고 있는데, 특히 성별의 구분을 넘어서서 다르마(Dharma)를 이해하려고 하는 점에서 기독교 페미니즘 신학운동과 비슷한 느낌을 갖게 한다.[66] 그러나 이 보다 더 근원적

---

칸트 윤리학에 대한 전반적인 비판을 시도하였다. 의지의 문제는 그의 저서 『의지의 자유』(*Preisschrift über die Freiheit des Willens*, Schopenhauer Werke III, Frankfurt 1986)에서 주로 다루어지고 있으며, 본 연구에서는 이 두 저서와 『의지와 표상으로서의 세계』를 주요 분석 대상으로 할 것이다.

66) Gross, Rita M.: *Buddhism after Patriarchy. A Feminist History,*

인 현상은 불교의 보살사상(특히 관음보살의 경우)에서 이미 페미니즘 윤리의 근본정신을 선포하고 있다는 사실이다. 특히 라이튼(Taigen Daniel Leighton)은 보살의 여러 유형을 소개하면서 현대의 여러 위인들과 연계시키고 있다.[67] 여성성의 모습으로 출현하기도 하는 관음보살에 대한 연구는 국외에서도 활발하게 연구되고 있다. 그러므로 동고와 자비 개념의 근본적 이해는 곧 바로 현대 페미니즘 윤리학의 보편성 주장의 문제와 직결된다고 볼 수 있다.

---

*Analysis, and Reconstruction of Buddhism*. State University of New York 1993.

67) Leighton, Taigen Daniel: *Bodhisattva Archepypes. Classic Buddhist Guides to Awakening and their Modern Expression*. Penguin, New York 1998.

# 4. 쇼펜하우어는 페미니즘 윤리학자인가?

## 1) 의지형이상학과 동고의 윤리

덴마크 왕립 학술원은 1837년에 "도덕의 근원과 기초를 의식(혹은 양심)에 직접적으로 놓여있는 도덕성의 이념과 그 이념에서 나오는 도덕적 기본 개념들을 분석하는 데서 찾을 것인가? 아니면 다른 어떤 인식 근거에서 찾을 것인가?"라는 현상 과제를 제시한 바 있으며, 이 과제에 유일하게 도전하였던 쇼펜하우어의 시도에 대하여 "도덕의 기초를 동고(同苦)로 증명하려고 했지만, 그는 논문의 형식에서도 우리를 만족시키지 못했고, 문제에서도 그 기초를 충분하게 증명하지 못했다"라고 판정하면서 탈락시키고 말았다.[1] 그러나 170년이 지난 현재의 시점에서 보면 쇼펜하우어가 윤리학을 동고에 근거하여 새롭게 정초하려고 했던 시도는 그야말로 가장 근본적이자 적절한 것이었으며, 그 논문의 형식이나 내용에서 매우 탁월한 것이었다. 특히 페미니즘 윤리학의 정립과 더불어 새롭게 논의되는 윤리학의 정초 및 정당성의 물음과 관련하여 쇼펜하우어의 발상은 가히 혁명적이고 천재적인 것

1) Schopenhauer, Arthur: Werke III, Frankfurt 1986, *Über die Grundlage der Moral*(1840), 815. Abk.: *GM.*

이었다.2)

여기에서는 페미니즘 윤리학에서 가장 근본적인 문제로 제기되고 있는 정초 근거 및 보편성 주장에 대한 단초를 쇼펜하우어의 의지형이상학(Willensmetaphysik)과 동고(同苦, Mitleidenschaft)의 윤리학에서 찾아보려고 한다. 쇼펜하우어는 일반적으로 여성의 지위에 대하여 비하적인 태도를 보이는 것으로 알려져 있으나 그가 제시한 철학이론들, 특히 의지형이상학과 동고의 윤리는 오히려 페미니즘 윤리학의 정초 근거가 될 수 있다는 사실에서 인상적이다. 그는 이성주의와 합리성 철학에 대한 대안으로 의지형이상학을 제안하였으며, 의지를 칸트적인 의미에서의 물자체라고 규정한 바 있다.3) 칸트의 이성중심주의를 의지중심주의로 대체한 것이다.4)

---

2) 길리건은 칸트, 롤즈, 콜버그 비판에서 정의 개념이 남성중심적이므로 그에 반하는 여성중심적 개념으로 배려, 보살핌, 자비 등의 개념을 제시하고 있다. 쇼펜하우어는 윤리학의 새로운 정초 과정에서 동고(Mitleid, Mitleidenschaft)의 개념을 제시하고 있으며, 그 개념에서 정의와 인간애 개념이 도출된다. 그러므로 길리건보다 쇼펜하우어의 언어 사용이 더 심오한 형이상학적 근거를 가지고 있는 사실에 유의할 필요가 있다. Hauskeller, Michael: *Vom Jammer des Lebens. Einführung in Schopenhauers Ethik*. München 1998, Vgl. S. 50. 그밖에 고뇌와 동고의 문제를 포괄적으로 다루고 있는 Oliver Hallich(1998)와 Aleksander Bobko (2001)의 연구서에서는 페미니즘 윤리학의 정초 문제를 다루고 있지 않다. Bobko, Aleksander : *Non Multa. Schopenhauers Philosophie des Leidens*. Würzburg 2001. Hallich, Oliver : *Mitleid und Moral. Schopenhauers Leidensethik und die moderne Moralphilosophie*. Würzburg 1998.

3) "물자체로서의 의지는 자신의 현상과는 전혀 다르며, 현상의 모든 형식들로부터도 완전히 자유로운 것이다"(Schopenhauer Werke I, *Die Welt als Wille und Vorstellung*, 1, §23, Frankfurt 1986, S. 173).

4) 쇼펜하우어는 『도덕의 기초에 관하여』(*Über die Grundlage der Moral*, Schopenhauer Werke III, Frankfurt 1986. 한글판: 김미영 역, 책세상 2004)에서 칸트 윤리학에 대한 전반적인 비판을 시도하였다. 또한 의지의 자유에 관한 문제

새로운 미래사회의 구축을 위하여 노력하고 있는 우리나라의 현실에서 가장 긴급한 사안은 구성원들의 다양한 입장을 이해하고 각각의 이익주장들을 지혜롭게 조화시키는 일이다. 현대사회에서 타자에 대한 관심은 이기적 관점의 연장선에서 이루어지는 경향이 강하다. 이러한 세태에 대하여 일찍이 쇼펜하우어는 의지 중심의 철학을 강조하면서도 이기주의적 자기 확장의 논리를 극복할 수 있는 철학적 논리로서 삶에의 의지의 부정을 통한 동고(同苦, Mitleiden, Mitleidenschaft)의 윤리를 제안한 바 있다. 연민과 동고의 개념들은 바로 페미니즘 윤리학에서 자주 강조되고 있는 배려와 사랑의 개념과 같은 것으로서 쇼펜하우어의 사상체계 속에서는 하나의 보편적인 도덕의 이념으로 제시되고 있다.

이 글에서는 쇼펜하우어의 주저 『의지와 표상으로서의 세계』 및 『도덕의 기초』를 바탕으로 의지형이상학과 동고윤리에서 페미니즘 윤리의 정초 근거 및 보편성 주장을 정당화하려고 할 것이다. 쇼펜하우어의 경우에 삶에의 의지가 개체화의 원리를 통하여 이기적 확장을 추구하는 생물학적 경향성, 그리고 삶에의 의지의 부정을 통하여 이를 극복하는 과정에서 타인의 고통에 함께 참여하는 이른바 연민과 동고의 문제가 중점적인 분석의 대상이 된다. 타자의 고통에 함께 동참하도록 권장하는 것이야말로 현대사회에서 다양한 이익주장으로부터 필연적으로 제기되는 문제들을 해결할 수 있는 근본적인 출발점이 될 수 있으며, 이와 같은

---

는 그의 저서 『의지의 자유에 대한 현상 논문』(*Preisschrift über die Freiheit des Willens*, Schopenhauer Werke III, Frankfurt 1986)에서 주로 다루어지고 있다. 본 연구에서는 『도덕의 기초에 관하여』와 『의지와 표상으로서의 세계』를 주요 분석 대상으로 할 것이다.

관점은 바로 남성주의 윤리학이 이성주의와 전체주의에 근거하고 있다는 길리건의 비판과 연계될 수 있는 중요한 대목이다.

먼저 지금까지의 연구 동향에 대하여 간략하게 살펴볼 필요가 있을 것이다. 쇼펜하우어의 윤리사상, 특히 의지형이상학, 동고의 윤리 등에 대한 연구서는 다음과 같다.[5] 국내의 경우 쇼펜하우어 철학에 대한 연구논문은 매우 희귀한 편이며,[6] 최근에 몇 권의 개론서[7]가 번역되고 단행본 연구서[8]도 출판되었으나 본 연

---

5) **Hacker, Paul**: *Schopenhauer und die Ethik des Hinduismus*, in: Saeculum. Jahrbuch für Universalgeschichte, Bd. 12, Verlag Karl Alber Freiburg/München 1961, S. 366-399. **Seelig, Wolfgang**: *Wille und Kraft. Über Schopenhauers Wille in der Natur und seine Definition als Kraft in der Naturwissenschaft*, in: Schopenhauer-Jahrbuch, 60. Band, Frankfurt 1979. **Cartwright, David E.**: *Kant, Schopenhauer, and Nietzsche on the Morality of Pity*, in: Journal of the History of Ideas 1984. **Röhr, Reinhard**: *Mitleid und Einsicht. Das Begründungsproblem in der Moralphilosophie Schopenhauers*. Frankfurt 1985. **Garewicz, Jan**: *Erkennen und Erleben. Ein Beitrag zu Schopenhauers Erlösungslehre*, in: Schopenhauer-Jahrbuch 70. Band, Frankfurt 1989. **Schirmacher, Wolfgang**(Hg.): *Ethik und Vernunft*. Schopenhauer in unserer Zeit. Schopenhauer-Studien 5, Wien 1995. **Birnbacher, Dieter**(Hg.): *Schopenhauer in der Philosophie der Gegenwart*. Würzburg 1996. **Kiowsky, Hellmuth**: *Parallelen und Divergenzen in Schopenhauers Ethik zur buddhistischen Erlösungslehre*, in: Schopenhauer Jahrbuch 77. Band, Würzburg 1996. **Hauskeller, Michael**: *Vom Jammer des Lebens. Einführung in Schopenhauers Ethik*. München 1998. **Son, Giok**: *Schopenhauers Ethik des Mitleids und die indische Philosophie. Paralleität und Differenz*. Alber, München 2000.

6) 우리 주제와 관련하여 참고할만한 논문은 김정현 교수의 「고통의 심층철학: 쇼펜하우어의 의지의 형이상학을 중심으로」(『철학연구』 68집, 대한철학회 1998) 정도에 그치고 있다.

7) 발터 아벤트로트, 『쇼펜하우어』, 한길사, 서울 1998. 제너웨이, 크리스토퍼, 『쇼펜하우어』, 시공사, 서울 2001. 수잔네 뫼부스, 『쉽게 읽는 쇼펜하우어: 의지와 표상으로서의 세계』, 이학사, 서울 2002.

8) 이서규, 『쇼펜하우어의 철학』, 이문출판사 2004.

구 주제와는 거리가 멀다. 이러한 자료들을 바탕으로 이 글에서는 쇼펜하우어의 주저인 『의지와 표상으로서의 세계』 및 『도덕의 기초에 관하여』를 중심으로 그의 세계 이해가 칸트와는 반대로 탈이성주의에 기초하고 있음을 보여줌으로써 여성주의 윤리학의 보편성 주장을 강화할 수 있는 근거를 마련하고자 한다. 특히 제2장 "표상과 의지, 그리고 개체화의 원리"에서는 주로 『의지와 표상으로서의 세계』(1819) 제2권 「의지로서의 세계 첫 번째 고찰: 의지의 객관화」를 내용으로 하며, 의지와 신체, 의지의 객관화로서의 세계, 자연의 단계 등을 다룬다. 제3장 "삶의 의지와 고통으로서의 세계"에서는 『의지와 표상으로서의 세계』(1819) 제4권 「의지로서의 세계 두 번째 고찰: 도달된 자기인식, 삶에의 의지의 긍정과 부정」을 내용으로 하며, 자유와 필연성, 의지의 잠정적 또는 결정적 해방, 의지의 긍정과 고통의 존재, 의지의 부정 등을 다룬다. 제4장 "정언명법과 최고선의 자체모순"에서는 『도덕의 기초에 관하여』를 중심으로 칸트의 도덕철학의 근본전제들이 어떤 근거에서 쇼펜하우어의 비판을 받게 되었고, 그가 새롭게 발견한 윤리학의 근본원칙은 무엇인가를 밝히려고 할 것이다. 그리고 제5장 "윤리학의 새로운 정초 근거"에서는 쇼펜하우어가 의지형이상학에 입각하여 동고의 정서라는 도덕의 근본원칙을 발굴하는 전체적인 논변 과정과 이기주의를 근본으로 하는 인간이 어떻게 동고의 정서를 갖게 되고 실제적으로 작동시킬 수 있는가를 다룰 것이다. 결론: "페미니즘 윤리의 정초근거로서의 同苦"에서는 이상에서 정리된 쇼펜하우어의 동고 윤리가 어떤 방식으로 페미니즘 윤리학의 보편성 주장을 가능하게 하는 가를 중점적으로 살피게 될 것이다.

### 2) 표상과 의지, 그리고 개체화의 원리

쇼펜하우어의 의지형이상학을 이해하기 위하여 우리는 먼저 표상과 의지로서의 세계 및 그 상호관계성, 그리고 의지가 현상세계에서 다양하게 분화될 수 있게 하는 개별화의 원리 및 의지의 객관화 현상을 심층적으로 분석해야 할 것이다. 이러한 근본개념 이해를 통하여 우리는 쇼펜하우어의 의지형이상학이 윤리학과 어떻게 연결될 수 있는가에 대한 단초를 얻으려고 한다.

『의지와 표상으로서의 세계』(1818)는 "세계는 나의 표상이다(Die Welt ist meine Vorstellung)"라는 말로 시작한다. 표상으로서의 세계는 칸트가 현상(Erscheinung)이라고 규정한 부분에 해당된다. 이러한 기초 인식은 표상의 배후에 있는 본질에 접근해 보려는 노력으로 이어지며, 쇼펜하우어는 거기에서 '의지'(Wille)가 있음을 발견한다. 그런데 이 의지는 칸트의 물자체(Ding-an-sich)이다. 그가 반복적으로 언급하고 있듯이 물자체인 의지는 언제나 '삶에의 의지'이며, 세계의 본질이자 근본 내용이다.[9] 쇼펜하우어는 플라톤과 칸트 철학의 절대적인 영향 아래서 세계를 표상으

9) "의지는 물자체이고, 세계의 내적 내용이며 세계의 본질적인 것이지만, 삶, 가시적인 세계, 현상은 단지 의지의 거울에 불과하기 때문에, 마치 육체가 그림자에 따르는 것처럼 의지에는 삶, 세계, 현상이 불가분으로 수반하는 것이다. 그리고 의지가 있는 곳에는 또한 삶과 세계가 있을 것이다. 따라서 삶에의 의지에 삶은 확실한 것이며, 우리가 삶에의 의지로 충만하여 있는 한, 아무리 죽음에 직면하더라도 우리는 자신의 생존에 대하여 염려할 필요가 없다. 물론 우리는 개체가 생성되고 소멸하는 것을 본다. 그러나 개체는 현상에 불과하며, 이유율, 즉 개별화의 원리에 결박된 인식을 통하여 존재하는 것에 불과하다. 물론 이 인식으로써 개체는 그 삶을 선물처럼 받아들이고, 무에서 생긴 다음 죽음에 의하여 그 선물을 상실하고 무로 돌아간다"(Schopenhauer, *Werke* I, *WWV1*, §54, S. 380).

로서의 세계와 의지로서의 세계로 구분하고 있는 것이다.

쇼펜하우어는 자연에서 의지의 작용에 대하여 반성함으로써 더 이상 현상 아래에 머무르지 않고 물자체로 나아갈 수 있다고 보았다. 그에게 현상은 단지 표상일 뿐 그 이상의 아무것도 아니었다. 어떤 것이든지 우리에게 표상으로서 주어지는 모든 객체들은 현상에 지나지 않는다. 이러한 사실은 칸트의 위대한 업적이었으며, 쇼펜하우어 역시 승인하였다. 그러나 물자체의 경우는 다르다. 칸트는 물자체와 현상을 구분하면서 물자체를 접근 불가능한 것으로 간주하였지만, 쇼펜하우어는 그것이야말로 칸트의 결정적인 실수라고 보았다. 물자체는 우리에게 가장 직접적인 것으로서 의지 그 자체이기 때문이다. 따라서 의지는 전적으로 그리고 그 자신의 근원에 있어서 표상과 완전히 구분되지만, 모든 표상과 모든 객체, 그리고 현상과 가시성과 객체성은 바로 이 의지에 의해서만 존립할 수 있는 것이다. 그리고 칸트는 바로 이 중요한 사실을 간과하였다. 그러므로 표상과 의지의 상호적인 관계는 칸트에서보다 쇼펜하우어에게서 더욱 긴밀하게 드러나고 있다고 볼 수 있다.

"모든 객관은 표상이다. 그러나 의지는 물자체이다. 모든 표상, 즉 모든 객관은 의지가 나타난 것, 가시적으로 된 것, 의지의 객관화이다. 의지는 개체 및 전체의 내면적인 심오한 부분이며 핵심이다. 의지는 맹목적으로 움직이는 모든 자연력 속에 나타나 있고, 또 숙고된 인간의 행동 속에도 나타나 있다. 그러나 그 차이는 본질적인 것이 아니라 정도의 차이에 불과하다"(*WWV1*, §21, 170).

쇼펜하우어에 의하면 우리에게 나타난 세계 현상은 단지 표상으로서의 세계일 뿐이다. 그것은 우리에게 나타난 객관의 세계를 모두 포섭하고 있다. 그러나 물자체 그 자체는 객관이 아니고 의지이다. 그리고 모든 객관은 의지로서의 물자체가 밖으로 드러난 현상에 지나지 않는다. 따라서 우리가 물자체를 객관적으로 사고하려면 어떤 객관적인 형태, 즉 그것이 우리의 표상으로서 드러날 수 있는 어떤 특정한 현상을 가능하게 하는 특정한 명칭과 개념에 의존하지 않으면 안 된다. 물자체의 모든 현상 가운데서 발전된 인식에 의하여 직접 조명된 가장 완전한 형태의 현상은 바로 인간의 의지이다(171). 이처럼 물자체를 찾아나가는 과정에서 쇼펜하우어는 일단 하나의 인식 주체로서 '체험의 주체'인 자신의 신체를 철학하는 일의 출발점으로 삼는다. 그는 개인으로 나타나는 인식주체에게 그 신체의 물자체를 묻는 수수께끼의 해답은 바로 의지라는 확신에 이르게 되었다. 그러나 문제는 표상에 갇혀 있는 존재가 어떻게 본질을 발견할 수 있느냐 하는 점이다. 이것의 요체는 인간의 중심에 있는 본질인 의지를 객관화하는데 있을 것이다.

쇼펜하우어는 하나의 개체로서의 신체가 인식주관에 주어지는 두 가지 방식을 소개한다. 첫째로 신체는 오성에 호소하는 직관의 표상으로서 여러 객관 중의 객관으로서, 또한 이들 객관의 법칙에 지배되는 것으로 주어진다. 둘째로 신체는 누구에게나 직접 알려진 의지의 형태로 주어져 있으며, 그 의지의 행위는 필연적으로 신체 운동으로 나타난다(157). 쇼펜하우어는 우리의 신체가 관찰의 방식이 아니라 직접적인 방식으로 인식된다고 보았다. 신체의 동작은 의지의 객관화된 행위, 즉 직관 속에 나타난 행위에 불과하다. 모든 신체는 의지가 객관화된 것, 즉 표상으로 된 의지에 불과하다. 따라서 신체가 바로 의지인 것이다. 이러한 그의 생각은 "의지는 신체의 선험적 인식이고, 신체는 의지의 후천적 인식이다"(158)라는 명제 속에 단적으로 표현되어 있다.[10] 바로 여기에서 신체의 독특한 위상이 정립되고 있는 것이다. 쇼펜하우어는 자연 속에 작용하는 모든 힘의 본질이 의지와 동일하다는 것이 지금까지 간과되어 왔다고 지적한다. 물자체로서의 의지는 그 현상과는 전혀 다른 것이며, 현상의 모든 형식으로부터도 완전히 자유로운 것이다. 이러한 현상 형식은 의지 그 자체와는 관계가 없고, 그것이 나타나는 이른바 의지의 객관성에 관계할 뿐이다(173).

그렇다면 의지와 표상, 물자체와 현상은 어떤 원칙과 원리에 의하여 매개될 수 있는가라는 물음이 필연적으로 제기될 수밖에 없다. 우리에게 나타난 현상적인 객관은 다양한 모습을 하고 있다. 그렇다면 그 각각의 현상 배후에 존재하는 의지 역시 그와 같은 수다성과 다양성을 특징으로 하는 것인가, 그렇지 않으면 무차별적인 동일자로서 존재하는 것일까? 이 물음은 이미 오래 전에 플라톤의 이데아론에서 존재론적인 방식으로 제기되었을 뿐만 아니라 칸트에 의하여 인식론적으로 되물어졌던 바로 그 물음이다.

이 물음은 쇼펜하우어에게도 결정적인 것이다. 그는 칸트에 의

10) 쇼펜하우어는 1836년에 출판된 『자연에서의 의지에 대하여』(*Über den Willen in der Natur*)에서 자신의 의지형이상학을 생리학, 병리학, 비교해부학, 식물생리학, 물리천문학 등에서의 자연과학적 연구성과들을 바탕으로 증명하고자 시도하였다. 1809년에 괴팅겐 대학의 의학부에 입학한 사실에서 보더라도 쇼펜하우어는 자연과학에 대한 상당한 소양을 갖추고 있었으며, 자연 현상과 물리적 과정에 의지가 항상 작동되고 있다는 사실을 입증하고자 한 것이다.

지하여 시간과 공간을 개체화의 원리(principio individuationis)로 받아들이면서 의지가 바로 이 개체화의 원리에 의하여 우리의 세계 현상을 연출하고 있다는 철학적 구상을 보여주고자 하였다. 물자체로서의 의지는 그 자신이 드러난 현상과는 전혀 다른 것이므로 현상의 모든 형식들로부터도 완전히 자유로운 것이다(173). 칸트에서 현상은 자연법칙, 즉 인과성의 법칙에 구속되지만 지성계에 속하는 물자체는 그 지배로부터 자유로운 것처럼, 쇼펜하우어에서 물자체로서의 의지 역시 어떤 형태로든지 충족이유율(Satz vom zureichenden Grunde)의 제약을 받지 않는다. 그 현상은 어느 것이나 충족이유율에 따르는 것이지만 의지 그 자체에는 결과적으로 전혀 근거가 없다. 그것이 바로 의지의 무근거성(Grundlosigkeit des Willens)이다(174). 또한 의지가 시간과 공간에서 그 자신의 현상으로 드러날 경우에는 수없이 많은 형태로 존재하지만, 의지 그 자체는 모든 다원성으로부터 자유로우며 의지 그 자체는 하나로서 존재한다. 물론 이 경우에 하나라는 것은 하나의 객관 또는 객체라는 것과는 전적으로 다르다. 하나의 동일한 의지가 시간과 공간을 통하여 다양한 현상으로 출현하는 것이 바로 개체화의 원리에 의하여 구체화된 의지형이상학의 전모인 것이다.

> 물자체로서의 의지는 어떤 형태를 지닌 충족이유율에도 제약받지 않는다. 따라서 그 현상은 어느 것이나 완전히 충족이유율에 따르는 것이지만 의지 그 자체에는 결과적으로 전혀 근거가 없다. 또한 의지의 시간과 공간에서의 현상은 수없이 많지만, 의지 그 자체는 모든 다원성으로부터 자유로운 것이다. 의지 그 자체는 하

나이다. 그러나 이 하나라는 것은 어떤 객관이 하나라고 하는 경우 이 단일성이 가능적인 다원성에 의하여 인식되는 그런 하나가 아니고, 또 다원성으로부터의 추상에 의하여 생긴 하나라는 개념도 아니며, 의지는 개체화의 원리인 시간과 공간 밖에, 즉 다원성의 가능성 밖에 존재하는 것으로서의 하나이다(*Werke* I, *WWV1*, §23, S. 174).

의지는 수많은 개별적인 현상 속에서 그 자신의 모습을 드러내고 있다. 그러나 우리가 실제로 볼 수 있는 것은 의지가 아니라 현상이다. 현상은 인간의 신체를 통하여 나타나며, 신체적인 행동은 객관화된 행동으로서 의지가 시간과 공간이라는 직관에 들어선 것에 지나지 않는다. 그러므로 쇼펜하우어는 다양한 현상들이 의지의 객관화이기 때문에 개별적 현상 속에 각각의 의지가 들어있는가라는 물음에 대하여 부정적인 입장을 밝히고 있다. 왜냐하면 의지는 단 하나이기 때문이다. 비록 의지 자체가 현상 속에서 다양한 형태로 출현한다 하더라도 의지 그 자체는 분열되지 않는다. 왜냐하면 모든 다양성은 시간과 공간 속에서만 가능하지만, 의지 그 자체는 시간과 공간에 결코 영향을 받지 않기 때문이다. 의지 그 자체는 현상으로 분할될 수 없는 것이다. 앞에서 지적한 것처럼 물자체로서의 의지는 그 자신의 현상과는 전혀 다르며, 현상의 모든 형식들로부터도 완전히 자유로운 것이다. 비록 시간과 공간에 서의 의지의 현상은 수없이 다양하게 출현하더라고, 의지 그 자체는 모든 다원성으로부터 자유로우며 충족이유율의 제약을 받지 않는다. 따라서 의지 그 자체는 하나라는 사실이 다시금 강조된다. 삶에 대한 의지는 그 각각의 현상에서 전체적으로 자신을 드러내고 있으나 모든 생물체의 내적 본질은 수적으로 동일한 것이다. 이것이 바로 물자체로서의 의지와 표상으로서의 현상 사이를 매개하는 개체화의 원리가 작동되는 방식인 것이다. 따라서 삶에의 의지는 외부로 표출되는 모든 현상의 일치 가능성을 존재론적으로 내포하고 있다. 자연의 모든 부분들이 서로 조응하고 일치할 수 있는 데, 이는 다양한 현상의 배후에 하나의 동일한 의지가 존재하기 때문이다. 이 점에서 쇼펜하우어는 칸트가 제시한 자연의 합목적성 개념을 배제하지 않았던 것이다.[11) ]이러한 사실은 나중에 쇼펜하우어가 윤리학의 정초 근거를 제시하는 데 매우 중요한 요소로 활용되고 있다. 개인은 물자체로서의 의지가 아니고 의지의 현상이므로 인간의 행위 역시 모든 현상과 마찬가지로 충족이유율의 원리에 따라야 한다. 그러나 각각의 개인들은 그 각각의 배후에 존재하는 하나의 동일한 의지를 전제하고 있기 때문에 이를 바탕으로 쇼펜하우어는 나와 타자 사이의 정서적 감응이 가능하다고 볼 수 있었던 것이다.

그렇다면 의지는 현상의 세계에 어떤 방식으로 객체화되는 것

---

11) 쇼펜하우어 자신도 칸트적인 의미에서 자연의 합목적성에 대하여 다음과 같이 언급하고 있다: "그런데 의지가 적절한 객관성을 얻기 위해서는 역시 의지가 단계를 이루고 나타나야 하지만, 이러한 내적 필연성도 이 단계적 현상 그 자체의 전체에서는 어떤 외적 필연성에 의하여 표현되어 있다는 것을 알 수 있다. 그 외적 필연성이란 인간이 자기를 유지하기 위해서는 여러 동물을 필요로 하며, 이들 동물은 단계적으로 하위의 동물, 그리고 식물까지도 필요로 하며, 식물은 또한 토지를 필요로 하며, 물이나 화학적 요소와 그 화합물들을 필요로 하며, 유성이나 태양, 태양을 중심으로 한 회전, 순환, 황도(黃道)의 경사 등을 필요로 한다는 것 등이다. 이것은 필경 의지 이외에는 아무것도 없고, 또 의지는 굶주린 의지이기 때문에 의지가 자기자신을 다 먹어 치우지 않으면 안 된다는데 기인한다. 추구, 불안, 그리고 고뇌는 여기에서 유래하는 것이다. 현상은 한 없이 차이가 있고 다양하지만, 물자체로서의 의지는 하나이다"(*Werke* I, *WWV1*, §28, S. 227).

일까? 객관화 또는 객체화라는 것은 의지가 그 자신의 주체적 상태에서 외화됨으로써 스스로 대상화되는 현상을 뜻한다. 의지의 객관화는 여러 단계를 거쳐서 무수한 개체들로 나타난다. 객관화의 표본이 되는 사물의 영원한 형식은 개체의 매질인 시간과 공간 속에 들어가지 않고 고정되어 있으며, 어떤 변화도 받지 않고 항상 존재하고 있다. 그와 반대로 무수한 개체들은 생멸하면서 항상 새롭게 생성되고 있다. 의지의 객관화의 여러 단계는 플라톤의 이데아와 같은 것이며(195), 그것은 시간과 공간에 의하여 수없이 많은 현상으로 다양화되고, 인과성의 법칙에 의하여 규정된다(201).

쇼펜하우어에 의하면 의지의 객관화의 최저단계는 가장 일반적인 자연의 힘이다(196). 인과의 연쇄는 시간과의 관계에서 비로소 의미를 갖기 때문에 시간을 전제로 하고 있지만, 자연의 힘 그 자체는 시간의 밖에 있다. 이 말은 우리에게 관찰되는 자연의 힘과 운동은 단지 현상에 지나지 않는 것처럼 보이나, 그 힘 자체는 의지로부터 비롯된 현상인 것이며, 따라서 그것은 인과성의 법칙에 지배되지 않는다는 것을 의미한다.

> 힘 그 자체는 의지의 현상이며, 따라서 충족이유율에 의하여 지배되지 않는다. 말하자면 근거가 없는 것이다. 그것은 마치 현상의 내적 본질이 의지 자체이고, 그것에 대해서 이유율이 적용되지 않기 때문에 의지 자체는 근거를 갖지 않는 것과 마찬가지이다. 힘 그 자체는 시간 밖에 있고 도처에 퍼져 있으며, 스스로 출현하여 이때까지 일정한 물질을 지배한 여러 힘을 몰아내고, 이 물질을 점령할 수 있게 되는 사정이 생기는 것을 고대하고 있는

> 것처럼 여겨진다. 모든 시간은 이 힘의 현상에 대해서만 존재하고 있는 것으로 힘 그 자체에 대해서는 아무런 의미가 없는 것이다(204).

자연력이란 의지가 객관화하는 경우의 이 일정한 단계에서의 의지 자체이지만, 시간과 공간에 의하여 다원성이 귀속되는 것은 현상뿐이며, 인과성의 법칙은 개별적인 현상에 대한 시간과 공간에 있어서의 위치 규정에 불과하다는 것이다(205). 세계 속의 어떠한 사물도 절대적이고 일반적인 그 존재의 원인을 갖고 있지는 않고, 단지 그것으로 하여금 바로 여기에 존재하게 하는 원인을 가지고 있을 뿐이다. 어떻게 하나의 돌이 어떤 때는 중력을 갖고, 어떤 때는 강성을 갖고, 어떤 때는 전기를 나타내고, 어떤 때는 화학적 성질을 갖는가 하는 것은 원인, 즉 외부로부터의 영향에 의존하고 있고, 원인으로부터 설명될 수 있다(206).

의지의 객관화의 각 단계를 거치면서 기계적, 물리적, 화학적, 유기적인 여러 현상은 각기 자신의 이념을 구현하기 위하여 스스로를 발현시킴으로써 인과성의 법칙에 따라서 서로 물질을 탈취하려고 하기 때문에 물질은 부단하게 그 형태를 바꾸지 않을 수 없게 된다. 이런 투쟁은 모든 자연 속에서 나타나는 일반적인 현상이다(218). 따라서 의지가 객관화하여 나타나는 현상은 극히 다양하고 차이가 많으며, 그런 현상들은 서로 간에 무한하고 화해 없는 투쟁을 시도한다. 그러나 의지 그 자체는 물자체로서 결코 그런 다원성이나 변화의 지배하에 있지 않다. 이데아(플라톤)의 차이성, 즉 객관화의 모든 단계들 속에서 제각기 자신을 나타내고 있는 개체들의 집합, 질료를 획득하려는 형상들의 투쟁, 이 모든 것은 의지 그것에는 관계없고, 의지의 객관화의 방식에 지나지 않으며, 이 객관을 매개로 하여 의지와는 간접적인 관계를 가지고 있을 뿐이다(226).

그러므로 전 자연은 삶의 의지의 표현이자 동시에 그 의지의 충족이기도 하다. 의지는 현상의 형식, 즉 시간과 공간과 인과성에 의하여 개체화되지만, 삶의 의지는 자연 전체가 한 개체의 죽음에 아무런 상처도 받지 않는 것처럼 개체의 생멸로부터 전혀 영향을 받지 않는다. 자연에서 중요한 것은 개체가 아니라 오직 종(種)이고, 자연은 종의 보존을 위하여 무수한 씨앗과 생식 충동의 강렬한 힘을 소진하면서 배려하고 있기 때문이다(382). 이와 반대로 개체는 자연에 대해서는 아무런 가치도 갖지 못한다. 무한한 시간과 공간 속에 있는 무한히 많은 가능적 개체들이 자연의 나라를 이루고 있기 때문이다. 자연은 필요하다면 언제나 개체를 저버릴 수 있다. 그러므로 개체는 가장 보잘 것 없는 우연에 의하여 파멸의 길로 들어선다. 자연 그 자체는 개체들이 아니며, 오직 이념들만이 본래의 실재성, 즉 의지의 완전한 객관성이라는 위대한 진리를 소박하게 드러내고 있는 것이다. 자연의 나라는 현상적으로 다양하고 무질서한 것처럼 보이지만 이처럼 보이지 않는 힘과 질서가 작용하고 있으며, 그 근원적인 근거는 바로 물자체로서의 의지인 것이다.

> 환등기가 비쳐내는 그림은 많이 있고 각양각색이지만, 이들 모든 그림이 보이게 되는 것은 단지 하나의 불꽃 때문이다. 이와 마찬가지로 서로 나란히 세계를 채우고 연속적 사건으로 발생하는 각양각색의 모든 현상들에서 현상하는 것은 오직 '하나의 의지'인

> 것이며, 만물은 이 의지가 가시적으로 되고 객관적으로 된 것으로, 이러한 전변 속에서도 의지는 여전히 움직이지 않는다. 의지만이 물자체이고, 객관은 모두 현상이며, 칸트의 말을 빌리면, 현상인 것이다. 이데아(플라톤)로서의 인간에 있어서 의지는 가장 명백하고 완전하게 객관화된 것이지만, 의지의 본질은 인간의 이념만으로는 표현될 수 없었다. 인간의 이념이 당연한 의의를 갖고 나타나기 위해서는, 그것만 다른 것으로부터 떼어내서 표현되는 것이 아니며 그 이하의 모든 형태의 동물이나 식물계를 거쳐, 무기물에 이르는 단계의 순서를 따라야만 했다. 이 모든 단계들이 있어서 비로소 서로 보충하여 의지의 완전한 객관화가 가능한 것이다. 나무의 꽃이 잎, 가지, 줄기, 뿌리를 전제로 하고 있는 것처럼 인간의 이념도 그런 단계들을 전제로 하고 있다. 이것들은 인간을 정점으로 하는 피라미드를 형성하고 있다(*Werke* I, *WWV1*, §28, S. 226).

쇼펜하우어는 이같은 자연의 합목적성과 유비적으로 신체 기관의 객관화 현상을 설명하고 있다. 다시 말하면 개별적인 행위나 그 조건들, 그리고 행위를 수행하는 신체와 그 신체를 성립하게 하는 과정 모두가 의지의 객관화에 속한다는 것이다. 그리하여 쇼펜하우어는 신체의 부분들이 의지를 실현하는 주요 욕망과 상응한다는 생각에서 신체 기관에 대한 목적론적 설명을 시도하였다. 치아와 목구멍과 같은 신체기관은 굶주림이 객관화된 것이고, 생식기는 성욕이 객관화된 것이며, 손과 다리는 포획 욕망이 객관화된 것이라는 것이다.

이상에서 우리는 쇼펜하우어의 의지형이상학에서 물자체로서의 의지가 표상으로서의 세계에 어떻게 그리고 어떤 방식으로 객관화되는가를 살펴보았으며, 이를 통하여 의지는 개별화의 원리에 의하여 자연세계 속에서 객관화되고 있는 사실을 파악할 수 있었다.

### 3) 삶의 의지와 고통으로서의 세계

현상 존재인 동시에 의지 존재인 인간의 독특한 지위는 칸트에서 뿐만 아니라 쇼펜하우어에서도 중요한 철학적 물음의 대상이 되고 있다. 인간에게 비추어진 표상으로서의 세계는 쾌락과 고통의 연속에 지나지 않으며, 그 때문에 인간은 부단하게 삶의 의지를 긍정하거나 부정하는 결단을 계속하지 않으면 안 된다. 따라서 우리는 이제 여기에서 삶의 의지가 세계 속에서 어떻게 자기 자신의 의도를 관철하고 좌절하게 되는가를 살펴보려고 한다. 이러한 주제는 윤리학뿐만 아니라 종교철학과 형이상학을 포괄하는 실천철학적 내용을 겨냥하고 있다.

쇼펜하우어에 의하면 물자체와 현상, 의지와 표상, 자유와 필연성이라는 거대한 대립은 특정한 통일점을 내포하고 있다. "모든 사물은 현상이나 객관으로서는 철저하게 필연적이다. 그러나 바로 그것 자체는 의지이며, 이것은 전적으로 그리고 모든 영원성에 대하여 자유롭다. 현상, 객관은 원인과 결과의 사슬에서 필연적, 불변적으로 규정되어 있으며 결코 중단될 수 없다"(*Werke I*, WWV1, §55, 396). 그러나 인간의 경우는 어떠한가? 쇼펜하우어에 의하면 인간은 자유로운 의지의 현상이면서도 동시에 자유로운 존재가 아니다(398). 인간은 의지의 자유로운 의욕이 이미 결정된 현상이기 때문에 언제나 이미 이유율의 지배하에 있지 않으면 안 되는 존재이다. “인간의 모든 본질은 의지이고 인간 그 자체는 이 의지의 현상에 지나지 않지만, 그러나 이 현상은 이유율을 주관에서도 인식할 수 있는 필연적인 형식으로 되어 있고, 이 형식은 인간의 경우에 동기의 법칙이라는 형태를 취하고 있다”(ibid). 현상과 의지, 필연성과 자유의 공존 가능성에 대한 논의는 칸트에 의하여 처음으로 논증되었다(399). 인간의 ‘예지적 성격’(intelligibler Charakter)은 물자체로서의 의지를 나타내지만 그 ‘경험적 성격’(empiricher Charakter)은 현상적 규정의 대상이 되었던 것이다(396). 따라서 인간은 이성적인 판단에 의하여 선택 결정을 할 수 있지만, 바로 그것 때문에 동기의 지배를 벗어날 수 없게 된다. 그러나 만일 인간이 개별적인 사물 그 자체에 대한 이유율에 지배된 모든 인식을 버리고 이념의 인식에 의하여 개별화의 원리를 간파할 경우에는, 물자체로서의 고유한 의지의 자유의 실제적인 출현(ein wirkliches Hervortreten der eigentlichen Freiheit des Willens als Dinges an sich)이 가능하게 될 것이다(414).

인간은 자연 속에 존재하므로 이유율의 지배를 받지만, 또한 동시에 그의 경험적 성격 속에는 예지적 성격, 즉 의지 자체도 구현되어 있으므로, 의지 자체의 결정적인 현상으로서 ‘의지의 가장 완전한 현상’(die vollkomenste Erscheinung des Willens)이라고 볼 수 있다(396). ‘세계 본질의 가장 적절한 반복’(eine völlig adäquate Wiederholung des Wesens der Welt)으로서 인간의 의지는 ‘세계의 순수한 반영’으로서 이념을 자기 자신의 본질의 분명하고 확실한 자기인식으로 파악할 수 있다. 그리하여 인간의 의지는 그러한 자기인식에 의하여 의지 자체의 포기와 자기부정도 가능하다는 사실이 드러난다(397). 따라서 자유는 물자체에만 속하는 것으로서 결코 현상 속에서 드러날 수 없는 것이지만, 그런 경우에는 현상 속에도 나타난다. 자유, 즉 이유율로부터의 독립은 물자체로서의 의지에 속하고 현상과는 모순되는 것이지만, 인간에게는 이 자유가 때에 따라서 현상에도 생길 수 있는 것이다. 현상 그 자체는 시간 속에 계속 존재하지만 자유는 현상의 근저에 존재하는 본질을 폐기하기 때문에 여기에서 현상과의 모순이 생기며, 그 때문에 바로 '성스러움과 자기부정의 현상'(die Phänomene der Heiligkeit und Selbstverleugnung)이 나타나는 것이다(397).

쇼펜하우어는 이제 두 세계의 공동 시민으로서 인간 존재의 독특한 위상에 근거하여 삶의 의지가 긍정되거나 부정되는 구체적인 계기를 밝힘으로써 삶 그 자체의 의미구조를 드러내고자 한다. 그는 이러한 작업을 통하여 고통으로서의 세계를 보여주려고 하였다. 이미 앞에서 밝힌 바와 같이 의지는 인식이 밝혀지는 모든 단계에서 개체로 나타난다(426). 그런데 개체의 지속은 '무한한 것의 유한한 부분'(endliche Teile eines Unendlichen und Grenzlosen)에 지나지 않으므로, 그 현존은 언제나 상대적인 언제와 어디에만 있고, '절대적인 언제와 어디'(absolutes *Wann* und *Wo*)는 없다. 그 개체의 고유한 현존은 현재에 있을 뿐이며, 그 현재가 아무 저지도 받지 않고 과거로 도피하는 것은 '죽음에로의 부단한 이행'(ein steter Übergang in den Tod)이며, '끊임없이 죽는 것'(ein stetes Sterben)이다(427). 따라서 우리의 신체적인 삶은 부단한 파멸과 죽음을 잠시 보류한 것에 지나지 않는다. 인간과 동물의 본질은 의욕과 노력에 있지만, 그것은 결국 근본적으로 해소할 수 없는 갈증과도 같은 것이다. 그러므로 '모든 의욕의 근본'(Basis alles Wollens)은 필요(Bedürftigkeit)와 결핍(Mangel), 즉 고통(Schmerz)이다(428). 따라서 인간은 본질적으로 그리고 근원적으로 고통 속에 있다. 의지의 가장 완전한 객관화로서의 인간은 모든 존재들 가운데서 가장 많은 욕망을 가지고 있다. “즉, 인간의 본질과 인간의 현존 자체는 그에게 벗어던질 수 없는 짐이다”([...] d.h. sein Wesen und sein Dasein selbst wird ihm zur unerträglichen Last. 428). 인간 그 자체는 철저하게 구체화된 의욕과 욕망이며 무수한 욕망더미인 것이다.

이러한 근거에서 쇼펜하우어는 삶을 비관주의적으로 규정하게 된다. 인간의 삶의 근본 특성은 그 누구도 참된 행복에 대한 소질을 가지고 있지 않으며, 오히려 근본적으로 수없이 많은 형태의 고뇌와 전적으로 불행한 상태에 있을 뿐이라는 사실을 선험적으로 확신하게 되었기 때문이다(443). 개인의 삶과 관련하여 말한다면, 모든 삶의 역사는 고뇌의 역사이고 비극이다(442). 삶은 어느 것이나 일반적으로 크고 작은 불행들의 연속이기 때문이다. 누구나 이 불행들을 될 수 있는 한 감추려고 하며, 자기 자신의 불행에 대하여 다른 사람들이 관심과 동정을 나타내 보이는 일 역시 극히 드물다. 그들은 자신들이 이러한 고통과 고뇌를 모면하는 것으로서 만족하고 있기 때문이다. 따라서 누구든지 그가 분별 있고 정직할 경우에 자신의 인생의 마지막 단계에서 다시 한 번 삶을 반복하는 것을 희망하지는 않을 것이며, 그보다는 오히려 완전한 무를 택하는 것이 더 낫다고 생각할 것이다.[12)]

---

12) “Was aber das Leben des einzelnen betrifft, so ist jede Lebensgeschichte eine Leidensgeschichte: denn jeder Lebenslauf ist in der Regel eine fortgesetzte Reihe großer und kleiner Unfälle, die zwar jeder möglichst verbirgt, weil er weiß, daß andere selten Teilnahme oder Mitleid, fast immer aber Befriedigung durch die Vorstellung der Plagen, von denen sie gerade jetzt verschont

그러나 대부분의 일상적인 사람들은 의지의 긍정을 통하여 자신의 삶을 현상적으로 유지하려고 한다. 쇼펜하우어가 말하는 "의지의 긍정은 인간의 삶을 보편적으로 채우고 있는 지속적인 의욕 그 자체가 어떤 인식에 의해서도 방해받지 않는 것이다" (Die Bejahung des Willens ist das von keiner Erkenntnis gestörte beständige Wollen selbst, wie es das Leben der Menschen im allgemeinen ausfüllt. 447). 건강한 신체의 존재는 욕구 그 자체와 여러 욕구의 충족을 겨냥하고 있으며, 개체의 유지(Erhaltung des Individuums)와 종족의 번식(Fortpflanzung des Geschlechts)으로 환원된다(448). 성욕의 충족 역시 삶에 대한 의지를 개체의 삶을 넘어서 긍정하는 것이다. 이것은 개체를 소모하여 새로운 삶으로 귀속시키는 것이며, 삶에 새로운 증서를 주는 것을 뜻한다(451). 여기에서 자연은 순진하다고 할 정도로 생식 행위(Zeugungsakt)의 내적 의미를 분명하게 보여준다. 자기 자신의 의식이나 격정적인 충동은 이러한 행위에서 '삶의 의지의 가장 결정적인 긍정'(die entschiedenste *Bejahung des Willens zum Leben*)이 여실히 나타나고 있는 사실을 보여준다(449). '의지 긍정의 상징'(das Symbol der Bejahung des Willens)은 바로 삶의 의지의 표현이며, 그것은 그리스의 남근상(Phallos)이나 힌두의 링가(Linga)와 같은 생식기(Genitalien)가 생명을 유지하고 시간에 무한한 삶을 보증하는 원리로서 작동하는 것과 같다(452). 그것은 다른 어떤 것보다도 인식의 지배를 받지 않고 있다. 생식은 생산하는 자의 삶의 의지를

---

sind, dabei empfinden müssen — aber vielleicht wird nie ein Mensch am Ende seines Lebens, wenn er besonnen und zugleich aufrichtig ist, wünschen, es nochmals durchzumachen, sondern, eher als das, viel lieber gänzliches Nichtsein erwählen"(*Werke* I, *WWV1*, §59, S. 444f).

결정적으로 긍정하는 표현이지만, 태어나는 자의 의지 근거는 반영되어 있지 않다. 따라서 생식은 모든 원인과 마찬가지로 그 특정한 곳(현상)에 나타난 기회 원인에 지나지 않는다. 그러나 물자체로서 생산하는 자의 의지와 탄생된 자의 의지는 다르지 않다. 물자체가 아니라 현상만이 개별화의 원리에 지배되기 때문이다.

자기 자신의 삶에 대한 긍정을 넘어서서 새로운 삶을 서술하는 것은 고통과 죽음이다. 고통과 죽음 역시 삶의 현상에 속하는 것이다. 그것은 새로운 삶을 긍정함으로써, 가장 완성된 인식능력에 의하여 수행되는 구원의 가능성이 열매를 맺을 수 없게 한다(450). 그러나 참된 인식(Erkenntnis)은 '의욕의 지양'(Aufhebung des Wollens), '자유를 통한 구원'(Erlösung durch Freiheit), '세계의 초극과 절멸'(Überwindung und Vernichtung der Welt) 등을 가능하게 한다(453). 삶의 의지의 부정을 가장 극적으로 보여주는 것은 바로 구세주의 자기희생이다. 사람들은 메시아의 희생에 참여함으로써 이 세상의 모든 죄로부터 구원을 받게 되는 것이다(450f). 쇼펜하우어는 그리스도의 죽음을 통한 기독교의 은총설에는 의지 부정의 원리가 들어 있으며, 이러한 사실에서 그것은 자기 자신을 부정하는 인도의 교설과 완전히 부합된다고 주장하였다(554). 이러한 기독교적 교의는 모든 형태의 필연성(자연의 나라)을 폐기하고서 의지 자체의 자유(은총의 나라)를 지향하는데 도움을 주었다.

삶의 의지의 긍정 또는 부정의 태도는 결정적으로 극단적인 악의(Bosheit)와 잔인함(Grausamkeit)으로 나타나거나 또는 도덕적 가치를 지닌 행위의 실현으로 연결될 수 있다. 전자는 삶의 의지를 무조건적으로 긍정하여 자기 자신의 쾌락과 행복을 추구하는 이기적인 행위가 극단화된 경우이고, 후자는 삶의 의지를 부정하여 타인의 행복과 고통에 동참하는 경우이다. 악의나 잔인성의 경우에 타자의 고통은 이미 자기 의지의 목적을 달성하기 위한 수단이 아니라 목적 그 자체로 설정된다. 악의와 잔인성을 추구하는 인간은 타인의 결핍과 불행을 통하여 희열을 느끼기 때문에 그들에게 적극적으로 고통을 주고자 한다. 타인의 불행과 고통을 통하여 자신의 결핍과 불행을 감소시키고자 하는 것이다(496). 이기심에서 나온 단순한 부정의나 또는 악의에서 나온 잔인한 행위는 악행을 저지른 바로 그 당사자 역시 악의를 가진 다른 사람에게 피해를 당할 수 있으며, 자신의 악행의 결과로 인하여 불행하게 된 타인을 바라보면서 양심의 가책(Gewissensbiß)이나 양심의 불안(Gewissensangst)을 느낄 수 있다(497). 그와 반대로 삶의 의지의 부정을 통하여 타인의 고통에 동참하는 자는 구원과 해탈의 경지로 나아갈 수 있다(509f). 타자를 위한 선행이나 사랑을 베풀고, 고결하게 행위함으로써 타인의 고뇌와 고통을 경감시킬 수 있기 때문이다. 자신의 고통과 타인의 고통을 일치시키는 자기 부정의 방식으로 그는 훌륭한 행위와 자선으로 나아갈 수 있다. 타인에 대한 모든 사랑은 동고이다(Alle Liebe(ἀγάπη, caritas) ist Mitleid, 510).[13]

---

13) 파두아 대학(Universität Padua) 철학교수인 프란코 폴피(Franco Volpi)는 쇼펜하우의 저작물에서 동고(同苦, Mitleid)에 대한 그의 주요 원고들을 발췌하여 2005년에 문고판으로 간행하였다.

Arthus Schopenhauer: *Über das Mitleid.* Hrsg. von Franco Volpi, München 2005. 그 주요 출처는 *Die Welt als Wille und Vorstellung.* Zweiter Band, Kapitel 46, Erster Band, §§65-67; *Ueber die Grundlage der Moral*, §§14-20; *Parerga und Paralipomena*, Zweiter Band, Kapitel VIII, §115이다.

그러나 어떻게 삶의 의지의 긍정만을 추구하는 이기적인 인간이 타인의 삶과 자신의 삶을 일치시킬 수 있는가? 이 물음은 형이상학과 윤리학의 관계 설정에 대한 문제이며, 이 글의 제5장에서 본격적으로 다루게 될 것이다. 쇼펜하우어는 도덕적 가치를 지닌 윤리적 행위의 가능성, 즉 자신의 삶의 의지를 부정하고 타인의 삶과 자신의 삶을 일치시킬 수 있는 존재론적, 형이상학적 가능 근거를 바로 개체화의 원리에서 찾으려고 하였다. 윤리적으로 가치 있는 모든 가능한 행위들, 즉 선의, 사랑, 덕, 의협심 등은 결국 삶의 의지의 부정에서 비롯되는 현상이며, 이는 개별화의 원리를 넘어서서 모든 존재들의 궁극적 근거, 즉 물자체로서의 의지가 하나의 존재라는 사실에서 간파할 수 있다. 이를 통하여 자신의 개체와 다른 개체의 구별이 없어지므로 타인에 대한 "헌신적인 사랑과 자기희생에 이르는 심정의 완전한 선성"(die vollkommene Güte der Gesinnung bis zur uneigennützigsten Liebe und zur großmütigsten Selbstaufopferung)이 가능하게 된다(514). 개별화 원리를 간파하여 의지가 그 모든 현상에 있어서 동일하다는 사실에 대한 직접적인 인식이 분명하게 성립될 경우에 그것은 다시 의지에게 영향을 주게 된다. 어떤 사람이 미망의 베일인 개별화의 원리가 없어져서 자신과 타인을 이기적으로 구별하지 않고, 타인의 고통에 대해서도 자기의 고통을 대하는 것과 똑 같은 관심을 갖고서 가장 자비로울 뿐만 아니라 자기 자신을 희생하여 남들의 많은 생명을 구원할 수 있고 언제나 스스로 자신을 희생하려고 한다면, 그 사람은 결국 모든 존재자들 중에서 자기를 자신의 가장 깊고 참된 자기로서 인식하는 것이기 때문에 모든 생물들의 무한한 고통까지도 자기 자신의 고통으로 간주하고 전 세계의 고통을 자신의 것으로 생각할 것임에 틀림없다. 따라서 삶의 의지를 부정하고 타인의 고통을 자신의 고통으로 일치시키는 자는 어떤 고통도 자기와 무관한 것으로 여기지 않게 되는 것이다(514f). 인식이 완전히 폐기되어 주관이 사라지게 되면 객관도 존재할 수 없으며 모든 세계 역시 무로 돌아가기 때문이다.

이와 동일한 근거를 쇼펜하우어는 베다의 한 구절, 즉 "이 세상에서 굶주린 어린 아이들이 어머니의 주위에 달려드는 것처럼, 모든 존재는 성스러운 희생을 갈망하고 있다."[14]에서 발견하였다. 희생(Opfer)이란 체념(Resignation) 자체를 의미하며, 인간 이외의 자연은 그 구제를 그 자신 사제이면서 동시에 희생제인 인간에게 기대해야 한다(517). 또한 모든 고통은 억제이며 체념에 대한 요구이기 때문에 신성화하는 가능적인 힘을 가지고 있다. 그리하여 큰 불행이나 고통 그 자체는 이미 어떤 외경심을 품게 하는 것이다(537). 지금까지의 모든 사상에 의하면 완전한 체념이나 성스러움이라고 불리는 삶의 의지의 부정은 언제나 의지의 진정제로부터(aus dem Quietiv des Willens) 생겨나는 데, 그것은 의지의 내적 투쟁과 살아 있는 모든 것들의 고통 속에서 표현되는 의지의 본질적인 허무성(wesentliche Nichtigkeit des Willens)에 관한 인식이다(539). 이처럼 참된 구원, 즉 생과 고통으로부터 해탈은 의지의 완전한 부정 없이는 생각할 수 없다. 의지의 현상은 무상하고 언제나 공허하며, 고통에 가득 찬 세계이다. 삶의 의지

---

14) "Gleich wie die Kinder hier hungrig sitzen rings um die Mutter her, so sitzen alle Wesen rings um das Feueropfer (Agnihotram) her." In: *Asiatic Research,* Bd. 8; Colebrooke, "on the Vedas"; der Auszug aus Sama-Veda steht auch in Colebrookes Miscellaneous essays Bd. 1, S. 88. Schopenhauer: *Werke I,* WWV1, §68, S. 517.

에게 주어진 삶의 확실하고 유일한 현실적 형식은 현재이며, 그러한 현상은 탄생과 죽음에 의하여 반복되고 있다. 인도의 신화로 표현한다면 윤회가 되는 것이다. 악인에게 그것은 개별화의 원리에 의하여 매개된 하나의 현상과 미망의 환영, 즉 거지의 달콤한 꿈에 지나지 않을 것이다. 그러나 참되고 순수한 사랑을 베푸는 자에게 그것은 완전한 구제와 해탈(die gänzliche Heiligung und Erlösung)로 인도하고, 체념(Resignation)의 상태는 부동의 평화(unerschütterliche Friede)와 '죽음에서의 최고의 희열'(die höchste Freudigkeit im Tode)로 충만하게 할 것이다(540).

의지의 자유는 의지가 그 본질 자체의 인식에 도달하여 이 인식에서 진정제를 얻고, 바로 그렇게 하여 동기의 작용에서 이탈하였을 때 비로소 나타난다(549). 그와 같은 자유의 가능성은 인간에게만 주어져 있다. 그것은 생의 전체를 개관하는 이성의 사려를 전제 조건으로 하기 때문이다. 자연의 나라는 필연성이고 은총의 나라는 자유이다(Notwendigkeit ist das Reich der Natur; Freiheit ist das Reich der Gnade. 549). 의지의 자기 지양은 모든 인식과 통찰이 자의에서 해방된 인식으로부터 출발한다. 그래서 모든 의욕의 거부, 자유에의 진입은 어떤 계획을 통하여 강제되는 것이 아니라, 인간 내부의 의욕과 의식의 가장 내면적인 관계로부터 갑자기 외부에서 날아온 것처럼 출현하는 것이다. 궁극적으로 우리들 앞에 남게 되는 것은 무일 뿐이다. 우리들의 본성은 삶의 의지이며, 그 의지가 바로 우리 자신이며 우리의 세계이다. 그러나 우리 자신의 궁핍과 속박으로부터 눈을 돌려서 세계를 초극한 사람들을 바라본다면 그들의 의지는 완전한 자기 인식에 도달하여 모든 것 속에서 자기 자신을 재발견하고, 그런 연후에는 다시 자기 자신을 자유롭게 부정하여 버린다. 의지가 스스로를 거부한 사람들에게 이 세계는 모든 태양과 은하수와 더불어 무인 것이다(557f). 세계는 나의 표상이지만, 그러나 그것은 결국 무에 지나지 않는다.

### 4) 정언명법과 최고선의 자체모순

칸트가 현상과 물자체를 구분하고 물자체의 존재를 불가지론적으로 상정한 데 반하여 쇼펜하우어는 물자체 대신 의지로 파악하였다. 그는 우선 칸트의 물자체와 현상의 구분을 인정한다. 그러나 쇼펜하우어에 의하면 우리는 현상에 의거하여 세계를 인식하는 데 그치지 않고 세계를 체험하며, 표상뿐만 아니라 의지 자체도 가지고 있다. 우리는 이러한 의지를 가지고서 사물 그 자체로서의 세계와 조우하게 된다. 우리들 자신이 의지이며, 우리의 삶 전체 역시 체험이자 의지이다. 우리의 신체는 의지가 객관화된 것에 지나지 않는다.

의지는 수많은 개별적인 현상 속에서 자신을 드러내고자 한다. 그러나 우리가 실제로 보는 것은 의지가 아니라 현상이며, 신체의 운동은 의지의 작용에 대응하는 현상이다. 우리가 바라보는 신체는 현상이고 그 현상의 실재가 바로 의지인 것이다. 의지는 시간과 공간과 관계없기 때문에 충족이유율에 저촉되지 않는다. 쇼펜하우어는 내 자신이 하나의 개체라는 생각은 일종의 환각이며, 실재하는 모든 것은 자연의 전 과정 속에 있는 하나의 큰 의지라고 주장하였다. 쇼펜하우어는 칸트의 물자체에 해당하는 본체계가 삶에의 맹목적인 의지나 혹은 근원적인 의지의 세계이며,

그것이 바로 개체화의 원리(시간과 공간)를 넘어서 있는 근원적인 일자라고 보았다. 따라서 그는 주체의 시각과 인식을 가능케 하는 표상은 근원적인 의지가 드러난 현상에 지나지 않는 것으로 보았다.

도덕성의 기초를 증명하는 것은 매우 중요한 철학적 과제이며, 일반적으로 형이상학과 밀접한 관계를 가지고 있다.[15] 중세 이후 전통신학에서는 도덕의 기초를 신의 의지에서 정초하는 것이 일반적인 현상이었다. 그러나 도덕적 행위가 위협과 보상에 대한 약속에서 이루어진다면 그것은 이기주의와 다를 바가 없을 것이다. 쇼펜하우어는 당시 사변신학에 기초한 윤리학의 정초 작업이 근본적으로 이기주의에서 탈피하지 못한다는 사실을 지적하면서, 지금까지의 것과는 전혀 다른 윤리학의 새로운 정초를 시도하고자 하였다(*Werke* III, *GM*, §2, 639). 그가 칸트의 윤리학을 비판 대상으로 삼았던 것은 도덕을 정초하려는 칸트의 시도가 그 당시로는 혁명적인 것이었으며 가장 최근의 것이었기 때문이다(641). 칸트 역시 도덕성의 최상 원칙을 찾으려고 시도했던 것이 사실이다.[16] 그러나 쇼펜하우어는 칸트의 실천이성과 정언명법

---

15) 쇼펜하우어의 칸트 윤리학 비판은 1840년 1월 덴마크 왕립 학술원이 제시한 현상 과제에 대한 논문 『도덕의 기초에 대하여』(*Über die Grundlage der Moral*)에서 본격적으로 거론되었다. 이 논문은 1839 노르웨이 왕립 학술원 수상 논문 『의지의 자유에 대하여』(*Über die Freiheit des Willens*)와 함께 『윤리학의 두 가지 근본 문제』(*Die beiden Grundprobleme der Ethik*)로 1840년에 출판되었으며 재판은 1860년에 간행되었다. 덴마크 왕립 학술원이 제시한 문제는 "도덕의 근원과 기초를 의식(혹은 양심)에 직접적으로 놓여 있는 도덕성의 이념과 이 이념에서 나오는 도덕적 기본 개념들을 분석하는 데서 찾을 것인가, 아니면 다른 어떤 인식 근거에서 찾을 것인가?"로서 쇼펜하우어의 답변은 페미니즘 윤리학의 정초 근거를 지지하는데 결정적인 논점을 제시하고 있다.

16) Kant, Immanuel: *Grundlegung zur Metaphysik der Sitten*. Riga 1785, S.

은 전적으로 부당하고 근거 없이 날조된 가정들로 이루어져 있으며, 따라서 윤리학의 견고한 기초가 결여되어 있다고 혹평하였다(642).

칸트의 의무 윤리학은 최고의 이성적인 존재가 반드시 준수해야할 명령을 형식화하고자 한다. 칸트는 경험적 사실에 기초한 행복주의를 넘어서서 자유와 당위에 근거한 도덕 체계를 수립하고자 하였다. 따라서 그의 윤리적 원칙은 선험적이거나 형이상학적인 것으로 나타난다. 즉 그는 현상적인 사물의 질서에 따르지 않고 자발적으로 독자적인 질서를 수행하는 이성에 근거하여 선천적 사실로서의 당위와 정언명법을 정초하고자 한 것이다. 정언명법은 아무런 내용적 규정도 담고 있지 않은 순수한 형식으로서의 의무 규정을 절대화하고 있다.

그러나 쇼펜하우어는 도덕성을 이성적 활동에서 찾으려고 하지 않았으며, 의무나 당위의 문제로도 보지 않았다. 그는 칸트 윤리학의 형식주의를 정면으로 거부하면서 정언명법이 위장된 신학 개념이라고 주장한다. 무신론자인 쇼펜하우어의 눈에 비친 칸트의 도덕철학적 언사들은 성서에 나오는 절대존재를 가정하는 동시에 그로부터 나오는 절대적인 명령과 유사한 것이었다. 이러한 사실로부터 그는 신이 존재하지 않는다면, 우리는 절대적이고 보편적인 정언명법 그 자체를 믿을 수 없을 것이라고 생각하였다. 칸트의 정언명법이 가능하기 위해서는 인간이 아닌 완전한 이성 존재를 전제하지 않으면 안 될 것이다.

이처럼 쇼펜하우어는 칸트 윤리학이 그 정초 과정에서부터 선결 문제 요구의 오류(petitio principii, Erschleichung des Beweis-

---

XIII.

grundes)를 범하고 있다고 비판한다. 그의 주장에 의하면 칸트 자신은 정언명법을 정당화하기 위해서 어떤 증명 절차도 제시하지 않았다. 우리의 행위가 복종해야 할 법칙들이 있다고 할 경우에 그러한 법칙들이 어떻게 정당성을 갖게 되었는가에 대한 충분한 설명이 결여되어 있다는 것이다. 칸트는 그런 절차 없이 순수한 도덕법칙이 있다고 가정함으로써 선결 문제 요구의 오류에 빠졌다는 것이다. 특히 그런 도덕법칙이 절대적 필연성을 가져야 한다고 주장할 경우에 문제는 더욱 더 심각해진다는 것이다(646f). 칸트가 제시한 "너는 마땅히 해야 한다"(Du sollt)는 법칙은 증명 없이는 철학적 윤리학의 영역으로 들어올 수 없으며, 그렇지 않을 경우에 그것은 신학적 도덕에 불과하다는 것이다. 쇼펜하우어에 의하면 칸트 윤리학에서 제시된 선천성, 의무, 법칙 등의 개념들이 바로 그런 경우에 해당된다. 쇼펜하우어는 법칙은 반드시 상벌 체계와 결부되었다는 로크의 주장[17]에 기대어 절대적 당위나 무조건적 당위는 정언적일 수 없으며, 따라서 그 주장들은 형용모순(contradictio in adiecto)을 범한다고 지적하였다(649). 그는 칸트의 윤리학이 근거를 두고 있는 무조건적 당위 개념들이 『실천이성비판』에서의 최고선 규정과 요청이론을 통하여 사실상 보상체계를 요구하는 사실에서 자가당착적이라고 비판하였다.[18] 그것은 칸트 자신이 회피하고자 했던 행복주의에 다름 아니며, 그 때문에 그의 윤리학적 전제들은 상벌과 관련된 이기주의적 행

17) Locke, John: *On Understanding*, book 2, 33, §6.

18) 오르트룬 슐츠의 학위논문 『쇼펜하우어의 희망 비판』은 칸트의 최고선과 종교 개념, 특히 신과 불멸성 개념 등, 희망철학의 문제들을 쇼펜하우어의 관점과 비교하여 다루고 있다. Schulz, Ortrun: *Schopenhauers Kritik der Hoffnung*. Frankfurt 2002.

위 규정에 지나지 않게 되었다는 것이다.

쇼펜하우어는 칸트의 의무(Pflicht) 개념 역시 신학적 도덕의 형식을 탈피하지 못하였다고 비판한다. 칸트는 의무가 "법칙에 대한 존경심에서 나오는 행위의 필연성"(die Notwendigkeit einer Handlung aus Achtung vor dem Gesetz)으로 생각하였다(650, 661). 그러나 쇼펜하우어는 의무는 책임을 전제하는 동시에 권리를 수반하는 개념으로서, 철학적 윤리학에서 그와 같은 명령적 형식들이 특별한 증명 절차를 거치지 않고 암묵적으로 도입될 수 없다고 지적하였다(650). 그는 신의 의지에 대한 신앙을 바탕으로 "너는 해야 한다"와 "그것은 너의 의무이다"라고 할 경우가 성립할 수 있을지 모르지만, 철학적 윤리학에서는 불가하다는 것이다. 쇼펜하우어에 의하면 무조건적 의무는 자율성에서 비롯되는 것이 아니라 복종의 의무이다. 그와 같은 의무 개념은 원천적으로 법칙에 대한 복종심에서 나오기 때문에 자율성과는 관계가 없다는 것이다.

또한 쇼펜하우어는 칸트 윤리학의 취약성은 윤리학의 정초 과정에서 경험적인 것이 철저하게 배제되는 사실에 있다고 보았다. 칸트는 실천적인 규칙은 무조건적이고 정언적 실천명제로서 어떤 순수한 또는 경험적 직관으로부터 정초되지 않는 선천적 종합명제라고 규정하였다. 따라서 그의 도덕법칙은 "경험적인 사실이 아니고 순수이성의 고유한 사실"(kein empirisches, sondern das einzige Faktum der reinen Vernunft)로서 주어진 것이다(655).[19] 쇼펜하우어는 이와 같은 칸트의 도덕법칙은 그 자체로서 인간이 아니라 가능한 모든 이성적 존재에게 타당한 것이어야 한다는 사실

19) Kant, Immanuel: *Kritik der praktischen Vernunft*. Riga 1788, A55f.

에서 단지 형식에 지나지 않으며, 따라서 그러한 도덕법칙은 직접적인 의식의 사실일 수도 없으며(665) 아무런 실질적인 규정이나 실체도 갖지 못한다고 비판한다. 쇼펜하우어는 칸트가 타인의 고통에 대하여 마음에서 우러나오는 동고에 기초하는 것보다 의무의 이행이라는 사실에서만 도덕적인 행위가 가능하다고 주장한 사실에 대해서도 반대한다(660). 칸트는 『실천이성비판』에서 "동고나 온정어린 배려조차도 의무가 무엇인가라는 숙고에 앞서서 의지의 규정근거가 된다면 그것은 호의를 가진 사람에게도 부담이 되고, 그들이 숙고한 준칙들도 혼란에 빠지게 되어, 그런 것들에서 벗어나 오직 입법적인 이성에 복종하려는 소망을 일으킨다"[20]라고 말하였다. 여기에서 칸트는 행위의 도덕적 가치는 의도가 아니라 행위자가 따르고 있는 준칙에 있다고 보았다. 그러나 쇼펜하우어는 칸트의 의견에 반대하여 "의도만이 유일하게 행위의 도덕적 가치나 무가치를 결정하기 때문에, 동일한 행위가 그 의도에 따라서 비난받거나 칭찬받을 가치를 가질 수 있다"고 주장하였다(661).

쇼펜하우어는 칸트가 제시했던 행복과 도덕성의 비례적인 결합으로서의 최고선 또는 절대선(absolutes Gut, summum bonum)의 개념 역시 자체모순을 범하고 있다고 비판하였다. 철학적인 학설은 모순율이나 충족이유율을 통하여 행복을 덕과 동일한 것 또는

---

20) Kant, Immanuel: *Kritik der praktischen Vernunft*. Riga 1788, A213. Selbst dies Gefühl des Mitleids und der weichherzigen Teilnehmung, wenn es vor der Überlegung, was Pflicht sei, vorhergeht und Bestimmungsgrund wird, ist wohldenkenden Personen selbst lästig, bringt ihre überlegte Maximen in Verwirrung, und bewirkt den Wunsch, ihrer entledigt und allein der gesetzgebenden Vernunft unterworfen zu sein.

덕의 결과로 규정하려고 하지만, 그것은 언제나 궤변적일 수밖에 없다.[21] 교의론에 기초를 둔 학설, 즉 신학적 윤리학에서는 경험적인 세계와는 전혀 다른 세계를 내세워서 양자를 결합시키려고 하였다. 그러나 덕의 내적 본질은 행복, 즉 건강이나 삶에 대한 노력과는 반대되는 방향을 취하는 노력으로 나타날 것이다(493). 왜냐하면 인간에게 더 이상 새로운 욕구가 일어나지 않는 완전한 만족이란 존재할 수 없기 때문이다. 이 때문에 쇼펜하우어는 절대선이나 최고선보다는 그리스어의 τελος(종국, 목표)나 라틴어의 finis bonorum(모든 선의 종국)이라는 말이 더 적절한 표현이라고 본다(494). 최고선은 이기적인 인간에게 더 이상 부합되지 않는 개념이다. 이기적인 인간의 삶의 의지는 매우 격렬하기 때문에 그 자신의 신체의 긍정을 훨씬 넘어선다. 충족이유율에 의거한 개별화의 원리에 사로잡혀 있는 이기적인 사람은 자기 자신과 타자를 전적으로 구별한다. 이처럼 대단한 의욕의 격렬함(die grosse Heftigkeit des Wollens)은 즉자대자적이고 직접적인 고뇌의 부단한 원천이다. 모든 의욕은 결핍, 즉 고뇌에서 생기기 때문이다.

21) "선이란 본래 상대적인 것이다. 따라서 절대선(Absolutes Gut)이란 하나의 모순이다. 최고선(summum bonum)도 같은 것을 의미하며, 그것은 본래 거기에서 후에 새로운 의욕이 일어나지 않는 의욕의 궁극적인 만족이며, 그것이 성취되면 파괴되지 않는 만족을 주는 궁극적인 동기이다. [...] 의지는 어떤 만족에 의해, 끊임없이 새로 의욕하는 것을 그만 둘 수는 없는 것이고 또 시간이 끝날 수도 시작할 수도 없다. 의지에게는 그 노력을 완전히 그리고 영원히 채워주는 영속적인 충족이라는 것은 존재하지 않는다. 의지는 다나이데스 자매들의 물통과도 같다. 의지에게는 최고의 미도 절대적인 선도 존재하지 않는다. 언제나 잠정적인 선이 있을 뿐이다. 그러나 옛날부터 사용되어온 이 말을 완전히 버리지 않고, 말하자면 퇴직자로서 여기에 명예직을 주는 것이 좋다면 비유적이고 상징적으로 의지의 완전한 극기와 부정, 참된 무의지성을 절대적인 선, 최고의 선이라고 부르는 것이 좋을 것이다"(*Werke* I, *WWV1*, §65, S. 493-494).

사물의 인과적인 연관으로 인하여 대개의 욕망은 실현되지 않은 채로 있으며, 따라서 의지는 만족되기보다는 저지되는 경우가 더 많다. 그 때문에 의욕은 언제나 커다란 고뇌를 동반할 수밖에 없게 되는 것이다(495).

더 나아가서 쇼펜하우어는 합리적인 행위가 언제나 도덕적으로 선한 행위는 아니라고 생각하였다. 절대적 당위의 정언명법은 존재할 수 없으며 이기적 동기에 근거하는 가언명법만이 가능하다고 본다. 삶의 의지가 드러난 개개인은 물질적이자 이기적인 성향을 드러내고 있는 사실에서 출발하기 때문이다. 그러나 그는 가언명법은 윤리적 기초 개념이 될 수 없으며, 타인의 존재를 자기 자신과 같이 여기는 데서 생겨나는 동고(同苦, Mitleid)야말로 도덕적 정서의 기본이라고 주장하였다. 그러나 칸트의 경우에 의지의 모든 경험적 동인을 거부함으로써 법칙을 유지하는 틀은 합법칙성(Gesetzmäßigkeit)이라는 그 형식에 불과하다. 그리고 이 합법칙성은 모든 것에 대한 적절성으로서 객관적 타당성(Allgemeingültigkeit)에 다름 아니다. 따라서 칸트 윤리학에서 법칙을 구성하는 재료(Stoff)는 보편성 이외의 다른 것이 아니다(668). 여기에서 쇼펜하우어는 칸트 도덕원칙의 본래적인 정초(Begründung des Moralprinzips Kants), 즉 "모든 이성존재를 위한 보편적 법칙이 될 것을 네가 동시에 원할 수 있는 준칙에 따라서 행위하라"(Handle nur nach der Maxime, von der du zugleich wollen kannst, daß sie allgemeines Gesetz für alle vernünftige[n] Wesen werde)는 정언명법[22]의 제1형식은 사실상 근원을 밝힐 수 없게 된다고 지

22) 피히테는 칸트의 정언명법을 '절대적 요청'(ein absolutes Postulat)이라고 불렀는데(Fichte: *Grundlage der gesamten Wissenschaftslehre*. Tübingen 1802, S.

적하면서, 도덕법칙의 정초를 가능하게 하는 것은 현실적으로 동기의 법칙에 이끌리는 이기주의(Egoismus)라고 지적한다(669). 그는 전적으로 경험적이고 이기적인 동기가 모든 경우에 인간의 행위를 규정한다고 주장하였다. 쇼펜하우어에 의하면 "이기주의는 모든 의지 작용을 위해 언제나 준비돼 있고 근원적이며 살아있는 가장 가까이 있는 규범이다"(684). 이기주의만이 의지를 결정하고 보편적 법칙으로서의 인간애와 정의를 선택할 수 있다. 어떤 사람이 보편적으로 지켜야할 준칙을 따르기로 결정하는 것은 사람들이 이 규칙을 지키지 않을 경우에 그 자신이 입게 될 피해를 사전에 예측하여 이를 회피하려는 이기심에서 비롯되기 때문이다. 사기, 불친절, 약속 위반, 폭력 등을 회피하려는 것 역시 자기 자신을 그와 같은 해악으로부터 보호하기 위한 이기주의의 소산이라는 것이다(684f). 그리하여 쇼펜하우어는 도덕법칙이 순수이성의 사실이라는 칸트적 규정을 공허하게 만들어 버렸다.

쇼펜하우어는 칸트가 제시한 정언명법의 제2형식, 즉 "네가 인류를 너의 인격에서나 다른 모든 이의 인격에서 언제나 동시에 목적으로 대하고, 결코 단순한 수단으로 이용하지 않도록 행위하라"(Handle so, daß Du die Menschheit sowohl in deiner Person als in der Person eines jeden andern jederzeit zugleich als Zweck, niemals bloß als Mittel brauchest)[23]는 명제에서 '목적 그 자체'로서의 인간과 그 존엄성에 대한 개념을 철저하게 비판한다(689f). 쇼펜하우어에 의하면 목적은 의지 작용의 직접적 동기이고 수단은

---

240. Anmerkung 1), 쇼펜하우어는 이것이 선결 문제 요구의 오류를 미화하기 위한 표현이라고 비판했다(668).

23) Kant, Immanuel: *Grundlegung zur Metaphysik der Sitten*. Riga 1785, S. 66f.

간접적 동기이다(690). 따라서 "인간, 그리고 모든 이성적 존재는 목적 자체로서 존재한다"는 명제는 형용모순을 범하고 있다는 것이다. '목적 자체'는 '절대적 당위'와 똑 같은 문제를 야기하고 있다. 그는 '가치'나 '목적'이 될 수 있는 대상은 의지가 특정한 목표를 성취할 경우에만 인정된다고 보았다. 목적 자체는 의지를 상정하지 않고서는 존립할 수 없기 때문이다. 쇼펜하우어는 동물들과 같은 이성 없는 존재는 사물이고, 따라서 목적이 아닌 수단으로 취급되어도 된다는 칸트의 명제를 윤리학에 대한 모독이라고 비판한다.

쇼펜하우어는 정언명법의 제3형식인 의지의 자율성에 대해서도 비판한다(694). 칸트는 의무를 수행함에 있어서 의지는 모든 관심으로부터 자유로워야 한다고 보았다. 보편적으로 입법하는 의지는 어떤 관심에도 근거하지 않아야 된다는 것이다. 그러나 쇼펜하우어는 동기 없는 의욕이나 어떤 관심도 없이 의욕하는 의지는 존재할 수 없다고 비판한다.

칸트는 목적의 왕국이라는 도덕적 유토피아를 제시하면서 의지의 자율성(Autonomie des Willens)이나 인간의 존엄성(Würde des Menschen) 개념을 추구하고자 하였다(694f). 칸트는 이 개념들을 '무조건적이고 비교할 수 없는 가치'로 규정하였으나, 쇼펜하우어는 이 역시 형용모순에 지나지 않는다고 비판하였다(695). 비교할 수 있는 상대성이 가치 개념의 본질을 이루고 있기 때문에 비교불가능한 절대적이고 무조건적인 가치 규정은 최대공간이나 최대수와 같이 공허한 개념에 불과하다는 것이다(696).

결론적으로 쇼펜하우어는 칸트 윤리학에서 절대적 당위, 무조건적 의무 등의 개념들은 형용모순에 지나지 않는다고 보았다.

칸트에서 정언명법이라는 도덕법칙은 증명 절차 없이 무조건적으로 제시되었으며, 따라서 그것은 신학적 윤리학의 차원을 벗어날 수 없으며, 이 경우에 도덕법칙에 대한 의무는 더 이상 의무가 아니고 복종에 지나지 않는다. 따라서 그는 칸트에서 윤리학의 원칙(Prinzip)을 정초(Fundament)하는 문제는 아직 해결되지 않았다고 본다. 쇼펜하우어에 의하면 도덕, 즉 실천윤리란 개개인의 경험적인 실제행위와 관련된 것이며, 따라서 윤리학 역시 경험적인 것으로부터 정초되어야 한다고 보았다. 도덕의 문제는 선천적으로 주어진 당위의 문제가 아니라 경험적 행위 사실에 기초한 인식의 문제인 것이다. 그리하여 쇼펜하우어는 가장 단순하고 순수한 윤리학의 원칙을 "누구도 해치지 말라. 오히려 네가 할 수 있는 한, 모든 이를 도우라!"(Neminem laede, imo omnes, quantum potes, iuva! Verletze niemanden, vielmehr hilf allen, soviel du kannst!)는 명제로 확정하였다(663).

이런 사실들에서 쇼펜하우어는 "칸트의 윤리학이 본질적으로 신학적 도덕의 전환이고 매우 추상적이고 외견상 선천적으로 보이는 형식들로 위장한 것"이라고 규정하였다(698). 칸트의 신학적 도덕은 최고선과 실천이성의 요청, 그리고 도덕신학에서 그 절정에 이른다는 것이다.

### 5) 윤리학의 새로운 정초 근거

쇼펜하우어는 도덕을 이성과 법칙에 근거하여 정초하려는 칸트의 시도에 반대하여 윤리학의 정초 근거를 동고에서 찾으려고 하였다. 칸트의 윤리학 정초는 쇼펜하우어의 시대까지 약 60년 동안 확고한 기초로 여겨져 왔지만 그것은 쇼펜하우어 자신이 보기에 부당한 가정과 신학적 도덕의 변장으로 이루어진 것이었다. 그러나 쇼펜하우어는 칸트와 같은 방식으로 정의(Gerechtigkeit)와 인간애(Menschenliebe)를 자극할 수 없다고 보았다(*Werke* III, *GM*, 716). 또한 그는 지난 2천년 동안 도덕의 정초를 위한 모든 시도들이 도덕이 종교에서 유래하고, 도덕과 종교는 국가조직과 입법의 불가피한 결합을 보충하기 위한 것이며, 따라서 사물이나 인간의 본성에 기초하는 자연적인 도덕의 기초를 마련하는 것이 불가능하다는 회의주의적 태도에 대해서도 비판적으로 지적한다(717f). 그는 지금까지 도덕의 토대로 제시되었던 양심(Gewissen)의 존재에 대해서도 인간의 공포(Menschenfurcht), 자연신론(Deisidaimonie), 편견(Vorurteil), 허영심(Eitelkeit), 습관(Gewohnheit)의 복합물에 지나지 않는다고 보았다. 그리하여 양심에 대한 압박(Gewissenszwang)이나 양심의 자유(Gewissensfreiheit)조차도 가짜 양심(conscientia spuria, ein unechtes Gewissen) 앞에서는 무기력해질 수밖에 없으며, 이로 인하여 본래적으로 존재하는 선천적인 양심의 실재성에 대한 회의가 시작되었다(722-724). 쇼펜하우어의 시도는 윤리학에 대한 칸트식의 보편주의적 정초나 피론식의 회의주의적 태도 모두를 부정하고 인간과 사물의 자연적 본성에 순응하여 윤리학의 새로운 정초 근거를 모색하고자 한다.

쇼펜하우어는 윤리학이 어떻게 행동해야 하는가를 보여주는 당위의 개념, 즉 명령형식으로서의 윤리학은 신학적 도덕에서만 타당할 수 있으며, 따라서 철학적 윤리학의 영역에서는 아무런 가치도 없다는 사실을 각인시킨다(726). 그는 이제 도덕적 관점에서 인간의 다양한 행위 방식을 해석하거나 설명하고 마지막 근거를 찾는 작업은 오직 경험적 방법에 의해서만 가능하다고 보았다. 이를 통해서만 우리가 참된 도덕 가치를 인정해야 하는 자발적인 정의(freiwillige Gerechtigkeit), 순수한 인간애(reine Menschenliebe), 그리고 진정한 고결함(wirklicher Edelmut)에 의한 행위가 존재하는가를 검토할 수 있다는 것이다.

쇼펜하우어는 인간의 주된 근본 동인은 현존재와 행복에 대한 갈망, 즉 이기주의에 기초한다고 보았다(727f). 인간은 절대적으로 자신의 현존재를 유지하려고 하고 불쾌감과 결핍을 포함한 모든 고통에서 벗어나려고 할 뿐만 아니라 가능한 한 최대의 행복과 누릴 수 있는 모든 쾌락을 추구한다. 이기주의는 “나를 위해 모든 것을, 남을 위해서는 아무것도”(Alles für mich, und nichts für die anderen)라는 모토에 근거한다. 인간은 자신의 이기주의적 열망에 대항하는 모든 것에 대하여 기분이 상하게 되고 분노와 원망의 마음을 갖게 된다. 이처럼 인간의 모든 행위는 이기주의에서 나오고 인간의 행위 목표 역시 여기에서 비롯되기 때문에 쇼펜하우어는 인간의 행위에 대한 모든 설명은 언제나 그리고 반드시 이로부터 시작되어야 한다고 주장하였다. 사람은 누구든지 자신만을 실재적인 것으로 여기고 타인은 어느 정도까지 단순한 환상으로 간주한다. 쇼펜하우어는 그 이유를 자기 자신은 직접적으로 주어졌지만 타인은 표상을 통하여 간접적으로 주어지기 때문이라고 보았다. 모든 객관은 주관의 표상으로서만 존재하기 때문에, 각자에게 그 자신은 모든 세계이자 유일한 세계이며, 바로 세계의 중심이기도 하다. 객관적 관점에서 각각의 개인은 인류 전체 인구수 중의 하나에 불과하지만, 주관적 관점에서 보면 그들 각각은 세계 그 자체이다. 따라서 소우주로서의 한 개인의 죽음은 곧 그의 모든 세계가 그의 죽음 속에서 사라지게 되는 이른바 세계의 파멸을 의미하게 된다.

그러나 이와 같은 이기주의의 무덤에서 삶에의 의지가 싹틀 수 있다는 것은 분명 하나의 역설이다. 쇼펜하우어는 이기주의적 인간이 만일 다른 사람을 도우려 하는 것은 기적 같은 일로서 찬사를 받게 될 것이라고 강조하였다(729). 쇼펜하우어는 이기주의로부터 국가질서를 이끌어냈던 홉스의 리바이어던 가설을 출발점으로 삼게 된다. 홉스에 의하면 인간은 자연상태에서 이기심이 시키는 대로 행동하기 때문에 '만인에 대한 만인의 투쟁'(bellum omnium contra omnes, der Krieg aller gegen alle. Hobbes: Leviathan I, 13)을 유발할 것이라고 가정하였다. 물론 이기주의는 범죄와 비행을 일으킬 수 있으나 그로 인하여 생겨난 타인의 피해와 고통은 단순한 수단이지 아직 목적 그 자체는 아니다. 그러나 악의와 잔인성은 타인의 고뇌와 고통이 목적 자체이고 그 목적의 성취는 향유이기 때문에 도덕적 타락의 극단적 형태를 구성한다. 이로부터 "누구도 돕지 마라. 네게 바로 도움이 된다면 (그러므로 여전히 제한적으로) 오히려 모든 이를 해쳐라"(Neminem iuva, imo omnes, si forte conducit, laede!)라는 극단적 이기주의의 준칙(Maxime des äußersten Egoismus)과 "네가 할 수 있는 한, 모든 이를 해쳐라"(Omnes, quantum potes, laede!)라는 악의의 준칙(Maxime der Bosheit)이 제시된다(732). 동물적인 이기주의로부터는 탐욕(Gier), 폭식(Völlerei), 호색(Wollust), 사리사욕(Eigennutz), 인색(Geiz), 욕심(Habsucht), 불의(Ungerechtigkeit), 냉혹(Hartherzigkeit), 자랑(Stolz), 교만(Hoffart) 등이, 그리고 악마적인 비열함(Gehässigkeit)으로부터는 시기(Mißgunst), 질투(Neid), 간계(Überwollen), 악의(Bosheit),

남의 불행을 기뻐하는 마음(Schadenfreude), 넘보는 호기심(spähende Neugier), 비방(Verleumdung), 오만(Insolenz), 뻔뻔함(Petulanz), 증오(Haß), 분노(Zorn), 배반(Verrat), 술책(Tücke), 복수심(Rachsucht), 잔인함(Grausamkeit) 등이 도출된다. 이기주의는 자기의 목적을 반드시 추구하므로 이기주의를 방치할 경우에 무수한 이기적 개인들의 삶은 모두에게 재앙이 될 것이다. 그리하여 반성적 이성은 상호간의 힘에 대한 상호간의 두려움을 해소하기 위하여 국가조직을 고안하게 된 것이다.

그렇다면 도덕적인 가치를 지닌 행위 기준은 무엇일까? 이 물음은 앞서 제기된 바 있는 정의와 인간애와 고결함과 관용에 입각한 행위가 경험적으로 존재하는가라는 물음에 대한 답변을 전제로 하고 있다(734). 그러나 모든 행위는 그 결과로서의 행동만 드러나고 그것을 자극한 동기는 드러나지 않기 때문에 이 물음은 순수하게 경험적으로 해명될 수 없다는 어려움에 봉착하게 된다. 따라서 쇼펜하우어는 이 물음에 대하여 소극적이고 부정적인 방식으로 접근하고자 하였다. 그는 도덕적 행위를 이기적 동기가 개입되지 않은, 즉 사리사욕적 동기들이 배제된 행위라고 규정한다. "그러므로 모든 이기적인 동기 부여의 부재가 도덕적 가치를 지닌 행위의 기준인 것이다"(Die Abwesenheit aller egoistischen Motivation ist also das Kriterium einer Handlung von moralischem Wert. 735). 이어서 그는 진정한 도덕적 가치를 지닌 모든 행위의 근거에 놓인 참된 동인들을 증명하고자 한다(737). 그는 먼저 증명에 요구되는 몇 가지 전제들, 또는 원리(Axiomata)로 여겨질 수 있는 가정들에 대하여 언급한다. 그것은 첫째로 어떤 행위도 충분한 동기 없이 일어나지 않는다. 둘째로 행위자의 특성에 충분한 동기가 부여된 행위는, 더 강력한 반대동기가 그 불이행을 필연적인 것으로 만들지 않는 한에서, 일어나지 않을 수 없다. 셋째로 의지를 움직이는 것은 가장 넓은 의미에서 쾌와 고통 일반이다. 넷째로 모든 행위는 쾌와 고통을 그 최종 목적으로 받아들이는 존재자에 관련된다. 다섯째로, 이 존재자는 행위자 자신이거나 타인이다. 여섯째로 그 최종 목적이 행위자 자신의 쾌와 고통인 모든 행위는 이기적 행위이다. 일곱째로 여기에서 행위에 언급된 모든 것은 그와 같은 행위들의 불이행에 대해서도 타당하다. 여덟째로 이기주의와 행위의 도덕적 가치는 서로 완전히 배타적이다. 아홉째로, 어떤 행위의 도덕적 의미는 오직 그것의 타인에 대한 관계에 있으며, 이 관점에서만 그 행위는 도덕적 가치를 갖거나 비난받을 수 있다.

이런 가정들에서 모든 행위나 불이행에 최종 목적의 근거로서 제시되는 쾌와 고통은 행위자 자신의 것이거나, 그 행위에 수동적으로 관여된 어떤 다른 사람의 것이라는 사실이 확정된다(738). 전자의 경우는 반드시 필연적으로 이기적이다. 행위자가 자신의 쾌와 고통을 목적으로 행위한 경우에는 이기적이고, 따라서 그 행위는 도덕적 가치를 갖지 않는다는 것이다. 그러나 후자의 경우에는 도덕적 가치를 가질 수 있다(739). 도덕적 가치는 오직 행위가 순전히 타인의 유익과 이익을 위하여 일어나거나 일어나지 않는 것에서 유래하기 때문이다. 자신의 행위가 오직 전적으로 타인을 위해 일어난다면, 타인의 쾌와 고통은 다른 모든 행위에서 자신의 쾌와 고통이 그렇듯이 직접적으로 자신의 동기여야 한다. 그러나 타인의 쾌와 고통이 직접적으로 나의 의지를 움직여서 나의 동기가 되고, 그렇게 해서 나 자신의 쾌와 고통을 추구하는 것 대신에 타인의 쾌와 고통을 우선적으로 추구하는 것은 어떻게 가능한가라는 문제가 제기된다(740). 이를 위하여 쇼펜하우어는 "내 자신이 어떤 방식으로든 그와 동일화되는 것, 즉 나와 그 타자 사이의 완전한 차이가 [...] 지양될 것을 요구한다"(Dies erfordert aber, daß ich auf irgendeine Weise mit ihm identifiziert sei, d.h. daß jener gänzliche Unterschied zwischen mir und jedem anderen, [...] aufgehoben sei)고 주장하였다. 자기 자신과 타자와의 동일화는 우선 그에 대한 표상 또는 인식, 즉 타인의 고통과 그 해소에 대한 직접적인 관여의 일상적 현상으로서 동고(Mitleid)의 현상을 통해서 가능하다. 쇼펜하우어는 동고의 정서만이 전적으로 "자유로운 정의와 참된 인간애의 실제적인 토대"라고 말하면서 여기에 근거한 행위만이 도덕적 가치를 갖는다고 규정하였다. 따라서 동고의 정서가 도덕적 가치를 갖는 행위를 준별하는 원칙이 되는 것이다.

지금까지 쇼펜하우어는 행위의 궁극 목적을 쾌락의 증대, 즉 행복주의적 관점에서 파악하고, 자기 자신의 행복을 추구하는 이기적인 행위와 타인의 쾌락을 증대하고 고통을 제거하려는 이타적인 행위를 구분하면서, 후자만이 도덕적 가치를 갖는 것으로 정리하였다. 그는 행복을 결핍의 지양과 고통의 해소로 이해하는 에피쿠로스적 정의를 채택함으로써 쾌락의 무한추구를 지향하는 공리주의와는 차별화했던 것이다. 여기에서 쇼펜하우어는 인간 행위의 세 가지 근본 동인을 다시 정리하고 있는데, 그것은 바로 자신의 쾌만을 무한대로 추구하는 이기주의(Egoismus), 극도의 잔인성에 이르기까지 타인의 고통을 원하는 악의(Bosheit), 그리고 고결함과 관용을 통하여 타인의 쾌를 원하는 동고(Mitleid)이다(742). 도덕적으로 가치 있는 행위는 오직 동고의 정서에서만 나오는데, 그것도 쾌의 정서가 아니라 고통의 정서에 제한된다.[24] 우리가 타인의 행복, 만족, 향유에 대하여 기뻐할 수는 있으나 그것은 이차적이며, 그 이전에 그들이 가졌던 고통과 결핍이 우리를 슬프게 한 것을 통하여 매개된 것에 불과하다고 보았다(743). 우리는 우리가 아니라 바로 그의 안에서 고통을 느끼면서 슬픔을 느끼게 되는 경우에만 그와 함께 그의 안에서 고통 받을 수 있다(744). 그리하여 쇼펜하우어는 '진정한 도덕적 가치를 지닌 행위들의 보편적 준칙'(allgemeine Maxime der Handlungen von echtem moralischen Wert) 또는 '윤리학의 최상원칙'(obersten Grundsatz der Ethik)으로서 "누구도 해치지 마라. 오히려 네가 할 수 있는 한, 모든 이를 도와라"(Neminem laede, imo omnes, quantum potes, iuva!)는 명제를 확정하게 된 것이다.

윤리적 근본 현상(ethisches Urphänomen)으로서 자연적 동고의 정서에 근거를 둔 두 가지 유형의 주요덕목(Kardinaltugenden), 즉 정의의 덕과 인간애의 덕이 단계적으로 도출된다(744f). 이것은 칸트가 제시한 법 의무(Rechtspflichten)와 덕 의무(Tugendpflichten)를 대체한 것이다. 동고의 정서는 인간 의식의 부정할 수 없는 사실인 동시에 인간 의식에 본질적으로 고유한 것이다. 그것은 전제들이나 개념들, 종교와 교의 및 신화, 교육에 기인하지 않고 근원적이고 직접적인 것으로서 인간의 본성 자체에 놓여

---

24) 쇼펜하우어는 여기에서 루소의 제1원칙 "우리보다 더 행복한 이들의 입장이 되는 것은 인간의 마음에 고유하지 않고, 우리보다 더 불쌍한 이들의 입장이 되는 것만 그렇다"(Émile, 4)에 근거하여 우리가 타인에 대하여 직접 관여할 수 있는 것은 그의 고통에 제한된다고 보았다(742).

있어서 모든 관계들에서 뿐만 아니라 모든 나라와 시대에서 나타난다. 그것은 낯선 신들에게서 나타나는 것이 아니라 동고의 정서가 없을 경우에 비인간(Unmenschen)이라고 부르듯이 인간성(Menschlichkeit)과 동의어로 사용되며 인간 모두에게서 발견되는 현상이다. 그러나 이와 같은 참되고 자연적인 도덕적 동인으로서 동고의 정서는 부정적인 방식으로 작동된다. 근원적으로 우리들 인간은 이기주의로 인하여 자신의 욕구와 분노와 증오가 직접적으로 작동됨으로써 불의와 폭력을 지향하고 있다. 반면에 우리가 자행한 불의와 폭력으로 초래된 타인의 고통은 표상이라는 이차적이고 간접적인 방식을 통하여 드러난다. 따라서 동고의 정서는 자신이 행한 반도덕적 행위로 인하여 생겨난 타인의 고통을 저지하기 위하여 자신의 행위를 제어하는 데서 일차적으로 그 모습을 드러낸다(746).

동고의 처음 단계에서는 "누구도 해치지 말라"(neminem laede)는 이른바 정의의 원칙(Grundsatz der Gerechtigkeit)이 출현한다. 단 한 번의 이성적 숙고에 의하여 이 원칙은 모든 이의 권리를 침해하지 않으며, 자신이 타인의 고통의 원인이라는 자책으로부터 벗어나기 위하여 스스로 결단하게 되는 것이다(747). 그런데 이같은 정의의 원칙을 따르기 위해서는 극기(Selbstbeherrschung)가 요구된다. 쇼펜하우어는 여성이 정직과 성실 등 정의의 덕에서 남성보다 열등한 이유는 이성이 취약하여 일반원칙을 이해하고 확인하는데 어려움이 있기 때문이라고 지적한다. 계속해서 그는 불의와 허위는 여성들의 가장 빈번한 악습이자 본래적 요소라고 혹평하였다. 반면에 여성들은 인간애의 덕에서는 남성을 능가하는데, 그 이유는 여성들이 직관적이기 때문이다. "정의는 보다 남성적인 덕이고, 인간애는 보다 여성적인 덕이다"(Gerechtigkeit ist mehr die männliche, Menschenliebe mehr die weibliche Tugend)라는 쇼펜하우어의 발언(748)이 칸트와 롤즈와 콜버그로 이어지는 보편적 규범윤리학에 대한 새로운 도전으로서 페미니즘 윤리학을 정초하려는 길리건 등이 제시하는 테제와 닮아있는 것은 결코 우연이 아닐 것이다. 쇼펜하우어는 정의와 불의의 문제를 동고와 연관시켜 접근하면서 실정법과 관계없이 미개인조차도 그것을 인지할 수 있다고 보았다. 또한 그는 정의의 덕과 관련하여 어떤 것을 이행하지 않음으로써 타인을 훼손하는 경우에 반드시 해야 하는 것을 의무 개념으로 규정하였다. 따라서 이와 같은 관점에서 거짓말에 대한 칸트의 입장 역시 거부된다(759). 칸트의 경우에는 어떤 경우에도 거짓말을 해서는 안 된다고 강력하게 주장하고 있지만, 쇼펜하우어는 자신을 타인의 침해로부터 보호하기 위한 거짓말은 정당화될 수 있다고 반박하였다. 그는 칸트가 거짓말보다는 남의 불행을 기뻐하는 마음을 더 비난하는데 집중했어야 한다고 지적하였다. 쇼펜하우어의 경우에 정의란 다른 사람에게 해악을 끼치지 않는 것이다. 그것은 아직 소극적이고 부정적인 차원에 머물러 있다. 따라서 정의의 차원에서 동고 개념은 적극적으로 기능하지 않는다.

동고의 정서가 보다 강력하고 적극적으로 작동되는 것은 인간애의 경우이다(759f). 동고의 정서는 나로 하여금 타인을 해치지 말게 할 뿐만 아니라 그를 적극적으로 돕도록 권장한다. 나는 순수한 도덕적 동기에 의하여 타인의 고통과 결핍에 직접적으로 관여하여 크고 작은 희생을 치르게 된다. 그리하여 "할 수 있는 한, 모든 이에게 도움을 주어라"(omnes, quantum potes, iuva. hilf allen, soviel du kannst)라는 인간애와 박애(caritas)의 원칙이 도출된다 (760f). 이와 같은 박애의 원칙은 우리 자신들에게 내적 만족감을 주는데, 그것은 칸트가 양심이라고 불렀던 것과 같은 것이다. 쇼펜하우어는 이기적인 인간이 어떻게 타인의 고통을 제거하기 위하여 자기희생을 감수할 수 있는가를 기독교의 박애정신에서 보여주고 있다. "오른손이 하는 일을 왼손이 모르게 하라"(「마태복음」 6,3)는 것과 같이 나의 행위가 도덕적 가치를 가지려면 오직 타인의 필요만이 전적으로 유일한 동기이어야 한다(762).[25] 고통당하는 타자 속에서 자기 자신을 발견할 경우에 사람들은 그의 고통을 함께 느낄 수 있다.[26] 도덕적 가치를 가진 모든 행위는 정의와 인간애에서 비롯된다는 사실이 입증됨으로써 윤리학의 초석이 비로소 마련될 수 있게 되었다. 정의는 『구약성서』에 담긴 모든 윤리적 내용이고, 인간애는 『신약성서』에 실린 새로운 명령이다.

쇼펜하우어가 제시한 도덕의 기초에 대한 증명은 다음과 같다. 경험과 보편적인 인간 감정의 표명을 통하여 동고의 정서는 유일하게 비이기적인 동인이라는 사실이 밝혀졌다(765f). 동고의 정서가 완전하게 결여되어 있을 때 심각한 도덕적 비난과 혐오의 대상이 되는 것을 보더라도, 동고의 정서는 본래적인 도덕적 동인

25) 자기자신과 타자와의 동일화에서 비롯되는 연민의 감정이나 동고의 정서는 불교의 보살사상에서 동체대비(同體大悲) 사상과 유사한 구조를 가지고 있다.

26) 쇼펜하우어는 이렇게 말한다. "그렇다면 어떻게 나에게 관련되지 않은 나의 것이 아닌 고통이, 나를 위한 내 자신의 고유한 동기가 되지 않으면서도, 직접적으로 나를 행위하도록 움직일 수 있는가? 그것은 앞서 말한 것처럼 오직 나에게 외적인 것으로서 단지 외적 직관이나 지식으로서 주어지더라도 내가 그 고통을 내 안에서가 아니라 타인 안에서 나의 것으로서 느낌으로써 가능하다"(762).

이다(767). 동고의 정서는 기독교뿐만 아니라 이슬람과 배화교도, 힌두교도와 불교도에게서도 똑같이 정직, 신의, 관용, 온화, 선행, 고결, 자기희생을 통하여 보편적으로 나타나고 있다(768).[27] 살아 있는 모든 존재에 대한 무제한적 동고의 정서는 도덕적으로 훌륭한 처신을 위한 가장 견고하고 확실한 보증이다. 동고의 정서가 충만한 사람은 누구도 침해하지 않고, 누구에게도 고통을 주지 않으며, 누구에게나 관용을 베풀고, 누구나 용서하고, 할 수 있는 한 누구든지 돕고, 그의 모든 행위들은 정의와 인간애의 특징을 확실하게 갖는다(770). 참된 도덕적 근본 동인은 동고의 정서이며, 그것의 완전한 결여는 비열한 인간임을 증명하는 것이다(771). 동고의 정서는 정의보다는 인간애의 기초에 더 확실하게 드러난다.

마지막으로 쇼펜하우어는 어떻게 그리고 어떤 근거에서 내가 타자와 공감하고 하나가 될 수 있는가를 보여주고자 하였다. 이것은 바로 윤리학과 형이상학의 연관성에 대한 문제일 것이다. 루소는 "우리가 우리 자신을 우리의 밖에 옮겨놓고, 고통받는 존재와 동일화하는 것을 통해서가 아니라면, 그리고 우리가 이른바 우리 자신을 희생하고 그를 받아들이는 것을 통해서가 아니라면, 우리가 동고의 정서를 유발하는 것이 어떻게 가능한가?"(『에밀』 115-120)라고 질문을 제기한 바 있다(784). 루소는 동고의 정서만이 나와 타자의 일체화를 가능하게 하는 것으로 보고 있는 것이

27) 쇼펜하우어의 동고 윤리를 불교철학이나 인도사상과 비교한 논문들은 쉽게 찾아볼 수 있으며, 1998년에 바젤대학의 박사학위 논문으로 제출된 손기옥의 『쇼펜하우어의 동고 윤리와 인도철학』은 동고와 체념 개념을 중심으로 관련 주제들을 매우 폭넓게 다루고 있다. Son, Giok: *Schopenhauers Ethik des Mitleids und die indische Philosophie. Paralleität und Differenz*. Alber, München 2000.

다. 그런데 쇼펜하우어는 바로 이 문제가 지금까지의 철학에서 수많은 시도를 반복하면서도 그 적절한 답변을 구하지 못한 이른바 윤리학과 형이상학의 관계 문제라고 파악하였다. 쇼펜하우어는 동고의 정서라는 도덕적 동인이 사실로 존재하고 있으며, 그로부터 사심없는 정의와 참된 인간애가 도출된다는 사실을 제시한 후에, 다시 동고의 정서에 대한 형이상학적 기초를 마련하고자 하였다(802ff). 이기주의자들에게는 자아와 비아(Nicht-Ich als Welt) 사이에 넓은 간격(eine weite Kluft)이 있으며, 그들은 "내가 구원받을 수만 있다면, 세계가 멸망해도 좋다"(Pereat mundus, dum ego salvus sim. Mag die Welt zugrunde gehn, wenn ich nur gerettet werde)는 원칙을 확정한다(803). 그러나 선한 인간에게 그 차이는 그다지 크지 않으며, 고결한 희생에 의하여 그 차이는 지양될 수 있다. 자신의 희생이 타인의 행복을 촉진하여 타인의 자아가 자신의 것과 동일시되기 때문이다. 이 경우에 그는 타인을 구제하기 위하여 자신의 본래적 자아를 완전하게 희생시킬 수 있다. 이기주의자는 자신의 구원을 위하여 세계의 멸망을 초래하고 선한 사람은 세상을 구제하기 위하여 자기 자신을 희생하는 것이다. 그렇다면 이 두 가지 행위 선택은 형이상학적으로 어떤 결과를 초래하게 되는 것일까?

이 물음은 존재의 통일성과 수다성, 물자체와 현상의 문제와 관련이 있다. 쇼펜하우어는 물자체와 현상을 구분하는 칸트의 이론에 입각하여 자신의 윤리학의 정초 근거를 형이상학적으로 구명하고자 하였다. 존재의 다수성과 다양성은 어디에 기인하는가? 그것은 공간과 시간, 즉 개별화의 원리(principium individuationis)에 근거한다(805f). 칸트에 의하면 현상 존재는 시간과 공간의 제약 속에서 수많은 개별자로 분리되어 나타난다. 베다와 우파니샤드, 그리고 신플라톤주의자들까지도 모든 것과 하나의 통일성을 언급하였으며, 근대의 범신론자들까지도 같은 생각을 발전시켰다. 이들에 의하면 시공간적 존재는 나의 현상에 지나지 않는다. 자아는 그것 자체로서가 아니라 오직 현상으로서만 인식한다. 그것을 쇼펜하우어는 표상으로서의 세계라고 부른다. "개별화는 실재이고, 개별화의 원리와 그것에서 유래하는 개별자들의 차이성은 사물 자체의 질서이다. 모든 개별자는 다른 모든 것과 근본적으로 다른 존재이다. 자신 안에서만 나는 나의 참된 존재를 갖는다. 반면에 다른 모든 것은 비아이고 나이게 낯선 것이다"(808). 이것은 이기주의자들의 형이상학이다. 내 자신 속에서만 나는 존재하고, 내 자신이 바로 세계 그 자체이다. 그러나 동고의 정서에 따라서 사는 사람들의 형이상학은 그것과 전적으로 다르다. "개별화는 단순한 현상이고 공간과 시간에 의해 성립한다. 공간과 시간은 모든 대상의 형식에 지나지 않는 것으로서 나의 뇌의 인식 능력을 통해 제약된다. 따라서 개별자들의 다수성과 차이성도 단순한 현상, 즉 나의 표상에서만 존재하는 것이다. 나의 참된 내적 본질은 생명 있는 모든 것에서, 마치 그것이 나의 자기의식에서 스스로를 나 자신에게만 알리는 것같이 직접적으로 존재한다"(809). 수많은 개별자의 배후에 존재하는 물자체는 시간과 공간의 제약을 받지 않으며, 따라서 모든 개별자에 대하여 동일하게 존재한다. 현상의 배후에 존재하는 사물 그 자체를 쇼펜하우어는 의지라고 규정하였으며, 그 하나의 동일한 의지가 바로 동고의 존재론적, 형이상학적 가능 근거가 되는 것이다. 쇼펜하우어가 동고의 주체를 고대 인도사상에서 회자되었던 "그것은 너다”(tat-tvam asi)라는 범아일여의 개념으로 파악한 것은 바로 이런 맥락에서인 것이다. “‘그것은 너다’라는 형식에서 상투적으로 표현되는 이 인식은 동고로 표출되고, 따라서 그것에서 모든 참된, 사심없는 덕이 유래한다. 그것의 실제적 표현은 선한 모든 행위이다. 이 인식은 궁극적으로 친절, 인간애, 관용에 대한 모든 청원이 권리를 갖게 되는 근거이다. 왜냐하면 그같은 인식은 우리 모두가 하나이고 동일한 존재라는 생각에 대한 기억이기 때문이다”(809).

쇼펜하우어는 이런 사실들을 바탕으로 동고의 정서를 ‘윤리학에서의 거대한 신비’(das große Mysterium der Ethik)라고 규정하였다(811). 동고의 윤리학은 개인적인 삶의 방향을 전혀 다른 방향으로 결정하기 때문이다. 그것은 완전한 세계의 몰락과 영원한 삶의 기로에 서 있는 것이다. “자신과 타자 사이에 측정할 수 없는 간격과 차이를 가지고 오직 자기 자신 안에서만 존재하는 사람은 죽음에서 그 자신과 함께 모든 실재성과 모든 세계가 침몰하는 것을 본다. 그와 반대로 다른 모든 사람에게서, 심지어 생명을 갖는 모든 것에서 자신의 존재를 인지하고 살아있는 모든 것의 현존재와 더불어 존재하는 사람은 죽음을 통하여 자신의 현존재의 작은 부분만을 잃는다. 그러나 그는 그 자신이 언제나 인식하고 사랑한 모든 것 속에 계속 살아 있다”(ibid). 내 자신이 모든 것 속에 살아 있다는 사실을 깨닫는 자는 타자에 대한 연민과 동고를 갖지 않을 수 없으며, 따라서 그 자신의 육체가 소멸되더라도 그는 죽지 않고 세계의 존재와 더불어 영원히 살아있게 된다. 그러나 자신만을 위하여 사는 사람들은 자기 자신이 세계의 전부이므로 그 자신의 육체적 죽음은 곧 세계의 소멸을 의미하게 되는 것이다.

### 6) 페미니즘 윤리학의 정초 근거로서의 동고

이 글의 주된 의도는 오늘날 페미니즘 윤리학에서 가장 중요하지만, 동시에 가장 곤란한 문제로 제기되고 있는 윤리적 주장의 정초 근거 및 보편성 확보에 대한 단초를 쇼펜하우어의 의지형이상학(Willensmeta- physik)과 동고(同苦, Mitleid, Mitleidenschaft)의 윤리에서 찾으려는 것이었다. 그 이유는 우선 쇼펜하우어가 칸트 윤리학을 비판하였을 뿐만 아니라 이성중심주의를 의지중심주의로 대체하였기 때문이다. 그는 이성에 기초를 두었던 칸트의 선험철학과 의무윤리학의 근본 원칙들이 자체모순 또는 형용모순을 범하고 있다고 지적하면서 의지형이상학에 기초한 윤리학의 새로운 정초에 골몰하였다. 이와 같은 쇼펜하우어의 철학적 시도는 신학적 윤리학의 차원을 근본적으로 벗어나는 동시에 형식주의적이고 보편적인 윤리학의 자체한계를 드러낸 점에서 획기적인 것으로 평가된다. 물론 쇼펜하우어 그 자신은 여성의 능력과 지위에 대하여 비하적인 태도를 보인 것이 사실이지만 그가 제시한 철학이론들, 특히 의지형이상학과 동고의 윤리는 오늘날 길리건을 비롯한 여성주의 윤리학자들이 시도했던 바를 이미 선구적으로 수행하고 있었던 것이다.

쇼펜하우어는 표상으로서의 세계의 근저에는 의지로서의 세계가 도사리고 있으며, 실제로 이 세계는 물자체로서의 의지가 드러난 현상에 지나지 않는다고 보았다. 다양한 현상의 통일적 근거로 작동하고 있는 의지는 언제나 '삶에의 의지'이며, 세계의 본질이자 근본 내용이며, 이것은 시간과 공간 형식이라는 개별화의 원리에 의하여 다양화되고 객관화되는 것이다. 쇼펜하우어는 의지가 작동되는 두 가지 방식, 즉 삶의 의지의 긍정과 그 부정을 통하여 이기주의와 도덕적 가치를 가진 행위가 구분될 수 있다고 보았다.

삶의 의지의 긍정은 인간의 삶을 보편적으로 채우고 있는 지속적인 의욕 그 자체가 어떤 인식에 의해서도 방해받지 않는 것을 말하며, 이는 개체의 유지와 종족의 번식을 충족시킬 수 있는 여러 욕구들을 무조건적으로 지향하고 있다. 쇼펜하우어는 인간의 주된 근본 동인은 현존재와 행복에 대한 갈망, 즉 이기주의에 기초한다고 보았으며, 극단적인 경우에 악의와 잔인성으로 전락할 수 있다는 사실을 보여준다. 이기주의와 악의에 따르는 자들에게는 그 자신의 죽음이 곧 세계의 몰락을 의미한다.

그와 반대로 삶의 의지의 부정은 자기 자신의 행복과 쾌락을 추구하기 보다는 타인의 행복과 고통을 이해하고 동참하기 위하여 자신의 이기적 행위를 통제하고 인내하는 것을 말하며, 이는 타인에 대한 사랑(Liebe, ἀγάπη, caritas), 즉 동고(Mitleid, Mitleidenschaft)의 정서를 지향하고 있다. 쇼펜하우어는 인간을 위시한 모든 현상적인 존재가 삶의 의지를 긍정하는 것은 결국 현재의 고통을 지속시키는 것에 지나지 않으며 그것은 결국 죽음과 무에 귀속된다는 사실을 보여준다. 동고의 정서를 바탕으로 도덕적으로 가치 있는 행위를 하는 자들에게는 그 자신의 죽음은 죽음으로 끝나지 않고 세계 존재와 더불어 영구히 존재하는 것, 즉 영혼의 불멸을 의미한다.

칸트는 윤리학의 정초 과정에서 정언명법과 최고선의 개념을 제시하였으나, 쇼펜하우어는 칸트의 두 원칙들이 자체모순과 형용모순을 범하고 있다고 비판한다. 이러한 사실은 칸트의 윤리학에서 롤즈와 콜버그, 그리고 아펠과 하버마스에 이르기까지의 보편적 규범윤리학에 대한 비판적 논거가 될 수 있으며, 따라서 길리건이 제시한 페미니즘 윤리학의 정초 근거와도 맥락이 같다는 사실에서 우리의 주의를 요하는 대목이다. 쇼펜하우어는 칸트의 윤리학, 특히 정언명법은 본질적으로 신학적 도덕의 전환인 동시에 매우 추상적이고 외견상 선천적으로 보이는 형식들로 위장한 것이라고 비판하였으며, '무조건적이고 비교할 수 없는 가치'로 제시된 칸트의 최고선 역시 모순에 지나지 않는다고 평가하였다. 도덕적 가치는 비교 가능한 상대성에 기초하고 있으므로 비교불가능한 절대적이고 무조건적인 가치 규정은 공허한 개념에 불과하고 그 자체 형용모순이라는 것이다.

여기에서 쇼펜하우어는 윤리학의 새로운 정초를 시도하는데, 그 출발점은 바로 삶의 의지의 맹목적 긍정을 추구하는 이기주의이다. 이기주의자들에게는 자아와 비아 사이에 넓은 간격이 있으며, 그들은 "내가 구원받을 수만 있다면, 세계가 멸망해도 좋다"는 원칙을 확정한다. 이와 같은 행위는 타인에게 고통을 증가시킬 뿐만 아니라 자기 자신의 고통도 해소시킬 수 없다. 그와 반대로 타인의 고통에 대하여 동고의 정서로 대하는 사람은 "누구도 해치지 마라. 오히려 네가 할 수 있는 한, 모든 이를 도와라"는 명제를 '윤리학의 최상원칙', 즉 '진정한 도덕적 가치를 지닌 행위들의 보편적 준칙'을 확정하게 된다. 타인에 대한 위해를 금지하는 규정은 정의의 원칙이고 타인에게 자비를 베풀게 하는 규정은 인간애의 원칙이다. 정의의 원칙은 소극적이고 부정적인 반면에 인간애의 원칙은 적극적이고 긍정적인 성격을 가지고 있다. 이 때문에 쇼펜하우어는 정의는 보다 남성적인 덕이고, 인간애는 보다 여성적인 덕이라고 규정하였다. 이와 같은 쇼펜하우어의 지적과 함께 그가 제시한 윤리학의 새로운 정초 시도는 오늘날 칸트와 롤즈와 콜버그로 이어지는 보편적 규범윤리학에 대한 새로운 도전으로서 페미니즘 윤리학의 정초 근거를 마련하는데 결정적인 단서가 될 것이다.

## 5. 보살의 자비윤리는 여성주의적인가?

### 1) 페미니즘과 불교

이 글의 목표는 현대 윤리학에서 가장 근본적인 문제로 제기되고 있는 페미니즘 윤리의 보편성 주장 또는 여성주의 윤리학의 정초 근거를 불교의 보살사상과 자비의 윤리에서 찾아보려는 데 있다. 보살사상에서 가장 중점적인 키워드가 바로 자비이며, 이는 서구의 정의, 평등, 사랑 개념 등에 비하여 결코 상대적인 개념이 아니기 때문이다.

길리건(Carol Gilligan)을 비롯한 페미니즘 윤리학자들이 칸트에게 영향을 받았던 규범윤리학자들, 특히 콜버그(Lawrence Kohlberg)의 도덕발달론과 롤즈(John Rawls)의 정의론이 남성중심적으로 정향되어 있다고 비판하면서, 그에 대한 새로운 대안으로서, 여성의 윤리적 덕목이나 성품을 적절하게 반영한 이른바 페미니즘 윤리학을 제시하고자 하였다. 페미니즘 윤리학자들은 전통적인 규범윤리학자들이 이성(합리성)과 정의 개념을 중심으로 도덕이론을 정초함으로써 감성과 배려(사랑, 자비)의 측면을 무시하였다고 지적한다. 그러나 이와 같은 페미니스트적 주장은 감성이나 배려와 같은 개념들이 보편적인 규범 근거로서 작동될 수 있는가라는 반박에 부딪히면서 여성주의 윤리학의 보편성 주장 또는 정초 가능성의 문제에 직면하게 되었던 것이다. 이 문제는 현대 윤리학 논쟁에서 여전히 해결해야 할 숙제로 남아 있다.

페미니즘 윤리학의 정초 근거 및 보편성 주장에 대한 단초를 우리는 쇼펜하우어의 동고(同苦, Mitleidenschaft) 윤리와 대승불교의 실천철학, 특히 보살사상의 도덕적 지향성 구조에서 찾아보려고 한다. 쇼펜하우어의 제안보다 훨씬 먼저 고대 인도의 불교사상에서는 자비의 윤리가 보편적 가치로 제시된 사실이 있다. 특히 대승불교의 보살(Bodhisattva)사상에서는 개인의 수행보다 타인에 대한 자비와 연민의 태도가 더 소중한 것으로 여겨졌다. 니체가 불교를 '수동적 니힐리즘'이라고 규정한 것처럼, 불교사상은 서구사상에 비하여 여성적인 측면이 강하다. 그러나 불교에서의 여성적 자비는 니체가 생각한 것보다 훨씬 더 근본적이고 적극적인 측면이 강하다. 이미 깨달은 자(타타가타)로서 열반의 경지에 들어갈 수 있지만 중생을 구제하기 위하여 삼사라의 세계에 머물면서 자비를 베풀고 있는 보살의 존재는 페미니즘적 관점에서 볼 때 매우 인상적이다.

리타 그로스(Rita M. Gross)와 같은 현대의 불교이론가들은 페미니즘의 관점에서 불교사상을 재구성하려는 시도를 하고 있는데, 특히 성별의 구분을 넘어서서 다르마(Dharma)를 이해하려고 하는 점에서 기독교 페미니즘 신학운동과 비슷한 느낌을 갖게 한다.[1] 그러므로 동고와 자비 개념의 근본적 이해는 곧 바로 현대

---

1) Gross, Rita M.: *Buddhism after Patriarchy. A Feminist History, Analysis, and Reconstruction of Buddhism*. State University of New York 1993.

페미니즘 윤리학의 보편성 주장의 문제와 직결될 수 있을 것이라는 기대를 갖게 한다.

그러나 이 보다 더 근원적인 현상은 불교의 보살사상(특히 관음보살의 경우)에서 이미 페미니즘 윤리의 근본정신을 선포하고 있다는 사실이다. 특히 라이튼(Taigen Daniel Leighton)은 보살의 여러 유형을 소개하면서 현대의 여러 위인들과 연계시키고 있다.[2] 여성성의 모습으로 출현하기도 하는 관음보살에 대한 연구는 국외에서도 활발하게 연구되고 있다. 따라서 우리는 불교의 보살사상에 대한 연구 동향을 살펴보고 나서, 보살사상의 주요 이념으로서 보시(布施)와 회향(回向)의 개념을 주요한 분석 대상으로 삼게 될 것이다. 이를 바탕으로 우리는 다시 보살사상 중에서도 특히 관음(Avalokiteshvara, Guanyin)보살의 경우를 중점적으로 살펴봄으로써 불교윤리학 내지는 보살의 자비사상에서 페미니즘 윤리의 정초근거를 찾으려고 할 것이다.

불교에 대한 연구영역에서 여성 및 여성주의에 대한 관심은 비약적으로 확장되고 있으며 매우 광범위하다. 따라서 여기에서는 주로 세 가지 관심만을 적용하고자 하였다. 불교에서의 여성에 대한 역할 고찰 및 페미니즘적 시각에서 본 불교 해석, 보살사상에 대한 관심, 그리고 관음보살에 대한 논의가 바로 그것이다.

불교에 대한 여성주의적 접근이 활발해지고 있다. 페미니즘적 관점에서 본 불교연구서로는 리타 그로스(Rita Gross)의 『가부장제 이후의 불교』,[3] 샌디 부처(Sandy Boucher)의 『연꽃의 개화』,[4]

---

2) Leighton, Taigen Daniel: *Bodhisattva Archepypes. Classic Buddhist Guides to Awakening and their Modern Expression*. Penguin, New York 1998.

3) Gross, Rita M.: *Buddhism after Patriarchy. A Feminist History, Analysis, and Reconstruction of Buddhism*. State University of New York 1993.

캐드린 블랙스톤(Kathryn Blackstone)의 『석가의 발자취에서 본 여성』,[5] 질 파러-할스(Gill Farrer-Halls)의 『불교의 페미니즘적 얼굴』[6] 등이 있다. 이 중에서도 특히 그로스의 책은 불교사를 페미니즘적 관점에서 고찰하면서 불교의 주요 개념과 이념 체계에 대한 여성주의적 재해석을 시도한 야심작이다.

불교의 보살사상에 대한 연구서들도 상당수 발견되고 있다.[7] 이 중에서도 특히 프리츠 부리(Fritz Buri)의 저서 『진아의 주인으로서의 붇다-그리스도』는 일본의 선사상가들에 대한 체계적인 소개를 제공하고 있는데, 이 책의 서론과 마지막 고찰에서 그는 참된 자기(眞我)의 주인인 석가와 예수, 그리고 보살의 이념을 통하여 신의 발견, 그리고 신과의 일치를 추구한다. 국내의 연구서로는 길희성이 불교와 기독교의 성인 이념을 비교 연구한 두 논문 「예수, 보살, 자비의 하느님」, 그리고 「불교의 자비와 그리스도의 아가페」(『포스트모던 사회와 열린 종교』, 민음사 1994)이 있

---

4) Boucher, Sandy: *Opening the Lotus: A Woman's Guide to Buddhism*. Beacon Press 1993.

5) Blackstone, Kathryn: *Woman in the footsteps of the Buddha: Struggle for Liberation in the Therigatha*. Curzon Press 1998.

6) Farrer-Halls, Gill: *The Feminine Face of Buddhism*. Quest Books 2002.

7) Buri, Fritz: *Der Buddha-Christus als der Herr des wahren Selbst*. Stuttgart 1982. **Geshe, Kelsang Gyatso**: *The Bodhisattva Vow: The Essential Practices of Mahayana Buddhism*. Tharpa Pubications 1995. **Leighton, Taigen Daniel**: Bodhisattva Archetypes: Classic Buddhist Guides to Awakening and Their Modern Expression. Penguin Books 1998. **Santideva**: *The Bodhicaryavatara*. Oxford University Press 1998. **Sangharakshita**: *The Boddhiasattva Ideal: Wisdom and Compassion in Buddhism*. Windhorse Publications 2000. **Anderson, Reb**: Being Upright: *Zen Meditation and Bodhisattva Precepts*. Rodmell Press 2002. **Leighton, Taigen Daniel**: *Faces of Compassion: Ckassic Bodhisattva Archetypes and Their Modern Expression*. Wisdom Publications 2003.

고, 단행본 연구서로는 『보살사상』(조계종출판사 1996), 『보살사상 성립사 연구』(불광출판부 1998), 『신라보살계사상사 연구』(민족사 1999), 平川彰, 『대승불교개설』(김영사 1984. 특히 제3장 보살과 바라밀), 이기영, 「보살과 보살지」(『불교개론강의』, 한국불교연구원 1998), 가지야마 유이치, 『대승과 회향』(여래 2002) 등이 있다.

레이튼(Taigen Danie Leighton)의 저서 『보살의 유형』은 주요 경전에서의 보살사상을 분석한 후에 석가(Shakyamuni), 문수(Manjushri), 보현(Samantabhadra), 관음(Avalokiteshvara, Guanyin), 지장(Kshitigarbha), 미륵(Maitreya), 비말라키르티(vimalakirti)를 대표적인 유형으로 제시하고, 현재 사회에서도 이들의 이상이 구속력이 있으며 생생하게 살아서 영향을 주고 있는 사실을 보여준다.

레이튼이 제시한 보살의 유형 가운데서 페미니즘 윤리와 가장 밀접한 연관성이 있는 것은 바로 관음보살이다. 최근에 관음보살에 대한 관심도 고조되고 있는데, 그 중 가장 대표적인 연구서로서는 John Blofeld(1988), Sandy Boucher(2000), Chun-Fang Yu (2000)를 들 수 있다.[8] 국내의 대표적인 관음신앙 연구서로서는 동국대학교 불교문화연구원이 펴낸 『한국관음신앙연구』(동국대학교출판부 1988), 법령의 『관세음보살 보문품 강화』(관음출판사 1995), 그리고 김호성 교수의 관음 3부작, 『천수경의 비밀』(민족사 2005), 『천수경과 관음신앙』(동국대학교출판부 2006), 『천수경

8) Blofeld, John: *Bodhisattva of Compassion: The Mystical Tradition of Kuan Yin*. Shambala 1988. **Boucher, Sandy**: *Discovering Kwan Yin, Buddhist Goddess of Compassion*. Beacon Press 2000. **Yu, Chun-Fang**: *Kuan-yin*. Columbia University Press 2000.

의 새로운 연구』(민족사 2006)가 있다.

이상과 같은 연구동향을 바탕으로 본 논문에서는 초기경전 및 대승경전에서의 보살 개념[9]과 그 사상체계의 발달과정 및 보살도의 수행방식과 실천적 이상을 다루는 동시에 보살사상의 주요 이념으로서 보시와 회향 개념을 중점적으로 분석하게 될 것이다. 그리고 여성성으로 출현하는 관음보살의 경우를 통하여 자비윤리 혹은 페미니즘 윤리학의 정초 가능성 및 보편성 주장에 대한 단초를 발굴하고자 할 것이다.[10] 특히 불교에 대한 기존의 페미니즘적 해석 경향성[11]을 바탕으로 우리는 보살사상의 자비윤리가 페미니즘 윤리학의 보편성 주장에 결정적인 토대를 확보하고자 노력할 것이다. 이 경우에 안옥선의 『불교윤리의 현대적 이해』(불교시대사 2002)는 하나의 논쟁적인 지침이 될 수 있다. 이 책은 초기불교에서의 자비 윤리를 보살핌의 윤리와 함께 소개하고 있으나, 논의 대상이 주로 초기불교의 윤리사상에 국한되어 있기 때문에 길리건과 나딩스에 의하여 주도되는 배려윤리의 논점들

---

9) 『長阿含經』(大正藏 1), 『中阿含經』(大正藏 1), 『雜阿含經』(大正藏 2), 『增壹阿含經』(大正藏 2), 『道行般若經』(大正藏 8), 『小品般若波羅蜜經』(大正藏 8), 『妙法蓮華經』(大正藏 9), 『大方廣佛華嚴經』(大正藏 9,10), 『菩薩本業經』(大正藏 10), 『佛說無量壽經』(大正藏 12), 『維摩詰所說經』(大正藏 14), 『大智度論』(大正藏 25), 『阿毘達磨大毘婆沙論』(大正藏 27), 『菩薩善戒經』(大正藏 30), 『華嚴經探玄記』(大正藏 35), 『維摩經義疏』(大正藏 38) 등.

10) Blofeld, John: *Bodhisattva of Compassion: The Mystical Tradition of Kuan Yin*. Shambala 1988. **Boucher, Sandy**: *Discovering Kwan Yin, Buddhist Goddess of Compassion*. Beacon Press 2000. **Yu, Chun-Fang**: *Kuan-yin*. Columbia University Press 2000.

11) Boucher, Sandy: *Opening the Lotus: A Woman's Guide to Buddhism*. Beacon Press 1993. **Gross, Rita M.**: *Buddhism after Patriarchy. A Feminist History, Analysis, and Reconstruction of Buddhism*. State University of New York 1993. **Farrer-Halls, Gill**: *The Feminine Face of Buddhism*. Quest Books 2002.

은 대승불교의 보살사상에 의하여 보완될 수 있는 여지를 남겨두고 있다. 초기불교에서의 자비의 윤리는 무아설 논쟁으로부터 자유롭지 못하며, 바로 그 때문에 배려윤리학에서의 윤리 주체 또는 존재론적 근거 역시 무아설적 논의와 함께 아포리아에 빠져들게 된다. 그럼에도 불구하고 이 책은 국내에서는 가장 폭넓게 불교와 배려윤리를 비교 연구한 수작으로 평가할 만하다. 본 연구에서는 무아설의 논쟁으로부터 자유로운 보살사상을 중심으로 자비의 근거를 적극적으로 기술하고자 한다.

### 2) 보살사상의 성립

불교사상의 특징은 무아설이나 공(空)의 형이상학에 있다. 불교의 연기설은 서구의 실체론적 형이상학을 부정하며 동일성을 가진 인격 주체나 형이상학적 실체 개념을 거부한다. 그러나 지금까지 불교의 독특한 철학적 틀이라고 알려진 무아설과 공의 문제는 사실상 관점주의적 맥락에 의존하고 있는 것을 지적하지 않을 수 없다. 불교에서도 실체, 마음, 영혼, 재생의 문제를 부정하는 것은 아니며, 인간을 비롯한 모든 유정, 무정 존재의 행위 규범이나 도덕적 행위결과에 대하여 법칙적인 설명을 포기하고 있지 않다. 불교에서도 카르마의 원리가 작동하고 있는 것이다. 불교에서 말하는 고통과 업의 문제는 바로 무아설과 윤회설 사이의 미묘한 긴장관계에서 비롯된다.12)

---

12) 무아설과 윤회설의 긴장관계에 대해서는 주로 Rhys C.A.F. Davids, *Die buddhistische Lehre von der Wiedergeburt,* in: Zeitschrift für Buddhismus V, 1923/24; Ernst Benz, *Buddhas Wiederkehr und die Zukunft Asien,* München

석가가 무아에 대하여 말한 것과 윤회의 문제에 대하여 언급한 것을 엄밀하게 볼 경우에는 도저히 극복할 수 없는 모순이 도사리고 있다. 무아를 절대시할 경우에는 윤회가 들어설 자리가 없고, 윤회를 절대시할 경우에는 무아를 언급하는 것 자체가 자가당착이기 때문이다. 그러나 분명히 석가는 이 두 가지 사실을 말하고 있다. 그리고 대부분의 불교도들이나 불교학자들은 이 두 가지 교설이 상호 모순적이 아니라고 믿고 있다. 그런데 그들의 논의 주장을 면밀하게 살펴보면 역시 논리적으로 교묘한 이중 장치를 숨기고 있는 것이 드러난다. 윤회적 주체를 완전하게 극복하는 것이 삶의 궁극적인 목표라고 할 때, 그것은 바로 무아 개념으로 표현될 수 있다. 그러나 이 경우에 무아는 비존재나 무를 의미하지 않는다. 또한 동시에 윤회적 주체의 존재 자체를 형이상학적으로 분석할 경우에 무아를 추론할 수도 있다. 그와 같은 분석을 통해서 우리는 나라고 부를 수 있는 나의 항상적, 자기동일적, 인격적 주체가 존재하지 않고, 생성되자마자 소멸해 버리는 존재요소(dharma) 입자들의 이합집산에 지나지 않는다는 사실을 추론할 수 있다. 그러나 불교에서는 이와 같은 분석 결과를 언제나 의식적으로 받아들이고 있지 않으며, 일상적인 자기 존재의 존재 사실을 용인하고 있다. 심지어 가아적 주체나 가아를 둘러싼 세계(속제)가 바로 참된 세계(진제) 그 자체와 다르지 않다고

---

1963; Christmas Humphreys, *Karma und Wiedergeburt.,* Bern, München, Wien 1974; Wilhelm Halbfass, *Karma und Wiedergeburt im indischen Denken,* München 2000을 참고할 수 있다. 특히 무아설과 윤회설 사이의 모순관계를 정점으로 요청주의적 해석을 시도한 필자의 저서 『칸트의 요청이론』(Frankfurt 1988), 『칸트와 불교』(철학과현실사 2003), 『무아윤회 논쟁』(울산대학교출판부 2004)는 석가의 초기불교에 대한 근본적인 성찰을 제시하고 있다.

주장하기까지 한다.

그런데 진속불이(眞俗不二)의 원리를 제시하더라도 한 편으로는 유정 존재가 현실적으로 고통 받고 있는 가운데 해탈이 불가능하거나 요원한 이상으로만 생각될 수밖에 없는 한계가 노정되고 있으며, 다른 한 편으로는 궁극적인 진리에 도달한 각자(覺者)가 존재한다 할지라도 중생들의 고통을 외면하는 상태에서 그 자신만의 평화를 구가할 경우에 그가 진정으로 깨달음의 진리를 증득했다고 볼 수 없으며 진정한 평화를 영위할 수도 없다는 한계에 부딪히게 된다. 이 문제를 해결하기 위하여 제시된 돌파구가 바로 보살사상이다. 보살사상은 전통적인 서구 윤리학에서처럼 자율성과 정의 개념에 바탕을 두고 있지 않으며, 오히려 그 반대로 도덕적으로 성숙하지 못한 사람들을 무차별적으로 그리고 무조건적으로 구제하기 위하여 노력하는 이른바 무한 자비행을 지향하고 있다. 이 점에서 불교의 자비윤리학이 정의 중심적인 규범윤리학을 대체하는 새로운 윤리학으로 정초될 수 있는 가능성을 가질 수 있게 되는 것이다.

보살사상은 초기불교, 부파불교, 대승불교의 발전 경로에 따라서 놀라울 정도의 변화를 보이고 있으나 가장 기본이 되는 이타행으로서의 보시(布施)와 회향(廻向)의 이념은 일관되게 유지되고 있는 것으로 보인다. 우리는 초기불교에서 대승불교에 이르기까지 보살사상이 성립, 발전되는 과정을 간단하게 살펴보게 될 것이다.

보살(菩薩, Bodhisattva)은 깨달음(bodhi)을 구하거나 성취하였으나, 중생을 구제하기 위하여 현세에 머무는 사람(sattva)을 뜻한다. 산스크리트어의 보리살타(菩提薩陀)를 줄인 것이다. 이 개념은 '보리를 구하는 사람'으로 통용되고 있는데, 이것은 불교의 초기경전에 소개되는 연등불 수기(授記)에서 비롯되었으며, 일반적으로 '반드시 불타가 될 후보자'를 지칭하는 것으로 이해되어 왔다.[13] 이로부터 깨달음에 도달하였으나 중생을 구제하기 위하여 현세에 머물러 있는 불타적 존재를 지칭하게 되었다. 처음에는 개사(開士)[14] 또는 대심중생(大心衆生)[15] 등으로 통용되었으나 구마라집(鳩摩羅什 344~413)이 보살이라는 단어를 쓰기 시작했다고

---

13) 가장 대표적인 학자로는 히라가와 아끼라(平川彰) 교수를 들 수 있다. 『대승불교개설』, 정승석 역, 김영사 1989, 131쪽 이하. 보리(bodhi)는 budh(자각하다)에서 나왔으며, 지혜, 깨달음, 불지(佛智)를 뜻한다. 유정(sattva)은 as(있다, 존재하다)에서 나왔으며, 생명이 있는 것을 뜻한다. 현장(玄奘 600~664) 이전에는 일반적으로 중생(衆生)이라고 불리었다고 한다. 히가타(干潟龍祥)는 보살의 기원적 의미를 "보리(菩提)를 구하고자 머무르는 유정(有情)"으로 정의하고, "부처의 지혜를 갖고 살아 있는 것" 또는 "부처의 지혜를 구하면서 그것이 반드시 성취되게끔 살아 있는 것"을 뜻한다고 보았다(干潟龍祥, 『本生經類의 사상사적 연구』(개정 증보판), 山喜房佛書林 1978, 57쪽, 그리고 「보살사상의 기원과 전개」, 宮本正存 편, 『불교의 근본진리』, 삼성당 1956, 224쪽). 이를 바탕으로 히라가와 아끼라 교수는 보살을 "반드시 붓다가 될 후보자"로 정의하였다.

14) 이 번역어는 후한 시대의 안식국(安息國) 사람인 안현(安玄, 2세기 후반)이 번역한 『법경경』(法鏡經, 大正藏 12, pp15中-22中)에서 자주 나온다. 히라가와, 199 참조.

15) 용수(龍樹)가 『마하반야바라밀다경』(摩訶般若波羅密多經 27卷本 大品般若經)을 석론한 『대지도론』(大智度論) 44권에는 보살의 뜻에 대하여 다음과 같이 설명하고 있다. "천축(天竺)의 어법(語法)은 여러 글자[語]를 화합하여 말을 만들고, 여러 말을 화합하여 구(句)를 만든다. 보(菩)를 한 글자로 하고 리(提)를 한 글자로 하여 이 둘이 합치지 않으면 말이 안 된다. 이 둘이 화합하면 보리(菩提)가 되는 것이다. 진에서는 무상 지혜(無上智慧)라 한다. 살타(薩埵)는 중생을 말하기도 하고 혹은 대심(大心)이 되기도 한다. 무상 지혜를 행하기 때문에 대심(大心)을 발한다는 이름을 붙여 보리살타(菩提薩埵)가 되고, 중생으로 하여금 무상도(無上道)를 행하게 하고자 한다. 이것을 보리살타라 한다." 大正藏 25, p.380中-下. 구마라집은 이 책의 번역을 수행하면서 '보리살타' 혹은 '보리살타도'로 사용하기도 한다. 히라가와 외, 135쪽 이하 참조.

한다.[16] 그런데 초기불교의 경전인 4부 니카야와 4부 아함경에서도 보살이라는 말이 광범위하게 사용되고 있다. 이 사실과 관련하여 초기불교에 보살사상이 나타나 있는 가에 대하여 대립되는 견해가 있다. 히라가와(平川) 교수는 『중아함경』과 『잡아함경』[17]을 제외한 초기문헌들, 즉 『숫파니파타』,[18] 『장아함경』,[19] 『증일아함경』,[20] 『5분율』 등에는 보살이라는 단어가 나타나 있지만,

---

16) 구마리집의 한역 작업을 도왔던 승조(僧肇 374~414)는 『주유마힐경』(註維摩詰經)에서 "보살은 정음(正音)으로 보리살타(菩提薩埵)라 한다. 보리는 부처의 길(道)을 말하고, 살타를 진(秦)에서는 대심중생(大心衆生)이라 한다. 대심(大心)이 있어 부처의 길에 들어감을 보리살타라고 한다. 바른 이름(正名)의 번역은 없다"고 말하였다. 히라가와 외, 133쪽 이하 참조.

17) 『雜阿含經』과 대칭을 이루는 『상응부경』에는 '보살'이라는 표현이 나타나고 있다. 『남전대장경』 13, p.6, 12, 13. 이봉순, 『보살사상 성립사 연구』, 불광출판부 1998, 32쪽 참조. 여기에서 보살의 개념은 "과거의 제불(諸佛)이 아직 정각(正覺)을 이루지 않은 인위(因位)의 모습"을 뜻하고 있다. 히라가와의 견해와는 반대로 이봉순은 『雜阿含經』 제23권, 604 「아육왕경」에 '보살', '보살마하살'의 개념이 사용되고 있음을 밝히고 있다. "이곳의 **보살**은 32상과 80종호를 나타내시고, [...] 그 신들은 모두 **보살**께 예배하였다. [...] 이 나무 밑에서 **보살마하살**은 자비와 삼매의 힘으로 마군들을 부수고 아뇩다라삼보리를 얻었다." 大正藏 2, pp.166下, 167中.

18) 『숫파니파타』, 683-684偈, 법정 역, 샘터 1991, 204쪽, "비할 데 없이 뛰어난 저 **보살**은 모든 사람의 이익과 안락을 위해 인간세계에 태어났습니다." 이봉순, 39쪽 참조.

19) 『장아함경』, 제1권, 「대본경」 1, "제불(諸佛)의 상법은 비바시**보살**이 도솔천으로부터 모태에 강신하여 오른쪽 옆구리로 들어가 바른 생각으로 산란하지 않고 [...]" (大正藏 1, p.3下). "**보살**이 태어났을 때 그 목소리는 가릉빈가 새의 소리처럼 맑고 확 트였고 [...] **보살**은 살아있을 때 [...] 도(道)로써 사람들을 교화시켰다. [...] 그 때 **보살**은 이렇게 逆·順으로 십이인연을 관찰하고 그것을 있는 그대로 알고 있는 그대로 보았다. 그래서 그 자리에서 아뇩다라삼먁삼보리를 이루었다." 大正藏』 1, p.6上, p.7下. 제22권, 「세기경」 細本緣品, "백정왕에게 아들이 있었으니 **보살**이라고 하며, 그 보살에게는 라훌라라는 아들이 있었다." 大正藏 1, p.149中, 이봉순, 33, 36 참조.

20) 『增壹阿含經』 제11권 「선지식품」, "미륵 **보살**은 30겁을 자나야 비로소

그는 이처럼 아함경류에 나타난 보살 개념이 후대의 전승 과정에서 초기불교 경전에 삽입되었을 것이라고 추정하였다.[21] 이에 대하여 국내학자 이봉순은 초기불교시대에 보살사상이 없었다는 견해가 일방적인 주장이라고 비판한다. 북전경전(北傳經典)이나 남전장경(南傳藏經) 모두를 종합하여 살펴볼 경우에 비록 보살사상이 적극적으로 강조되지는 않았지만 광범위하고도 일반적으로 기술되고 있다는 것이다(이봉순, 119).

다른 한 편, 히라가와 박사는 보살 관념의 기원을 등불을 밝히는 부처, 즉 연등불(練燈佛) 수기(授記)에서 비롯되었을 것이라고 추정하였다. 석존은 장차 부처가 되리라는 수기를 받고서 깨달음(보리, bodhi)을 구하는 사람, 즉 보살(bodhisattva, 보리살타)이 되고자 육바라밀 수행에 정진했을 것이다. 이를 본생(本生) 보살 또는 불전(佛傳) 보살이라고 부르기도 한다. 따라서 초기불교에서의 보살사상은 대개 석가의 전생을 지시하고 있으며, 그 이전에

부처가 되어 진정한 정등각에 이르게 될 것이다. 나는 정진하는 힘과 용맹스런 마음으로써 미륵 **보살**보다 앞서게 되었다." 大正藏 2, p.600上. 제34권, 「七日品」, "내가 본래 불도를 이루지 못하여 **보살행**을 하고 있었을 때, 도량의 보리수 밑에 앉아 있었다." 大正藏 2, p.739上, p.7下. 제37권, 5경, "또한 **보살**이 도솔천으로부터 강신하여 내려와서 모태 속에 있으면서 [...] 또 **보살**이 출가하여 도를 배우고 [...]." 大正藏 2, p.753下. 제37권 「八難品」. 大正藏 2, p.754中, 이봉순, 35, 37쪽 참조.

21) 히라가와 외, 138쪽 이하 참조. 이 책의 제3장 「보살과 바라밀」을 집필한 사이구사 미쓰요시(三枝充悳)는 히라가와의 입장을 지지하고 있다. 예를 들면 히라가와 박사는 붓다의 전생담이 수록되어 있는 『자타카』보다는 그와 유사한 전거들에서 보살 관념의 가능성을 찾으려고 하였는데, 그것은 바로 석가의 미륵보살에 대한 연등불 수기에서였다. 그러나 이봉순은 『본생경』(*Jataka*)에서도 보살사상의 기원을 찾고 있다. 『본생경 I』, 한글대장경 신판 91, 동국역경원 1995, 이봉순, 41쪽 이하 참조.

성불한 부처들의 전생을 의미하는 경우가 많았다. 성불하기 전의 석가 전생은 보살 개념으로 규정될 수 있으며, 그 역시 수기를 받은 후에 보살로서의 특별한 서원을 통하여 성불할 수 있었다고 한다.[22] 문제는 그가 제시했던 서원들 가운데는 남성으로 태어나야 한다는 구체적인 내용이 있어서 반페미니즘적 성격을 드러내고 있으나,[23] 이는 보살사상을 페미니즘적으로 규정하려는 우리의 시도를 좌절시킬 정도는 아니라고 볼 수 있다. 이러한 사실에서 석가는 보살사상과 직접 연관되어 있으며, 그 스스로 장래에 성불할 자를 미리 언급함으로써 사람들이 보살심(菩薩心)을 가질 수 있도록 한 사실을 확인할 수 있다.[24] 믿음이 없는 사람들에게 믿음을 갖게 하며 보리심(菩提心)이 없는 사람들로 하여금 보리심을 갖도록 하고 성불의 수기를 주는 것이야말로 석가 그 자신

---

22) 『본생경』의 「인연담」에서는 석가가 전생에 장자의 아들 선혜(수메타)로 태어나서 그 재산을 전부 남에게 보시하고 설산에 들어가 수행한 결과 연등불(연등불)로부터 4아승지겁을 지난 후 고오타마라는 불타가 될 것이라는 수기를 받았다는 사실이 소개되어 있다. 이봉순, 69쪽, 40-46쪽 참조.

23) 보살이 깨달음에 이르기 위하여 정진해야 할 열 가지 덕목에 대하여 다음과 같이 규정하고 있다. ① 1억겁 동안 먼 길을 헤매더라도 무간지옥이나 세계의 중간지옥이나 대갈 · 기갈 · 혹승 등의 중간지옥에 떨어지지 않는다. ② 작은 곤충이나 나쁜 세계에 태어나지 않는다. ③ 인간으로 태어나더라도 장님, 귀머거리, 벙어리가 되지 않는다. ④ 여성으로 태어나지 않는다. ⑤ 양성(兩性)으로 태어나지 않는다. ⑥ 불구자가 되지 않는다. ⑦ 아버지를 죽이고, 어머니를 죽이고, 아라한을 해치고, 교단의 화합을 깨뜨리고, 부처님의 몸에 피를 내는 다섯 가지 무간업[五逆罪]을 범하지 않는다. ⑧ 행(行)은 청정(淸淨)하고 사견(邪見)을 가지는 일이 없어야 한다. ⑨ 천상세계에 살더라도 무상천(無想天)에는 나지 않고 정심천(淨心天)에도 나지 않는다. 그리고 마지막으로 어떤 생(生)에 집착함이 없이 갖가지 바라밀을 완전히 수행하여 세간을 이롭게 한다. 『본생경 I』, 「인연담」, 한글대장경 95, 50쪽. 이봉순 44쪽 참조.

24) 『增壹阿含經』 제27권, 「四趣品」. 제28권, 「聽法品」. 大正藏 2, p.699上, 703中, 이봉순 48쪽 이하 참조.

이 보살사상의 한 가운데 있음을 보여주고 있는 것이다.

특히 이 경우에 석가가 우리에게 가장 특징적으로 보여주고자 했던 것은 바로 자비심(慈悲心) 또는 자비행(慈悲行)이며, 이는 정의(또는 公義)에 기초한 서구의 규범윤리학적 세계관과는 근본적으로 다른 맥락임에 틀림이 없다. 『증일아함경』(제32권)에서 우리는 석가의 자비심이 어머니의 사랑으로 비유되고 있는 사실을 발견할 수 있으며, 여기에서 페미니즘 윤리의 보편적인 정초 가능성을 찾을 수 있을 것이다: "여래에게는 자비심이 있어 중생을 가엾이 여겨 일체를 두루 살펴 아직 건너지 못한 자를 건너게 하고, 일체중생을 어머니가 아들을 사랑하는 것처럼 버리지 않으셨다."[25] 자비란 중생을 사랑하고 가엾게 여기는 것[愛愍]이며, 이는 사람들이 마땅히 행해야 할 책무[應如是]로서 규정되고 있는 것이다. 이와 같은 자비심은 무조건적이고 무제한적인 성격을 띠고 있다. 심지어 오역죄(五逆罪)를 지은 사람도 죄를 참회하면 구제받을 수 있는 점에서 보살도의 자비행은 불교에서의 보편적인 구제정신을 여실히 반영하고 있는 것이다.

석가 사후 100년경에 불교는 계율논쟁을 통하여 계율을 중시하는 상좌부(上座部)와 교리를 중시하는 대중부(大衆部)로 양분되었으며, 그것들은 다시 20여개의 부파불교로 분열되었다. 각 부파는 자파 사상의 정당성 주장을 위하여 아비달마 연구에 매진하

---

25) 如來有大慈悲 愍念衆生遍觀一切 未度者史令得道 不捨一切衆生 如母愛子. 大正藏 2, p.725下. 『雜阿含經』 제39권, 1097 「설법경」에도 "중생이란 함께 모여 살아가는 것이니, 지혜있는 사람이라면 누가 가엾이 여기지 않겠는가. [...] 모든 중생을 사랑하고 가엾이 여기는 것은 가르침에 의하면 응당 그렇게 해야 하느니라." (衆生群集生 諸有智慧者 誰能不愛愍 [...] 愛愍諸衆生 法者應如是). 大正藏 2, p.288下, 이봉순 50쪽 참조.

였으며, 이로 인하여 논장(論藏)의 시대가 열렸다. 상좌부의 『청정도론』, 설일체유부(說一切有部)의 『아비달마대비바사론』, 그리고 『아비달마구사론』이 가장 대표적인 주석서이며, 여러 부파의 교리를 망라한 『비바사론』(毘婆沙論)과 그 요약본인 『구사론』이 있다. 그밖에도 『이부종륜론』(異部宗輪論)과 『마하바스투』 등도 중요한 자료이다.

설일체유부에서는 보살 또는 보리살타 개념을 "유정으로서 어리석지 않은 자, 곧 총명하고 지혜로운 자"로 정의하였다. 보리살타는 보리(菩提)를 친근하게 여겨서 즐기고 존중하며 또한 이를 증득하기 위하여 용맹스럽고 부단하게 정진하는 자이다.[26] 무상정등각(無上正等覺)을 얻기 위하여 부단하게 수행 정진하는 총명하고 지혜로운 자가 곧 보살의 이념인 것이다. 또한 보살은 중생을 제도함으로써 자기의 비심(悲心)을 성취하며, 그로써 자신의 이익으로 삼는 자이다. "상사(上士, 즉 보살)는 자기는 괴롭더라도 남의 편안함과 즐거움을 항상 부지런히 구하며, 남의 괴로움을 영원히 없애려고 한다. 그것은 남을 자기로 여기기 때문이다."[27] 보살의 이념은 위로는 깨달음을 구하는 상구보리(上求菩提)와 아래로는 중생을 이롭게 한다는 하화중생(下化衆生) 또는 요익중생(饒益衆生)에 있는 것이다. 부파불교에서 말하는 진실보살(眞實菩薩)은 지옥, 아귀, 축생의 3악취(惡趣)를 버리고 인간(人)과 하늘(天)의 선취(善趣)에 태어나는 것과 귀한 가문에서 출생하고 남자의 몸을 받으며, 언제나 불구가 아닌 정상인으로 태어나고, 스스

---

26) 『毘婆沙論』, 제176권, 大正藏 27, pp.886下-997中, 이봉순 125쪽 이하 참조.

27) 『俱舍論』 제12권, 「분별세품」, 菩薩濟物遂己悲心 故以濟他即爲己益 [...] 上士恒勤求 自苦他安樂 及他苦永滅 以他爲己故. 大正藏 29, pp.63下-64上.

로 이치를 깨달아 부처의 가르침을 전할 수 있는 자성생념(自性生念)을 얻을 수 있도록 서원해야 하는 점에서 초기불교의 이념과 크게 다르지 않다.

대승불교의 성립과 더불어 보살 관념은 일반화되기 시작하였다. 불멸 후 재가신자들은 사리 공양을 주도하였으며, 부파불교와 더불어 찬불적 불탑신앙과 불전문학이 번창하다가 초기의 대승불교가 자리잡게 되면서 부처와 보살 관념이 확대되기 시작하였다. 아라한(阿羅漢)을 이상으로 삼았던 부파불교와는 달리 대승불교에서는 보살도, 보살승, 불승의 관념이 새로운 이상으로 구축되었다.

초기대승보다 50년 이상 먼저 출현했다고 추정되는 원시대승 사상은 시방 현재(十方現在)의 모든 부처, 특히 아미타불과 아촉불에 대한 신앙을 확립하였다. 아미타불(법장보살의 후생)은 광명과 수명에서 탁월하며 전세에서 행악한 자들까지 포용하는 폭넓은 구제불(救濟佛)이며, 아촉불은 '위대한 보살'(보살 마하살)의 서원과 행위를 모범적으로 완성한 선각자이고 지도자로서의 보살이다. 그 다음에 성립된 보살 관념은 범부 보살 사상이다. 이는 누구든지 부처가 되겠다는 서원을 세우고 보살도에 정진할 경우에 성불할 수 있다는 사상으로서, 대승불교의 새로운 이상상(理想像)으로 급부상하게 되었다. 이러한 사상은 불탑신앙이나 석존이 세상에 출현한 근본 목적을 중시하는 사람들로부터 비롯되었을 가능성이 크다. 원시 대승은 누구나 서원을 세우면 보살이 될 수 있다고 생각하였으나 아직까지 대승(大乘)이라는 말은 사용하지 않고 있었다.

시즈야(靜谷) 교수에 의하면 대승이라는 말이 가장 처음 분명하게 사용된 것은 『소품반야경』이고, 따라서 그들 스스로를 다르마바나카(dharmabhanaka, 法師)라고 부르는 그 경전의 편집자들이 처음 사용한 것이 된다.[28] 그들은 세간이 곧 열반이라는 가장 높고 깊은 반야의 지혜를 습득하여 무생법인(無生法忍)을 얻는 것이야말로 대승에서 절대로 물러나지 않는 보살의 모습이라고 주장하였다.[29] 원시대승에서 초기대승으로 이행하는 과정에서 제기되는 보살 개념에 대하여 수기를 바탕으로 하는 불전 보설과 대승 보살은 현격한 차이를 드러내고 있다는 야마다(山田) 박사와 히라가와 교수의 입장의 차이가 발견된다. 우선 야마다 박사에 의하면 불전 보살은 과거의 시점에서 석존과 같이 한 사람을 지시한 것으로서 업생(業生)에 의하여 태어나지만, 대승 보살은 과거 및 현재의 시점에서 여러 사람을 지칭하며 원생(願生)에 의하여 태어나게 된다. 그러나 하라가와 교수는 석존의 수기가 석존의 서원과 일반적인 서원으로 연결되어 원생에 의하여 태어난다고 주장하였다.[30] 대승불교에 이르면서 보살의 서원 방식이 초기불교와 사뭇 다르게 나타나는 것을 확인할 수 있다. 기원전 1세기경에 대승경전이 성립되고, 보살이라는 자각자들이 생겨나

28) 靜谷正雄, 『초기 대승불교의 성립』, 百華苑 1974, p.286. 히라가와, 168쪽 참조.

29) 시즈야 교수가 제시한 원시대승과 초기대승을 구분하는 9가지 항목은 다음과 같다. '대승'이라는 말이 있다. '무생법인'(無生法忍)이 출현한다. 일체법의 '불가득공'(不可得空)을 설한다. 세간이 열반이고(世間卽涅槃) 제법은 본래 청정하다(諸法本淨). 반야바라밀이 강조된다. 2승의 입장을 버리라고 강조한다. 불탑공양을 비판하고 경전의 서사(書寫), 공양 및 법사로 헌신할 것을 촉구한다. 승나승열(僧那僧涅)이 출현한다. 무상보리(無上菩提)의 회향(廻向)을 강조한다. (앞의 책. pp.111-112).

30) 山田龍城, 『大乘佛敎成立論序說』, 平樂寺書店 1959, pp.162-164, 히라가와, 170쪽 이하.

기 시작하여 스스로를 대승이라고 불렀다. 초기불교에서는 악취에서 태어나고, 여인의 몸으로 태어나는 것 등을 회피하였다. 그러나 대승보살사상은 보살이 자원하여 악취의 세계에 태어날 것을 서원하고 있다. 이는 부파불교의 유부경전 『비바사론』[31]에서도 확인되고 있으나, 『유가사지론』(제49권), 『대품반야경』(제2권), 『대지도론』(제49권) 등에 이르면 매우 빈번하게 출현하고 있다.[32] 대승불교의 보살사상은 대체로 『반야경』, 『법화경』, 『화엄경』, 『무량수경』, 『유마경』 등에서 그 정수를 드러내고 있다.

구마라집(344~413)이 404년에 번역하였으며, 총 27권 90품으로 구성된 『마하반야바라밀경』(대품반야경, 大正藏 8, pp.217-424)은 대품계(방광계) 반야경의 대표적인 경전이다.[33] 『반야경』에서 보살은 석가와 수보리 사이의 대화를 통하여 그 실체를 확연하게 파악할 수 없는 존재로 묘사되고 있다. 보살은 일체법에 걸림이 없이 자유자재한 존재로 묘사되지만 반야바라밀과 같이 이름만 가지고 있을 뿐이어서 어디에서도 그 형체를 파악할 수 없다는 것이다.[34] 이는 공(空)사상의 영향 때문일 것이다. 그런데 대승경전에서는 보살(bodhisattva) 개념에 마하살(摩訶薩, mahasattva)이라는 개념이 덧붙여져서 사용되고 있다. 이는 보살이 열반에 드는 무리 가운데 으뜸[上首]이 되기 때문에 붙여진 이름이다.[35] 보살마하살(bodhisattva-mahasattva)은 보리살타(菩提薩陀)로서 세간

31) 『毘婆沙論』 제7권, 菩薩發願生惡趣. 大正藏 27, p.33中.

32) 大正藏 30, p.565上, 大正藏 8, p.226中, 大正藏 25, p.410下, 418下.

33) 그가 번역한 다른 계통의 같은 이름을 가진 10권 29품으로 구성된 『마하반야바라밀경』(소품반야경, 大正藏 8, pp.527-586)도 있다.

34) 『大品般若經』 제2권, 「往生品」, 大正藏 8, p.230下, 241下.

35) 『大品般若經』 제4권, 12 「句義品」, 大正藏 8, p.243中, 이봉순 190-193 참조.

을 평안하게 하고 즐겁게 하며, 세간을 구제하고 돌아갈 곳과 의지처와 피난처를 제공하는 훌륭한 인도자가 되기 위하여 노력하는 존재이다.[36] 『대품반야경』의 「서품」에는 관음보살과 문수보살 등을 비롯한 22명의 보살들이 출현하고 있다. 이는 석가가 수기의 방식에 의하여 첫 번째로 제시한 미륵보살, 즉 석가 이후에 출현하게 될 미래불에 이어서 정토사상과 관련하여 아촉 보살(아촉불)과 법장(法藏) 보살(아미타불)이 찬양의 대상이 되었다가, 그 이후에 관음(觀音) 보살과 세지(勢至)보살, 반야경 계통의 문수(文殊) 보살, 화엄경 계통의 보현(普賢) 보살, 그리고 이어서 허공장(虛空藏) 보살, 해의(海意) 보살, 일광(日光) 보살, 월광(月光) 보살, 희왕(喜王) 보살, 지장(地藏) 보살 등이 출현한다. 그런데 대승불교가 활발하게 확장되기 시작하면서 이와 같은 이념적인 보살 존재들 이외에도 고승이나 대학자들에게도 보살이라는 호칭이 사용되기 시작하였다. 용수(龍樹), 마명(馬鳴), 제바(提婆), 무착(無着), 세친(世親) 등이 보살로 불리게 된 것이다. 이는 보살사상이 아라한의 개념으로부터 벗어나서 차츰 일반화 또는 보편화되어 가는 경향성을 잘 드러내고 있으며, 종국에는 모든 사람이 보살이라는 다보살(多菩薩) 사상에까지 이르게 된다.

### 3) 보살의 이념: 보시(布施)와 회향(廻向)

앞에서는 보살사상의 성립과 전개 과정에 대하여 살펴보았으며, 여기에서는 보살사상의 특징적인 이념이라고 할 수 있는 보

36) 『大品般若經』 제15권, 52 「知識品」, 大正藏 8, p.331下.

시와 회향에 대하여 중점적으로 고찰하게 될 것이다. 이 두 개념은 보살의 자비사상을 단적으로 드러내고 있다.

초기불교에서 여래의 전생 존재로서 보살이 가져야 할 으뜸가는 덕목이 자비라는 것은 이미 잘 알려져 있다. "여래에게는 자비심이 있어 중생을 가엾이 여겨 일체를 두루 살펴 아직 건너지 못한 자를 건너게 하고, 일체중생을 어머니가 아들을 사랑하는 것처럼 버리지 않으셨다."[37] 이는 불교의 자비 개념이 어머니가 자식을 사랑하는 것과 같은[如母愛子] 마음이며, 그것은 바로 서구의 보편적 규범윤리학이 정의의 원칙을 지향하고 있는 한계를 지적하고 나왔던 길리건을 위시한 페미니즘 윤리학자들이 주장했던 것과 같은 맥락에 있다는 사실을 확인하게 된다.[38] 문제는 이와 같은 태도가 어느 한 개의 주관적 성향이 아니고 모든 이들이 취해야 할 보편적 규범이라는 것이다. 우리는 이런 사실을 바로 다음 텍스트에서 확인할 수 있다. "중생이란 함께 모여 살아가는 것이니, 지혜있는 사람이라면 누가 가엾이 여기지 않겠는가. [...] 모든 중생을 사랑하고 가엾이 여기는 것은 가르침에 의하면 응당 그렇게 해야 하느니라."[39] 앞에서의 설명에 의하면 자비란 중생을 사랑하고 가엾게 여기는 것[愛愍]이고, 이는 보살들이 마땅히 그렇게 행해야 할 책무[應如是]로 규정되고 있다. 바로 여기에서 불교의 자비행 또는 이타행이 보편적인 규범성의 차원

37) 『增壹阿含經』 제32권, 11, 如來有大慈悲 愍念衆生遍觀一切 未度者史令得道 不捨一切衆生 如母愛子. 大正藏 2, p.725下.

38) 특히 관세음보살은 모성애에 기초한 자재성(自在性), 즉 대자대비를 특징으로 한다. 목정배, 「관음신앙과 휴머니즘」, 『한국불교학의 현대적 모색』, 동국대학교출판부 2000, 293쪽.

39) 『雜阿含經』 제39권, 1097 「설법경」, 衆生群集生 諸有智慧者 誰能不愛愍 [...] 愛愍諸衆生 法者應如是. 大正藏 2, p.288下.

을 확보하게 되는 것이다.[40]

보살행의 기본이자 요체는 이타심(利他心)을 기르는 데 있다. 선한 행위[善因]는 선한 결과[善果]를 낳고 악한 행위[惡因]는 악한 결과[惡果]를 가져오기 때문이다.[41] 보살로 하여금 그런 삶을 영위하기 위하여 제시된 수행방법은 바로 계(戒), 정(定), 혜(慧)의 삼학(三學)이다. 계(sila)는 고차적인 도덕적 규정을 말하고, 정(samadhi)은 마음을 집중하여 행하는 선적 수행을 뜻하며, 혜(panna)는 사성제에 대한 올바른 이해와 판단을 의미한다.[42] 그런데 보살은 모든 이타행을 해탈 열반에 회향시킴으로써 자비적 실천이 그 자신의 깨달음에 대한 도구로 활용될 수 있게 한다. 다른 사람을 도움으로써 자신을 구제하는[自利利他]의 삶을 사는 것이다. 이타행이 바로 바라밀행(波羅蜜行)이다. 바라밀행이란 대승사상에서 보살이 추구해야 하는 보시(布施), 지계(持戒), 인욕(忍辱), 정진(精進), 선정(禪定), 지혜(智慧)의 여섯 가지 수양 덕목, 즉 선법(善法)이다. 다시 말하면 스스로에게도 이롭고 다른 이에게도 이롭게 함으로써, 자신과 남을 모두 이롭게 하는[自利俱利] 방식으로써 니르바나적 세계질서를 계속해서 확장해 가는 것이다.[43]

이러한 사상은 사실상 모든 중생이 하나의 동일한 생명체라는

40) 이와 같은 정신은 초기불교에서 부파불교, 그리고 대승불교에 이르기까지 일관성 있게 계승되고 있다. 부파불교의 대표적인 경전 『구사론』에서도 보살의 이타행이 강조되고 있다. 『俱舍論』: "보살은 오래도록 자비를 닦아서 비록 자기에게 이익이 없더라도 남에게 이익되는 것을 좋아한다. [...] 남의 괴로움을 자기의 괴로움으로 여기고, 남의 즐거움을 자기의 즐거움으로 여기며, 자기의 괴로움과 즐거움은 자기의 괴롭고 즐거운 일로 여기지 않는다." 大正藏 29, pp.63下-64上.

41) 『雜阿含經』 제37권, 1046 「邪行經」, 大正藏 2, p.274上.

42) 『雜阿含經』, 제29권, 816, 大正藏 2, p.210上.

43) 『雜阿含經』 제14권, 349 「聖處經」, 大正藏 2, p.98中.

구상에 근거하고 있다. 무한겁을 통한 전생 윤회에서 모든 것이 모든 것과 인연을 갖게 되지 않을 수 없다는 기본 전제가 깔려 있다. 다음 텍스트는 그런 사실을 전형적으로 보여주고 있다. "지금은 이처럼 오랜 동안 나고 죽음을 헤매고 있지만 [...] 이 중생들도 과거에는 내 부모나 형제, 처자, 친척, 권속, 스승 혹은 친구였을 것이다."[44] 모든 것이 모든 것과 인연이 있다는 사실에서 우리는 대체적으로 인간의 감정이 모두 같다는 사실을 유추할 수 있다. 내가 싫어하는 것은 다른 사람들도 싫어할 것이라는 생각에서, 다른 사람에게 해를 끼치는 일을 삼가야 하는 것이다. 이러한 사실에서 불교 역시 칸트에서와 마찬가지로 정언명법을 정초할 수 있는 근거를 확보하고 있는 셈이다. 나의 행위 원칙(준칙)이 보편적 입법의 원리에 타당하도록 행위하라는 칸트의 정언명법은 어느 한 사람이라도 싫어할 일은 하지 말라는 것과 같은 이치일 것이다.

불교에서도 그와 비슷하게 말하고 있다. "만일 누가 나를 죽이려고 한다면 나는 좋아하지 않을 것이다. 내가 좋아하지 않는 것은 남도 마찬가지일 것이다. 그런데 어떻게 남을 죽이겠는가? 이렇게 생각하고 나서 살생하지 않는 것을 좋아하고, 살생은 좋아하지 말라(若有欲殺我者我不喜 我若所不喜 他亦如是 云何殺彼 作是角已愛不殺生 不樂殺生). [...] 만일 이러한 것을 스스로 바로 현실에서 관찰할 수 있다면, 능히 스스로 '내 지옥은 끝나고, 축생과 아귀가 끝나고, 모든 악취(惡趣)가 없어졌다'고 말하고, 수다원과를 얻어 악취법에 떨어지지 않고, 반드시 삼보리로 바로 나아가 일곱 번 천상과 인간에 태어났다가 마침내 괴로움을 다 할

44) 『雜阿含經』 제34권, 945 「愛念經」, 大正藏 2, p.242上.

것이다."[45] 이러한 규정은 칸트의 의무윤리학보다 더 광범위한 차원을 모색하는 것처럼 보인다. 단 한 사람이라도 다른 사람이 싫어하지 않을 일을 한다는 것은 거의 불가능한 일일 것이다. 서구적인 정의의 원칙에 입각해서 본다면 내가 다른 사람에게 잘못을 범했을 때 그에 준하는 처벌은 정당하다고 인정하면서도, 그가 만일 지나치게 공격적으로 나온다면 싫어할 것이다. 심지어 그는 오히려 그 자신의 잘못에도 불구하고 상대방이 그를 너그럽게 용서해 주기를 바랄 것이다. 입장을 바꾸어서 생각한다면 어떤 다른 사람이 나에게 잘못된 행위를 하였을 때 나는 그를 원칙을 가지고 따지고 비방할 것이 아니라 그를 용서해 주는 것이 필요하다. 그리고 이러한 요구는 전 인류적 또는 우주적 차원으로 적용되어야 한다. 우리는 이런 사실에서 바로 자비 윤리학의 정초 가능성을 찾을 수 있게 되는 것이다.

바라밀행에서 가장 기본이 되는 것은 보시바라밀(布施波羅蜜)이다. 보살은 가난한 사람뿐만 아니라 동물들까지도 한결같이 항상 평등한 마음으로 은혜롭게 보시하는 마음을 가져야 한다(菩薩之處恒以平等心而以惠施)고 규정하고 있다.[46] 그리고 보시에 대한 구체적인 지침도 소개하고 있다. 보살이 보시할 경우에는 모든 중생은 먹지 않으면 죽기 때문에 벽지불에서 일반인에 이르기까지 평등하게 대해야 하며, 자신이 가진 어떤 것(심지어 머리, 눈, 골수, 뇌, 나라, 재물, 처자식)에도 애착을 버리고 기쁜 마음으로 보시해야 한다. 그리고 그 공덕은 자기만의 무상정등각을 위

45) 『雜阿含經』 제37권, 1044, 「비뉴다라經」, 大正藏 2, p.273中, 이봉순 63쪽 참조.

46) 『增壹阿含經』 제4권, 大正藏 2, p.565上.

한 것이 아니라 일체에 미치게 해야 한다.[47]

이처럼 보시를 가능하게 하는 근거는 동체대비사상(同體大悲思想)에 바탕을 두고 있는 조건 없이 베푸는 한 없는 사랑[無量心]이며, 이것은 사랑하고 가엾이 여기며 기뻐하고 보호하는[慈悲喜護] 네 가지 마음, 즉 사무량심(四無量心)으로 구체화 된다.[48] 이를 통하여 보살은 원한이나 미움, 성냄도 없이 한없이 크고 넓게 선을 닦아서 사방(四方), 사유(四維), 상하(上下)의 일체 세간에 충만하도록 해야 한다는 것이다(無怨無嫉亦無瞋恚 廣大無量善修充滿).[49] 보살이 일체 만물을 자신의 몸과 같이 여기고 자비로 대하는 일을 가능하게 하는 사무량심은 바로 일심(一心)이자 정심(正心)에 다름 아니다. 자비의 마음은 '중생을 다 건지겠다'(衆生無邊誓願度)는 서원에서 비롯되는 절대적인 동정심과 이타심이다.

이는 가정에서부터 사회에 이르기까지 구현되어야 할 사회도덕으로서 불교에서는 사섭법(四攝法)으로 규정하고 있다.[50] 지켜야 할 네 가지 법이란 바로 은혜를 베풀고 정다운 말을 하고 남에게 이로운 일을 하며 다른 사람과 이익을 함께 하는 것이다.[51] 혜시(惠施)는 남에게 은혜를 베풀어 돕는 것을 말한다. 보시는 음식, 탕약, 의복, 장식품, 향 등을 주는 것이며, 그 중에서도 법보시가 가장 훌륭하다고 하였다. 애어(愛語)는 다른 이들에게 정답고 기쁘게 하는 말이다. 축하하고 위로하고 칭찬하는 친절한 말들이

47) 『增壹阿含經』 제19권, 27 「等趣四諦品」, 大正藏 2, p.645中.
48) 『增壹阿含經』 제21권, 21 「苦樂品」, 大正藏 2, p.645中.
49) 『雜阿含經』 제27권, 743 「慈經」, 大正藏 2, p.197中下.
50) 『雜阿含經』 제26권, 667 「思力經」, 668 「四攝事經」, 669 「攝經」을 참조할 것.
51) 『雜阿含經』 제26권, 667, 大正藏 2, pp.184下-185上.

여기에 해당되며, 가장 좋은 애어는 적절한 시기에 사람들에게 진리의 말씀을 설하는 것이다. 행리(行利) 혹은 이행(利行)은 중병이 든 자를 시중해주거나 액난에 빠진 자들을 구제하는 것 등을 말한다. 가장 좋은 것은 믿지 않는 사람[不信者]에게 믿음을 받아들여[入信] 신앙을 세우게 [建立於信] 함으로써 깨끗한 계율[淨戒]과 바른 지혜[正智]로 이끄는 것이다. 동리(同利) 혹은 동사(同事)는 각인에게 그들에게 필요한 덕목을 갖추어서 실천하도록 하는 것이다. 살생을 싫어하는 자에게는 그가 생명을 죽이지 않도록 도와주고, 탐욕과 사기와 행악을 싫어하는 자에게 그런 행위를 하지 않도록 조력하는 것이다. 음주를 싫어하는 사람에게 술을 마시지 않도록 도와주는 것도 해당된다.52) 이와 같은 사섭법을 통하여 니르바나적 세계질서가 보다 더 확장되고 모두가 성불할 수 있는 가능성에 더 가깝게 다가설 수 있는 것이다.

이처럼 초기불교에서 보살의 서원(誓願)사상은 대승불교에 이르기까지 일관성 있게 전개되는 것을 확인할 수 있다. 『반야경』에서는 위로는 깨달음을 얻고[上求菩提] 아래로는 모든 중생을 제도하여[下化衆生] 청정한 불국토[淨佛國土]를 이루겠다는 사상이 보다 구체적으로 나타나고 있다. 그런데 이와 같은 불교의 자비사상이 의미있게 구현될 수 있기 위해서 전제되는 조건이 있다. 보시(布施)의 회향(廻向)이 바로 그것이다.53)

그렇다면 회향이 뜻하는 바는 무엇인가? 회향은 학자들에 따라서 '달리 유용한다' 또는 '변화'나 '소화', 그리고 '본래의 의도

---

52) 『雜阿含經』 제26권, 668, 大正藏 2, p.185上. 『集異門足論』 제9권, 大正藏 26, p.402下, 이봉순 85-88쪽 참조.

53) 『大品般若經』 제9권, 36 「尊導品」, 大正藏 8, p.288中.

와는 다른 목적으로 전용(轉用)한다'는 뜻을 가지고 있는 것으로 해석되고 있다. 이러한 의미를 바탕으로 "자기의 선근공덕을 타인의 업고(業苦)를 완화시키거나 혹은 타인의 보리(菩提)에 이바지 한다"[54]는 의미로 진전된다. 회향(parinamamama)은 구마라집이 『소품반야경』에서 처음으로 사용하였으며, 그 이전에는 지작(持作), 지심작(持心作), 작(作) 등의 한역어(漢譯語)가 사용되었다.[55] 그러다가 구마라집과 현장이 회향으로 확정 사용하였으며, 이는 자기가 지은 선업과 선근과 선행의 공덕을 모두 타인에게 돌린다는 취지에서 회자향타(廻自向他), 회인향과(廻因向果), 회사향리(廻事向里) 등의 뜻을 담은 것이다.

화엄종 제2조인 지엄(智儼 602~668)은 "회향은 이전의 행위를 되돌려 보리에 향하는 것으로서 가히 중생과 법성에 통하는 것이다"(廻向者 廻前行向菩提. 亦可通衆生及法性.)라고 말하였다."[56] 이어서 화엄종 제3조 현수 법장(賢首法藏 602~668)은 세 가지 유형의 회향에 대하여 설명하였는데, 그 첫째는 간략하게 이(理)라는 것으로서, 상(相)을 버리는 것을 회(廻)라 하고 이(理)에 들어가는 것을 향(向)이라고 한다(初約理者. 捨相曰廻入理名向). 그 둘째로는 간략하게 중생을 이롭게 하는 것으로서, 이치를 터득하여 깨닫지 않는 것을 '회'라 하고 대자자비를 따라서 중생을 구제하는 것을 '향'이라 한다(二約利生者. 得理不證曰廻大悲隨有救生名向). 그 셋째로는 간략하게 보리라는 것으로서, 선근을 따라서 삼유(三有)와 이승(二乘)을 원하지 않는 것을 '회'라 하고, 무상보리

54) 목정배, 『불교교리사』, 지양사 1987, 107-114쪽, 이봉순 220쪽 참조.

55) 이봉순, 220쪽 참조.

56) 智儼, 『大方廣佛華嚴搜玄分齊通智方軌』(華嚴經搜玄記) 제2권, 21 「金剛幢菩薩廻向品」, 大正藏 35, 42下.

에 바로 나아가는 것을 '향'이라고 한다(三約菩提者. 所修善根不願三有二乘名廻正趣無上菩提曰向).[57] 화엄종 제4조인 청량 징관(淸涼澄觀 738~839)에 의하면 '회'는 '되돌리는 것'(廻者轉也)이고 '향'은 '나아가는 것'(向者趣也)이다. 그의 정의에 의하면 모든 회향은 결국 중생(衆生), 보리(菩提), 실제(實際)의 삼처와 관련되는 것이다.[58] 중생과 보리는 상을 따르는 것[隨相]이고, 실제는 상을 떠나는 것[離相]이다.

『화엄경』(80권본) 제24권의 「십회향품」에서는 열 가지의 회향 내용이 다음과 같이 소개되고 있다. 첫 번째로 '일체 중생을 구호하되 중생이라는 상을 떠나는 회향'(救護一切衆生離衆生相廻向)이란 무한한 선근으로 수많은 중생을 두루 이롭게 하고 청정하게 하면서도 법상(法相)에 머물지 않는다는 것이다. 두 번째로 '멸하지 않는 회향'(不壞廻向)이란 모든 불법에 대하여 허물어지지 않는 믿음을 얻어서 중생들에게도 자비의 눈으로 차별하지 않고 널리 이익을 준다는 것이다. 세 번째로 '모든 불타와 평등한 회향'(等一切佛廻向)이란 마음이 자재하고 청정한 보살이 그 온갖 선근과 안락함으로 부처님께 회향하고 이를 다시 보살과 모든 중생에게 회향하는 것이다. 회향을 배우는 것이 곧 제불(諸佛)과 같다는 것이다. 네 번째로 '일체처에 이르는 회향'(至一切處廻向)이란 보살의 온갖 선근이 무한하고 광대한 세계에 두루 충만하게 되는 것이다. 다섯 번째로 '무진 공덕장의 회향'(無盡功德藏廻向)이란 보살이 장대하고 무한한 선근으로 온갖 장애를 떨치고 정각을 이

57) 法藏, 『華嚴經探玄記』 제7권, 21「금강당보살회향품」, 大正藏 pp.241下, 243上-中.

58) 澄觀, 『大方廣佛華嚴經疏』(淸涼疏) 제26권, 「십회향품」, 大正藏 35, 694下.

루어 모든 불국토를 장엄하게 하는 회향이다. 여섯 번째로 '견고한 일체 선근을 따르는 회향'(隨順堅固一切善根廻向)이란 보살이 대국의 제왕이 되어 천하에 명성과 위덕을 떨칠 경우에 모든 중생들을 교화하고 자비심을 베풀어 선행과 선업을 쌓을 수 있게 하는 것이다. 일곱 번째로 '일체 중생을 평등하게 따르는 회향'(等隨順一切衆生廻向)이란 보살이 어디에서나 끝없는 선근과 보시로 일체 중생이 무한한 삼매에 들어갈 수 있도록 있게 하는 것이다. 여덟 번째로 '진여상의 회향'(眞如相廻向)이란 보살이 부처님을 늘 생각하여 정법을 지키고 맑은 신심과 견고한 선근으로 공덕과 지혜를 닦고 지혜와 방편으로써 회향하는 것이다. 이치와 같은 선근은 진여의 모습이므로 여상회상(如相廻向)이라 한다. 아홉 번째로 '집착과 속박이 없는 해탈의 회향'(無着無縛解脫廻向)이란 보살이 모든 선근과 선근을 구하는 것과 부처님께 청법하는 것에 대하여 존중심을 나타내는 것을 말한다. 보살의 회향은 무애 자재하고 선근을 진작하여 보현의 덕을 갖추는 것이므로 무착무박해탈이라고 부른다. 열 번째로 '법계와 같은 무한한 회향'(等法界無量廻向)이란 보살의 선근이 회향함으로써 법계와 무한하게 같아지는 것을 말한다. 회향은 광대무변하여 법계와 같다는 것이다.59)

이처럼 보시바라밀 또는 반야바라밀이 되기 위해서는 보시가

---

59) 大正藏 10, 25-33 「十廻向品」, pp.124-178. 한글대장경 『화엄경』(80권본) 동국역경원 1989, 1권, 496-514쪽, 2권, 11-156쪽. 또한 이통현의 『略釋新華嚴經修行次第決疑論』, 大正藏 36, 「十廻向品」, pp.1035下-1040中, 『약석 신화엄경론』, 효산 역, 운주사 1999, 298-343쪽. 현석 역주, 『화엄경개요』, 청량소 · 통현론 · 수현기 · 탐현기의 요지와 간추린 경문, 우리출판사 2002, 「십회향품」, 304-322쪽 참조.

일체지에 회향되어야 한다는 사상은 대승불교의 독특성을 드러내고 있다. 보시는 다른 사람에게 베푸는 것이다. 그러나 그 보시가 베푸는 나의 존재[我相]와 도움을 받는 사람[他相]과 돕는 행위 사실과 물건[施相] 등에 집착할 경우에 그것은 단지 하나의 보시에 그칠 뿐이고 보시바라밀이 되지 못한다. 그 세 가지 사실에 대한 집착으로부터 완전하게 벗어나서 일체지에 회향할 경우에만 보시바라밀이 된다는 것이다.60) 다시 말하면 보시와 보시바라밀이 서로 다른 둘이 아니고[無二法] 완전한 하나로 일치해야 한다는 것이다. 이를 위해서는 보시행에서 보시바라밀행으로의 무한접근이 요구되지 않으면 안 될 것이다.

보시바라밀이나 반야바라밀은 보시행의 최종 목표이지만 그것은 어떤 것에 대한 집착을 통하여 얻어지는 것이 아니라 모든 것에서 자유로운 무애(無碍)와 공적(空寂)의 상태에서 일체지에 회향하는 방식에서만 추구될 수 있다.61) 그것은 보시의 선법(善法)이 진여(眞如)나 불도(佛道)와 다르지 않을 경우에만 성취될 수 있는 차원이다. 아무런 집착과 분별심이 없을 경우에 보살은 삼보리에 회향하게 되는 것이다. "만약 보살마하살이 오랜 동안 6바라밀을 행하고, 여러 부처님을 많이 공양하여 선근(善根)을 심고, 선지식(善知識)의 특징[相]을 따르고, 사물의 자상은 공(空)하다는 가르침을 잘 배우면, 이 보살은 이러한 인연(因緣)과 일로써 여러 부처님의 선근을 수희(隨喜)하는 복덕을 마음에 두지 않고 아뇩다라삼먁삼보리(阿耨多羅三藐三菩提)에 회향한다. 불이법이

60) 『大品般若經』 제7권, 26 「無生品」, 大正藏 8, p.272中.

61) 보살마하살과 반야바라밀다의 수행적 특성으로서 무집착-무심성, 공성과 진무루 등에 대하여는 권기종, 「『대반야경』에 나타난 보살의 의미」, 『불교사상사 연구 상』, 한국불교연구원 2004, 67-88쪽.

나 비불이법(不二法非不二法)도 아니고, 상이나 불상도 아니고(非相非不相), 얻을 수 있는 법이나 얻을 수 없는 법(非可得法非不可得法)도 아니며, 깨끗한 것이나 더러운 것이나 태어나는 것이나 없어지는 것이 아닌 것(非淨非垢不生不滅法)으로서 행하는 이것을 아뇩다라삼막삼보리에 회향하는 것이라고 한다."[62)]

칸트식으로 표현하면 도덕적인 행위로 정당화될 수 있기 위해서는 도덕성 이외의 어떤 동인도 개입되지 않아야 하는 것처럼, 보시가 보시바라밀과 일치하기 위해서는 일체법이 공하다는 사실을 전제하지 않으면 안 되는 것이다. 보살마하살이 함께 기뻐하고[隨喜] 일체중생과 공동의 것으로 회향하는 것이야말로 최상이고 제일이며 가장 오묘하고 위 없으며 더불어 견줄 것이 없는 [最上第一最妙無上無與等] 복덕인 것이다. 왜냐하면 성문승과 벽지불이 일체중생들의 보시, 지계, 선정의 수행과 수희에 힘쓰는 것은 스스로를 조절하고 스스로를 청정하게 하고 스스로를 제도하기 위한 것이지만, 보살이 일체중생과 복덕을 함께 기뻐하는 것은 자기 자신을 위해서가 아니라 일체중생을 조절하고 그들을 청정하게 하여 제도하려고 한 것이기 때문이다.[63)] 이처럼 보살의 보시행은 수희(隨喜)와 회향(廻向)에 의하여 보시바라밀과 일치하게 되는 것이다.

---

62) 『大品般若經』 제11권, 39 「隨喜品」, 大正藏 8, p.298上.
63) 『大品般若經』 제11권, 39 「隨喜品」, 大正藏 8, p.297中下.

### 4) 불교 페미니즘의 원형으로서 관음보살

대승불교의 보살사상이 가장 극적으로 나타나고 있는 경전은 바로 『법화경』이다.64) 이 경전의 청중들은 마하가섭, 사리불, 대목건련, 수보리 등 아라한의 경지에 오른 일만 이천 명의 큰스님[大比丘]들과, 또한 문수사리보살, 관세음보살, 약왕보살, 미륵보살 등 최상의 깨달음[아뇩다라삼먁삼보리]을 얻은 팔만여 명의 보살마하살들과 모든 천왕들과 여덟 용왕들이다.65) 한 마디로 보살들에게 가르침을 내리는 경전인 것이다. 그 중에 제7권, 25「관세음보살보문품」은 『관음경』(觀音經)이라는 독립적인 명칭을 가질 정도로 유명하다.66)

「보문품」은 무진의(無盡意)보살[아미타불]이 세존에게 관세음보살이 어떤 인연으로 그 이름을 갖게 되었는가를 묻는 것으로 시작된다. "만약 백천만억의 한없는 중생들[無量衆生]이 온갖 고통을 당할 경우에[受諸苦惱] 관세음보살에 대하여 듣고서 일심으로 그 이름을 부르면[一心稱名] 관세음보살이 즉시 그 소리를 듣고[觀其音聲] 모두 해탈을 얻게 한다[皆得解脫]"67)는 것이다. 이

64) 법화경전에는 축법호(竺法護)가 286년에 한역한 10권(27품)의 『정법화경』(正法華經), 구마라집이 406년에 한역한 7권의 『묘법연화경』, 자나굴다(闍那堀多) 등이 705년에 한역한 『첨품묘법연화경』(添品妙法蓮華經)이 있다. 영어판: Burton Watson, *The Lotus Sutra*. Columbia University Press, New York 1993. 독일어판: *Das Lotus-Sutra*. Übers. von Max Deeg. Primus Verlag 2007.

65) 『妙法蓮華經』 제1권, 1「序品」, 大正藏 9, pp.1下-2中.

66) 『妙法蓮華經』 제7권, 25「觀世音菩薩普門品」, 大正藏 9, pp.56下-58中. 관세음보살, 관자재보살은 산스크리트어 Avalokitesvara를 관세음으로 음역한 데서 비롯되었다. 『법화경』을 최초로 한역한 축법호는 『정법화경』에서 광세음보살로 번역하였으며, 구마라집(343~413)은 '관세음'(舊譯)으로, 삼장은 '관자재'(新譯)로 옮겼다. 김호성, 『천수경의 비밀』, 민족사 2005, 88쪽.

구절은 관음신앙의 근본 내용을 담고 있다. 모든 고통과 번뇌에 사로잡혀 있는 중생들이 관음보살을 부르기만 해도 그 소리를 듣고 구원해준다는 사상은 확실히 소승불교의 구원관과는 너무 다르다. 보다 구체적으로 관음보살은 사람들이 흔히 겪게 되는 일곱 가지 재난[七難]으로부터 구제한다. 큰불[火難]이나 큰물의 재난[水難], 큰바다에서의 폭풍[風難], 귀신들로부터의 해악[鬼難], 권력[王難]이나 도적의 위협[賊難]으로부터 모두 구제를 받고 자유로울 수가 있는 것이다.[68] 또한 관세음보살을 마음으로 공경하면 음욕(淫慾)이 많은 사람도 색정이 사라지게 되고, 성내는 마음과 어리석음, 즉 진에(瞋恚)와 우치(愚痴)까지도 모두 떠날 수 있게 된다.

이어서 「관세음보살보문품」에서의 특이점은 어떤 사람이 단 한 번이라도 관세음보살의 이름을 부르거나 예배하고 공양할 경우 62억 항하사 모래 수만큼 보살의 이름을 부르고 죽을 때까지 수없이 많은 공양을 한 사람과 똑 같은 공덕을 얻게 된다는 사실이다.[69] 서구적인 정의 개념에 입각한 보편윤리학의 관점에서 보면 이와 같은 사실은 쉽게 납득될 수 없을 것이다. 그러나 이것은

67) 『妙法蓮華經』 제7권, 25 「觀世音菩薩普門品」, 大正藏 9, p.56下.

68) 이는 김홍호의 『법화경 강해』(사색 2004)에서 참조하여 정리한 것이다(442쪽). 법령은 그의 저서 『관세음보살 보문품강화』(관음출판사 1995)에서 칠난(七難)을 화난(火難), 수난(水難), 흑풍난(黑風難), 도장난(刀杖難), 악귀난(惡鬼難), 가쇄난(枷鎖難), 원적난(怨賊難)으로 규정하고 있다. 106쪽 이하. 정승석 교수는 7난을 화난(火難), 수난(水難), 풍난(風難), 검난(劍難), 귀난(鬼難), 옥난(獄難), 도난(盜難)으로 부른다. 『민중의 흙에서 핀 연꽃, 법화경』, 사계절 2004, 123쪽.

69) 『妙法蓮華經』 제7권, 25 「觀世音菩薩普門品」, 若復有人受持觀世音菩薩名號 乃至一時禮拜供養 是二人福 正等無異 於百千萬億劫 不可窮盡. 大正藏 9, p.57上.

회향의 관점에서 보면 쉽게 이해될 수 있다. 어떤 사람이 많은 공덕을 쌓았다는 의식을 가지고 있다는 사실은 아직 보시의 단계에 머물러 있을 뿐 보시바라밀의 경지에 도달한 것이 아니기 때문이다. 따라서 회향의 관점에서 본다면 단 한 번의 공덕을 쌓은 사람과 수없이 많은 공덕을 베푼 사람 사이에 근본적인 차이는 존재하지 않는다. 이것은 성서에 나오는 탕자의 비유와도 비슷한 내용이다. 탕자는 그에게 맡겨진 모든 재물을 탕진하고 돌아왔지만 집에 있는 자식들보다 더 큰 환대를 받았던 것이다. 따라서 자비의 관점에서 공덕의 크고 작음은 그 행위에 대한 보상과 아무런 관계도 없다는 사실이 분명하게 된다.

관음보살은 자비의 보살로서 어머니와 같은 여인상으로도 출현한다는 사실에서 불교 페미니즘적 요소를 가장 많이 함축하고 있다. 물론 관음보살은 32응신(三十二應身)으로 여러 유형의 존재로서 출현하고 있으므로 성차(性差)를 초월하고 있는 것이 사실이다. 그러나 관음보살은 흔히 여성상으로 화현하는 것으로 그려지고 있다. 관세음보살은 중생을 제도할 경우에 필요하다면 비구니와 우바이, 그리고 장자, 거사, 관리, 바라문의 부인이나 소녀의 몸으로 나타나기도 한다.[70] 이는 여성의 몸으로 태어나지 않도록 서원하는 초기불교의 보살사상을 넘어선 것이다. 우리의 설화 가운데서 가장 대표적인 경우로는 남백월의 두 성인 노힐부득과 달달박박이 깨달음을 얻게 된 배경에 낭자로 화현한 관음보살의 도움이 있었던 것을 들 수 있다.[71]

---

70) 『첨품묘법연화경』 제7권, 24「관세음보살보문품」, 大正藏 9, 192中, 『정법화경 외』, 동국역경원 1994, 711쪽.

71) 일연, 『삼국유사』, 김원중 역, 제3권, 塔像 제4, 을유문화사 2002, 357-367쪽 참조.

관음보살사상은 앞에서 다룬 『법화경』 이외에도 밀교부의 『천수경』에서도 발견할 수 있다.[72] 이 경전의 본래 이름은 『천수천안관자재보살광대원만무애대비심다라니경』(千手天眼觀自在菩薩廣大圓滿無礙大悲心陀羅尼經)이며,[73] 여기에서 천수천안(千手天眼)은 자비심으로 중생들을 보살피기 위하여 요청된 상징이자 서원이다. 천개의 눈과 천 개의 손은 바로 우리의 고통과 번민을 해결해 줄 수 있는 방편이기도 하다.[74] 『관음경』에서와 마찬가지로 『천수경』에서도 관음보살이 삼천대천세계를 모두 금빛으로 물들이는 신통력을 발휘하는 것을 본 총지왕보살이 부처에게 그 연유를 묻는 것으로부터 출발하고 있다. 관음보살은 모든 중생을 안락하게 하기 위하여 대비심다라니주를 익혀 왔는데, 이를 통하여 열 가지 이익[十利[75]]을 얻을 수 있고, 열다섯 가지의 나쁜 죽음

72) 천수천안 관세음보살 신앙에 대한 12종의 경전에 대해서는 김호성, 『천수경과 관음신앙』(동국대학교출판부 2006) 66쪽을 참조하라.

73) 大正藏 20, pp.106-111. 한글판으로는 광덕 스님 편역, 『천수관음경』(불광출판사 2006, 7-55쪽)과 법상 외 공편, 『천수천안관자재보살광대원만무애대비심다라니경』(정우서적 2005)을 참조할 수 있다. 이하 『천수경』으로 줄인다. 우리나라에서는 조선 성종 7년(1476)에 최초로 간행되었다. 김호성, 『천수경의 비밀』, 민족사 2005, 19쪽.

74) 『천수경』, "만약 제가 오는 세상에서 일체중생의 이익과 안락을 감당할 수 있겠거든, 저로 하여금 즉시 이 몸에 천수천안이 갖추어지게 하소서." 若我當來 堪能利益安樂一切衆生者. 令我卽時 身生千手天眼具足. 법상, 12쪽, 大正藏 20, p.106下.

75) 열 가지 이익이란 모든 중생이 안락을 얻으며[得安樂], 모든 병이 낫고[除一切病], 오래 살며[得壽命], 부자가 되고[得富饒], 모든 악업과 중죄를 소멸시키며[滅除一切惡業重罪], 장애와 어려움을 물리치게 되고[離障難], 모든 선행과 공덕을 더 많아 쌓게 되며[增長一切白法諸功德], 모든 선근을 성취하고[成就一切諸善根], 모든 두려움을 떨치게 되며[遠離一切諸怖畏], 모든 구하는 바를 속히 이루게 되는 것[速能滿足一切諸希求]을 말한다. 『천수경』, 법상, 9쪽, 大正藏 20, p.106中.

[十五種惡死][76]을 피할 수 있으며, 열다섯 가지의 좋은 삶[十五種善生][77]을 얻을 수 있다고 하였다.

그런데 관음보살은 대비신주를 외우는 자가 불국토에 태어나지 못하고 삼악도에 떨어지거나, 삼매를 얻지 못하거나, 현재의 생애 가운데서 구하는 모든 것을 얻지 못하는 경우에는 정각을 이루지 않겠다고 다짐하고 있다. 물론 여기에서도 단서는 있다. 착하고 바른 목적으로 구하지 않거나 지극하고 정성스럽지 못한 자는 제외된다[唯除不善, 除不至誠]는 것이다. 또한 남자로 태어나기를 바라는 여인이 뜻을 이루지 못하는 경우에도 정각을 이루지 않겠다고 하였다. 이 경우에는 소원자가 조금이라도 의심을 품을 경우에는 뜻을 이루지 못한다고 지적하고 있다. 그러나 삼보의 음식과 재물을 손상한 중생은 일천 부처님이 세상에 나타나더라도 참회가 통하지 않고, 설사 참회한다 하더라도 죄가 소멸되지 않지만, 대비신주를 외우면 즉시 없어지며, 심지어 열 가지

76) 열다섯 가지의 악한 죽음이란 굶주림으로 죽지 않으며, 형벌로 죽지 않으며, 앙갚음으로 죽지 않으며, 전쟁에서 죽지 않으며, 짐승에게 물려 죽지 않으며, 독사 등에 물려 죽지 않으며, 물에 빠지거나 불에 타 죽지 않으며, 독약으로 죽지 않으며, 몸속의 독충에 물려 죽지 않으며, 미치고 실성하여 죽지 않으며, 산과 절벽에서 추락하여 죽지 않으며, 악인이나 도깨비 등에 죽지 않으며, 악신이나 악귀에 의하여 죽지 않으며, 나쁜 병에 의하여 죽지 않으며, 분함과 슬픔으로 자살하여 죽지 않는 것이다. 『천수경』, 법상, 22-23쪽, 大正藏 20, p.107中.

77) 열다섯 가지의 좋은 삶이란 태어나는 곳마다 좋은 왕을 만나고, 좋은 나라에서 태어나고, 항상 좋은 시절을 만나며, 항상 좋은 친구를 사귀게 되고, 신체가 건강하고, 도를 추구하는 마음이 순수하고 성숙하며, 계율을 잘 지키고, 가족이 화목하며, 재물과 음식이 풍족하고, 항상 다른 사람의 공경을 받으며, 재물을 빼앗기지 않고, 피하고 싶은 것과 원하는 일을 뜻대로 할 수 있으며, 하늘과 선신들이 항상 지켜주며, 태어나는 곳마다 불법을 들으며, 정법을 깨우치는 것이다. 『천수경』, 법상, 24-25쪽, 大正藏 20, p.107中.

악과 다섯 가지 대역죄를 저지른 사람이나 탑을 깨뜨리고 절을 허물고 시주를 훔친 중죄인도 대비신주를 독송할 경우에 죄를 용서받을 수 있다고 하였다.[78] 이러한 사실에서 우리는 관음보살의 대자대비한 마음이 얼마나 보편적이고 일반적인 가를 확인할 수 있는 것이다.

김호성 교수는 관음보살의 신앙유형을 세 가지로 구분함으로써 관음신앙의 다양한 스펙트럼을 상세하게 보여주고 있다.[79] 첫째로 『법화경』의 「관세음보살보문품」에서의 관음신앙은 관음보살과 중생의 관계에 기본하고 있으며, 타력적인 구제신앙이 특징적이다. "관세음보살님, 도와주소서"의 신앙이다. 둘째로 『화엄경』의 「입법계품」에서의 관음신앙은 관음보살과 선재동자의 관계에 기본을 두고 있으며, 여기에서는 스승과 제자의 관계 설정이 특징적이다. 훌륭한 제자는 스승을 능가할 수도 있어서 구도행에서의 역전도 가능할 수 있다. "관세음보살님처럼, 되겠습니다"의 신앙이다. 셋째로 『반야심경』, 그리고 의상대사(625~702)의 『백화도량발원문』[80]에서의 관음신앙은 수행자가 관음보살처럼 되는 것을 기본으로 하고 있다. 여기서는 수행자가 "관세음보살님, 도와드리겠습니다"의 신앙을 적극적으로 개진하고 있다.[81]

78) 『천수경』, 법상, 19-21쪽, 大正藏 20, p.107上.

79) 김호성, 『천수경의 새로운 연구』, 민족사 2006, 97-140쪽, 특히 「관음신앙의 유형에 대한 고찰」을 참조하라.

80) 의상대사의 『백화도량발원문』에 대한 체원(體元)의 약해(『한국불교전서』 6, pp.570c-577a)에 대한 번역 및 해설은 김호성, 『천수경과 관음신앙』, 동국대학교출판부 2006, 322쪽 이하를 참조하라.

81) 김호성, 『천수경과 관음신앙』, 동국대학교출판부 2006, 165-180쪽 참조. 의상대사는 『백화도량발원문』의 앞부분에서 관세음보살을 스승으로 규정하였다가, 나중에는 관음보살과 같아지고 교화를 돕겠다는 적극적인 취지를 밝히고 있다. "십원육향(十願六向), 천수천안과 대자대비는 관세음보살과 같아지며 몸을

이로써 관음보살에 대한 신앙은 타력적인 구제신앙에서 자발적이고 이타행적인 자력신앙으로 전개되고 있으며, 그것은 바로 모든 중생이 보살이고, 모든 보살은 보시바라밀과 반야바라밀 행을 통하여 니르바나적 세계질서의 무한 확장에 기여해야 한다는 사상을 구현하고 있다. 여기에서 우리는 자비사상의 보편적 규범성을 다시 한 번 확인하게 되는 것이다.

### 5) 페미니즘 윤리의 정초근거로서의 자비

이상의 논의에서 우리는 불교의 보살사상에서 자비의 개념을 통하여 페미니즘 윤리학의 정초 근거 및 정당화 가능성을 확보하고자 노력하였다. 보살사상은 정의 개념 대신에 자비 및 보시 개념에 근거하고 있으며, 도덕적으로 성숙하지 못한 사람들일지라도 그들이 진정으로 도움을 요청할 경우에 무조건적이고도 무차별적인 자비의 시혜가 가능하다는 점에서 근본적인 차이를 보인다. 이것은 보살이 어머니가 자식을 사랑하는 것처럼[如母愛子] 일체 중생을 사랑하고 가엾게 여기는 것[愛愍]을 마땅히 행해야 할 책무[應如是]로 알고 있기 때문이다. 이를 통하여 보살은 위로는 깨달음을 얻고[上求菩提] 아래로는 중생을 구제함[下化衆生, 饒益衆生]으로써 불국토의 무한 확장을 지향하고 있다. 이와 같은 보살행은 모든 중생이 하나의 동일한 생명체라는 구상에 근거하고 있으며, 보살은 자신의 보시행을 타자 존재의 구제를 위하

---

버리는 이 세상과 새몸 얻는 저 세상에서 머무는 곳곳마다 그림자가 물체를 따르듯이 언제나 설법하심을 듣고 교화를 돕겠습니다." 앞의 책, 232, 272, 294-308쪽. 김호성, 『천수경의 새로운 연구』, 민족사 2006, 99쪽.

여 회향(廻向) 함으로써 일체중생과 함께 기뻐함[隨喜]으로써 결국에는 그 모든 복덕이 자신과 일체 중생에게 더불어 미치도록 하는 것이다. 그리고 바로 이 경우에만 보시행이 보시바라밀행이 될 수 있다는 사실은 칸트의 의무윤리학적 구조와 별반 다르지 않다. 회향의 관점에서 볼 때 단 한 번의 공덕을 쌓은 사람과 무진장 보시한 사람 사이에 근본적인 차이가 존재하지 않는 것도 보살 자비윤리학의 독특성이다. 수많은 보살 중에서도 관세음보살은 드물게 여성성으로 현신하는 점에서 특이하며, 『화엄경』의 회향품에서 제시된 방식들은 보살의 회향이 부처나 법계와 같다는 사상을 보여주고 있다. 이러한 사실에서 우리는 불교의 보살사상과 자비윤리가 페미니즘 윤리학의 정초 및 정당화에 필요한 논변을 제시하고 있음을 확인할 수 있었다.

여기에서 우리는 페미니즘 윤리학의 원형으로서 길리건[82]과 나딩스[83]가 제시한 배려윤리와 보살사상의 자비윤리가 어떤 관계에 있는 가에 대한 안옥선 교수의 비판적 연구에 대하여 확인할 것이 있다.[84] 안교수에 의하면 길리건이나 나딩스는 보살핌의 윤리가 정당화될 수 있는 근거에 대하여 소홀한 측면이 있으며(269), 여성의 윤리행위를 설명하려는 출발점으로 인한 자체한계 내지 자체모순을 범할 수 있다고 보았다(289, 291). 그리고 이 사실은 여성윤리의 보편적 적용 가능성에 대한 회의를 제기할 수

82) Gilligan, Carol: *In a Different Voice*. Cambridge University Press 1989.

83) Noddings, Caring: *A Feminine Approach to Ethics & Moral Education*. Berkeley University of California Press 1984.

84) 안옥선, 『불교윤리의 현대적 이해』, 불교시대사 2002. 특히 페미니즘 윤리학과 초기불교윤리와의 관계 논의에 대해서는 제4부에 나오는 두 개의 논문, 즉 「자비의 윤리와 보살핌의 윤리의 유사성」과 「보살핌의 윤리에 대한 우려론과 자비의 윤리」를 참고할 수 있다.

있으며(290), 따라서 보편적 사랑의 실현 불가능성을 현실적으로 받아들이는 태도로 연결되고 있다는 것이다(291). 보살핌의 윤리는 인간관계의 깊이에 따라 보살핌이 제약되며, 인간이 아닌 동물들에 대한 보살핌의 필요성을 구체적으로 제기하지 않는 한계가 있다는 것이다(293). 더 나아가서 길리건이나 나딩스가 제시한 보살핌의 지위적 특성은 그들의 의도와는 달리 여성에게 희생을 강요하는 논리로 전락될 가능성이 있다는 비판도 무시할 수 없다는 것이다(293, 344).[85] 또한 모성애를 자연적 보살핌의 최고 유형으로 보면서도 보살핌의 윤리는 원칙적으로 자기희생을 요구하는 것이 아니라 자기실현의 방편일 수 있다는 나딩스의 주장을 자체모순이라고 지적한다(294). 이런 사실들을 종합하여 안교수는 보살핌의 윤리는 여성의 특수경험에 의존한 윤리이므로 인간 일반의 보편윤리로 주장할 이론적 근거가 약하며, 자신과 무관한 사람이나 동물에 대한 보살핌의 필요성을 약화시킴으로써 이론적용의 편협성을 노출시키고 있다고 비판한다(295). 결론적으로 보살핌의 윤리가 보살핌의 대상과 과정에 집중하는 것과는 반대로 자비윤리는 대상, 과정, 결과 등에 집착하지 않는 점에서 근본적으로 상이하지만(280), 그러나 보살핌의 윤리와 자비윤리는 상호적인 관계성, 동정심, 감정이입, 공감의 정서 등에 있어서 공통적이며(282f), 따라서 이웃을 사랑하라는 식으로 당위적 명령을 내리지 않는다고 보았다(287).

---

85) Card, Claudia: *Caring and Evil*, in: Hypatia vol.5, no.1, 1990, p.102. Scaltas, Patricia: *Do Feminist Ethics Counter Feminist Aims?*, in: *Explorations in Feminist Ethics*. Cole, Eve & McQuin, Susan ed. Indiana University Press 1992, p.19.

이상과 같은 안교수의 지적은 매우 날카로운 분석 결과라고 할 수 있으며 대체적으로 정확하고 연구 학습에도 유용할 것이라고 평가한다. 다만 이와 같은 평가들은 어떤 점에서 그 자신의 본래적인 연구 의도, 즉 초기불교윤리를 덕윤리의 관점에서 조망하려는 것(8-10) 때문에 페미니즘 윤리학과 초기불교윤리의 대비적 서술에 지나칠 정도로 붙들려 있는 것은 아닌가라는 생각이 들게 한다. 문제는 길리건의 발견술이 여성적 경험에 기초하고 있기 때문에 편협하다고 볼 것이 아니라, 여성성의 경험을 통하여 얻어진 윤리적 가치들이 보편적인 정당성을 확보할 수 있는 가능성 조건이 무엇인가를 중심과제로 삼았어야 했다. 안교수가 길리건, 나딩스의 입장과 초기불교윤리의 상이성과 동일성을 다소 도식적으로 분석하고 이해한 것은 페미니즘 윤리학의 보편성 확보와 더불어 보살사상에서의 자비윤리와의 일치를 통하여 자연스럽게 극복될 수 있는 사안들이다. 페미니즘 윤리학의 보편성 주장에 대한 회의적인 태도들은 보살사상에서의 보시와 수희와 회향 개념을 통하여 극복될 수 있다. 관계성의 차원이 개인과 사회, 국가를 넘어서서 전우주적으로 무한확장 될 수 있는 니르바나적 세계질서의 이념은 구체성과 추상성을 함께 아우르는 윤리적 지평이 될 수 있기 때문이다. 또한 동시에 초기불교와 보살사상의 자비윤리에도 칸트적인 의미에서의 규범성이 정초되고 있는 사실을 간과해서는 안 될 것이다. 보살의 보시행은 마땅히 보시바라밀행과 일치하도록 시행되어야 하며, 이를 통하여 니르바나적 세계질서의 무한 확장이 현실화될 수 있는 것이다.

# 참고문헌

## 1. 페미니즘 윤리학


Benhabib, Seyla: *Der verallgemeinerte und der konkrete Andere, in: Denkverhältnisse. Feminismus und Kritik*. Frankfurt 1989.

Benhabib, Seyla: *Kritik, Norm und Utopie. Die normativen Grundlagen der Kritischen Theorie*. Frankfurt 1992.

Bluestone, Natalie Harris: *Women and the Ideal Society. Plato's Republic and Modern Myths of Gender*. Oxford 1987.

Bublitz, Hanelore: *Judith Butler zur Einführung*. Junius Verlag 2002.

Butler, Judith: *Antigones Verlangen*. Frankfurt 2001.

Butler, Judith: *Das Unbehagen der Geschlechter*. Frankfurt 2002.

Butler, Judith: *Körper von Gewicht*. Frankfurt 1997.

Butler, Judith: *Kritik der ethischen Gewalt*. Frankfurt 2003.

Butler, Judith: *Psyche der Macht*. Frankfurt 2001.

Card, Claudia(ed.): *On Feminist Ethics & Politics*. University Press of Kansas, 1999.

Card, Claudia: *Feminist Ethics*. University Press of Kansas 1991.

Cavarero, A: *Ansätze zu einer Theorie der Geschlechterdifferenz. Diotima: Der Mensch ist zwei. Das Denken der Geschlechterdifferenz*. Wien 1989.

Cavarero, A.: *Platons Töchter*. Rotbuch, 2003.

Chodorow, N.: *The Reproduction of Mothering. Pschoanalysis and the Sociology of Gender*. Berkeley in Calif. 1978. Deutsch.: *Das Erbe der Mütter. Psychoanalyse und Soziologie der Mütterlichkeit*. München 1985.

Cixous, Helene: *Geschlecht oder Kopf?* In: *Aisthesis. Wahrnehmung heute oder Perspektiven einer anderen Ästhetik*, Leipzig 1990.

Clement, Grace: *Care, Autonomy, and Justice. Feminism and the Ethic of Care*. Westview Press 1996.

Code, Lorraine(ed.): *Encyclopedia of Feminist Theories*. London and New York 2000.

Cole, Eve Browning: *Explorations in Feminist Ethics: Theory and Practice*. Indiana University Press 1992.

Cornell, Drucilla: *Die Zeit des Feminismus neu gedacht,* in: Benhabib, Seyla: *Der Streit um Differenz. Feminismus und Postmoderne in der Gegenwart*. Frankfurt 1993.

Cornell, Drucilla: *Transformations: Recollective Imagination and Sexual Difference*. Routledge, 1993.

de Sousa, Ronald: *The Rationality of Emotions*. Cambridge in Mass. 1987.

Donovan, Josephine: *Feminist Theory. The Intellectual Traditions of American Feminism.* New York 1985(1941).

Doye, Sabine u.a.: *Philosophische Geschlechtertheorien*. Reclam, Ditzingen 2002.

Daly, Mary: *The Church and the Second Sex* 1968. *Kirche, Frau und Sexus*. Olten/Freiburg I. Br. 1970.

Daly, Mary: *Beyond God the Father: toward a philosophy of woman's liberation* 1973. *Jenseits von Gottvater, Sohn & Co. Aufbruch zu einer Philosophie der Frauenbefreiung.* München

1988.

de Beauvoir, Somone: *Das Andere Geschlecht. Sitte und Sexus der Frau.* Reinbeck 1992.

Elshtain, Jean Bethke (ed.): *The Family in Political Thought.* Amherst 1982.

Evans, Mary(ed.): *Feminism,* in 3 volumes. London and New York 2001.

Flax, Jane: *Thinking Fragments. Psychoanalysis, Feminism and Post-modernism in the Contemporary West.* Berkeley 1990.

Foucault, M.: *Sexualität und Wahrheit*. Frankfurt 1977~1986.

Frankl, Victor: *The Will to Meaning. Foundations and Applications of Logotherapy*. New York American Library, New York 1970.

Frazer, Elizabeth (ed.): *Ethics. A Feminist Reader*. Blackwell, Oxford 1992.

Fricker, Miranda(ed.): *The Cambridge Companion to Feminism in Philosophy*. Cambridge University Press 2000.

Friedmann, Marilyn: *Jenseits von Fürsorglichkeit. Die Ent-Moralisierung der Geschlechter*. Nagl-Docecal, Herta (Hrsg.): *Jenseits der Geschlechtermoral. Beiträge zur feministischen Ethik.* Frankfurt 1993.

Friemann, M.: *Autonomy, Gender, Politics*. Oxford University Press 2002.

Gilligan, Carol: *In a Different Voice. Psychological Theory and Women's Development*. Harvard University Press, Cambridge and London 1982. Deutsch: *Die andere Stimme. Lebenskonflikte und Moral der Frau*. München, Zürich 1990.

Gilligan, Carol: *Moralische Orientierung und moralische Entwicklung*, In: NunnerWinkler, G. Hrsg.: *Weibliche Moral. Die Kontroverse um eine geschlechtsspezifische Ethik*, Frankfurt 1991.

Gilligan, Carol: *The Birth of Pleasure: A New Map of Love*. Vintage 2003.

Goldmann, Lucien: *Immanuel Kant*. New Left Books, London 1971.

Greenspan, Patricia C.: *Emotions and Reasons. An Inquiry into Emotional Justification*. New York, London 1988, Hamburg 1980.

Gross, Rita M.: *Buddhism after Patriarchy. A Feminist History, Analysis, and Reconstruction of Buddhism*. State University of New York 1993.

Held, Virginia(ed.): *Justice and Care. Essential Readings in Feminist Ethics*. Westview Press 1995.

Heller, Agnes u.a.: *Theorie der Gefühle*. Hamburg 1981.

Herta, Nagl-Docekal(ed.): *Continental Philosophy in Feminist Perspective: Re-Reading the Canon in German*. Pennsylbania State University Press 2000.

Hoagland, Sarah Lucia: *Lesbian Ethics: Toward New Values*. Institute of Lesbian Studies, 1989.

Hoagland, Sarah Lucia: *Einige Gedanken über das Sorgen, in:* Nagl-Docekal, Herta (Hrsg.), *Jenseits der Geschlechtermoral*. Fischer, Frankfurt 1993.

Holland-Cunz, Barbara(hg.): *Feministische Utopien. Aufbruch in die postpatriarchale Gesellschaft*. Meitlingen 1987.

Irigaray, Luce: *Das Geschlecht, das nicht eins ist* (1977). Berlin 1979.

Irigaray, Luce: *Ethik der sexuellen Differenz* (1984). Frankfurt 1991.

Jaggar, Allison M.: *feminist ethics*, in: Encyclopedia of Ethics, second edition vol. 1, Routledge, New York and London 2001.

Kant, Immanuel: *Kritik der reinen Vernunft*. Riga 1787.

Kant, Immanuel: *Kritik der praktischen Vernunft*. Riga 1788.

Kant, Immanuel: *Grundlegung zur Metaphysik der Sitten* Riga 1785.

Kant, Immanuel: *Foundations of the Metaphysics of Morals*. Indianapolis and New York 1959.

Kant, Immanuel: *Metaphysik der Sitten.* 1. Teil: *Metaphysische Anfangsgründe der Rechtslehre*. Königsberg 1797.

Kant, Immanuel: *Metaphysik der Sitten.* 2. Teil: *Metaphysische Anfangsgründe der Tugendlehre*. Königsberg 1797.

Kant, Immanuel: *The Metaphysical Elements of Justice.* New York 1965.

Klinger, Cornelia: *Die Frau von morgen – aus der Sicht von gestern und heute,* in: Sloterdijk, P.(Hg.): *Vor der Jahrtausendwende. Berichte zur Lage der Zukunft*. Frankfurt 1990.

Kohlberg, Lawrence: *Moral Stages*. Basel und New York 1983.

Kohlberg, Lawrence: *The Philosophy of Moral Development, Moral Stages and the Idea of Justice.* San Francisco 1981.

Kristeva, Julia: *Die Revolution der poetischen Sprache*. Frankfurt 1978.

LeGuin, Ursula K. u.a.: *Winterplanet*. München 1974.

Leighton, Taigen Daniel: *Bodhisattva Archepypes. Classic Buddhist Guides to Awakening and their Modern Expression.* Penguin, New York 1998.

Lorraine, Code(ed.): *Feminist Perspectives: Philosophical Essays on Method & Morals*. University of Toronto Press 1988.

Lucács, Georg: *History and Class Consciousness. Studies in Marxist Dialectics.* Cambridge, Mass., MIT Press 1972.

MacKinnon, Catherine A.: *Feminism Unmodified. Discourses of Life and Law*. Cambridge 1987.

MacKinnon, Catherine A.: *Toward a Feminist Theory of the State.* Harvard University Press; 1991.

Maihofer, A.: *Ansätze zur Kritik des moralischen Universalismus. Zur moraltheoretischen Diskussion um Gilligans Thesen einer "weiblichen" Moralauffassung*. Feministische Studien 6 (1988).

Maihoffer, Andrea: *Geschlecht als Existenzweise*. Ulrike Helmer Verlag 1995.

Maihoffer, Andrea: *Zu Carol Gilligans Thesen einer 'weiblichen Moralauffassung'*, 1989.

Maihoffer u.a.: *Differenz und Gleichheit*. Ulrike Helmer Verlag 1997.

Marcuse, Herbert: *Studies in Critical Philosophy*, Beacon Press, Boston 1966.

Meier-Seethaler, Carola: *Gefühl und Urteilskraft. Ein Plädoyer für die emotionale Vernunft*. München 1997.

Meier-Seethaler: *Ursprünge und Befreiungen. Die sexistischen Wurzeln der Kultur*. Frankfurt 1992.

Meyer, Ursula I.: *Einführung in die feministische Philosophie*. Ein-Fach-Verlag 2004.

Miller-Gaerhart, Sally: *Künftige Visionen und die Politik von heute. Feministische Utopien im Überblick*, in: Hoffmann-Baruch, Elaine u.a.(Hg.). *Weder Arkadien noch Metropolis. Frauen auf der Suche nach ihrer Utopie*. München 1986.

Nagl-Docekal, Herta (Hrsg.): *Feministische Philosophie*. Oldenburg 1994.

Nagl-Docekal, Herta (Hrsg.): *Jenseits der Geschlechtermoral*. Fischer, Frankfurt 1993.

Nicholson, Linda J.: *Feminism/Postmodernism*. New York 1990.

Noddings, Nel: *Warum sollen wir uns ums Sorgen sorgen?* Nagl-Docekal, Herta (Hrsg.): *Jenseits der Geschlechtermoral*. Fischer, Frankfurt 1993.

Noddings, Nel: Caring: *A Feminine Approach to Ethics and Moral Education*. University of California Press 2003.

Nunner-Winkler, Gertrud: *Weibliche Moral. Die Kontroverse um eine geschlechtsspezifische Ethik.* Frankfurt 1991.

Nussbaum, Martha C.: *Sex and Social Justice.* Oxford University Press 1999.

Okin, Susan M.: *Women in Western Political Thought.* Princeton 1977.

Pauer-Studer, Herlinde: *Moraltheorie und Geschlechterdifferenz. Feministische Ethik im Kontext aktueller Fragestellungen,* in: Nagl-Docekal, H.(Hg.): *Jenseits der Geschlechtermoral. Beiträge zur feministischen Ethik.* Frankfurt 1993.

Piaget, Jean: *The Moral Judgement of the Child.* New York 1997.

Pieper, Annemarie: *Angewandte Ethik. Eine Einführung.* München 1998.

Pieper, Annemarie: *Gibt es eine fenimistische Ethik?* München 1998.

Porter, Elisabeth: *Feminist Perspectives on Ethics.* London and New York 1999.

Praetorius, Ina: *Skizzen zur Feministischen Ethik.* Mattias-Grünewald-Verlag 1995.

Pusch, Luise F.: *Das Deutsche als Männersprache.* Suhrkamp Verlag, Frankfurt 1984.

Raab, Heike: *Foucault und der feministische Poststrukturalismus.* Edition Ebersbach 1998.

Rawls, John: *A Theory of Justice.* Revised Edition. The Belknap Press of Harvard University Press 1999.

Rullmann, Marit: *Philosophinnen. Von der Romantik bis zur Moderne.* Frankfurt 1998.

Russ, Joanna: *Planet der Frauen.* München 1979.

Sargent, Pamela: *The Shore of Woman.* Toronto, New York 1987.

Schopenhauer, Arthur: *Die Welt als Wille und Vorstellung*, Werke I,

Frankfurt 1986.

Schopenhauer, Arthur: *Über die Grundlage der Moral*, Schopenhauer Werke III, Frankfurt 1986.

Schopenhauer, Arthur: *Preisschrift über die Freiheit des Willens*, Schopenhauer Werke III, Frankfurt 1986.

Schott, Robin May: *Cognition and Eros. A Critique of the Kantian Paradigm*. Beacon Press, 1988.

Schott, Robin May: *Discovering Feminist Philosophy: Knowledge Ethis Politics*. Rowman & Littlefield 2003.

Schott, Robin May: *Feminist Interpretations of Immanuel Kant*. Pensylvania 1997.

Sterba, James P.: *Three Challanges to Ethics: Environmentalism, Feminism, and Multiculturalism*. Oxford University Press 2000.

Trömel-Plötz, Senta: *Gewalt durch Sprache*. Milena Verlag 2004.

Trumann, Andrea: *Feministische Theorie*. Schmettering Verlag 2002.

Ulrich, Dieter: *Das Gefühl. Über die Psychologie der bedürfnisrelevante Bewertungszustände. Grundriß einer epistemologischen Emotionstheorie*. Tübingen 1990.

Vigotsky, Lev S.: *Mind in Society. The Development of Higher Psychological Processes*. Cambridge, Mass. 1978. Deutsch.: *Geschichte der höheren psychischen Funktionen*. Münster 1992.

Villa, Paula-Irene: *Judith Butler*. Campus Verlag 2003.

Walker, Margaret Urban: *Moral Understandings. A Feminist Study in Ethics*. Routledge, New York and London 1998.

Wendel, Saskia: *Feministische Ethik zur Einführung*. Junius Verlag 2003.

Young, Iris Marion: *The Ideal of Community and the Politics of Difference*, in: Linda J. Nicholson(ed.), *Feminism/postmodernism*, Routledge, New York 1990.

Zangen, Britta: *Feministische Utopien – eine Tagung*. Sulzer 2002.

길리건, 캐롤, 『다른 목소리로』, 동녘 1997.
길리건, 캐롤, 『기쁨의 탄생: 새로운 사랑의 지형학』, 빗살무늬 2004.
로빈 메이 쇼트, 『인식과 에로스: 칸트적 패러다임에 대한 비판』, 이화여자대학교출판부 1999.
룰만, 마르트, 『여성철학자』, 푸른숲 2005.
장선희, 『페미니즘과 페미니즘 윤리』, 울산대학교출판부 2005.
황수영, 「페미니즘의 보편주의적 기초」, 『철학과현실』 2001.

## 2. 쇼펜하우어 철학

Birnbacher, Dieter(Hg.): *Schopenhauer in der Philosophie der Gegenwart*. Würzburg 1996.
Bobko, Aleksander: *Non Multa. Schopenhauers Philosophie des Leidens*. Würzburg 2001.
Gilligan, Carol: *In A Different Voice. Psychological Theory and Women's Development*. Harvard University Press 1982, 1993.
Grün, Klaus-Jürgen: *Arthur Schopenhauer interkulturell gelesen*. Nordhausen 2005.
Hallich, Oliver: *Mitleid und Moral. Schopenhauers Leidensethik und die moderne Moralphilosophie*. Würzburg 1998.
Hauskeller, Michael: *Vom Jammer des Lebens. Einführung in Schopenhauers Ethik*. München 1998.
Janaway, Christopher: *Schopenhauer*. Oxford University Press 1994.
Kiowsky, Hellmuth: *Der metaphysische Aspekt des Mitleids. Schopenhauers Ethik und Nietzsches Moral der Vornehmheit*. Frankfurt 1995.
Malter, Rudolf: *Der eine Gedanke. Hinführung zur Philosophie*

*Arthur Schopenhauers*. Darmstadt 1988

Möbuß, Susanne: *Schopenhauer für Anfänger - Die Welt als Wille und Vorstellung*. Deutscher Taschenbuch Verlag, München 1998.

Röhr, Reinhard: *Mitleid und Einsicht. Das Begründungsproblem in der Moralphilosophie Schopenhauers*. Frankfurt 1985.

Safranski, Rüdiger: *Schopenhauer und die wilden Jahre der Philosophie*. Eine Biographie. Hamburg 1998.

Schopenhauer, Arthur: *Sämtliche Werke*. Suhrkamp, Frankfurt 1986.

Schopenhauer, Arthur: *Über das Mitleid*. München 2005.

Schulz, Ortrun: *Schopenhauers Kritik der Hoffnung*. Frankfurt 2002.

Son, Giok: *Schopenhauers Ethik des Mitleids und die indische Philosophie. Paralleität und Differenz*. Alber, München 2000.

Spierling, Volker: *Arthur Schopenhauer. Eine Einführung in Leben und Werk*. Leipzig 1994.

김정현, 「고통의 심층철학: 쇼펜하우어의 의지의 형이상학을 중심으로」, 『철학연구』 68집, 대한철학회, 대구 1998.

김진, 『라이프니츠, 헤겔, 쇼펜하우어와 불교』, 울산대학교출판부 2004.

발터 아벤트로트, 『쇼펜하우어』, 한길사, 서울 1998.

쇼펜하우어, 『의지와 표상으로서의 세계』, 을유문화사, 서울 2000.

쇼펜하우어, 『도덕의 기초에 관하여』, 김미영 역, 책세상, 서울 2004.

수잔네 뫼부스, 『쉽게 읽는 쇼펜하우어: 의지와 표상으로서의 세계』, 이학사, 서울 2002.

이서규, 『쇼펜하우어의 철학』, 이문출판사 2004.

크리스토퍼 제너웨이, 『쇼펜하우어』, 시공사, 서울 2001.

## 3. 보살사상


Anderson, Reb: Being Upright: *Zen Meditation and Bodhisattva Precepts*. Rodmell Press 2002.

Benz, Ernst: *Buddhas Wiederkehr und die Zukunft Asiens*. München 1963.

Blackstone, Kathryn: *Woman in the footsteps of the Buddha: Struggle for Liberation in the Therigatha*. Curzon Press 1998.

Blofeld, John: *Bodhisattva of Compassion: The Mystical Tradition of Kuan Yin*. Shambala 1988.

Boucher, Sandy: *Discovering Kwan Yin, Buddhist Goddess of Compassion*. Beacon Press 2000.

Boucher, Sandy: *Opening the Lotus: A Woman's Guide to Buddhism*. Beacon Press 1993.

Buri, Fritz: *Der Buddha-Christus als der Herr des wahren Selbst*. Stuttgart 1982.

Conze, Eduard: *Buddhism, Its Essence and Development*. Oxford 1951. Deutsche Fassung: *Der Buddhismus. Wesen und Entwicklung*. Stuttgart 1990.

Conze, Eduard: *Buddhist Thought in India*. London 1962. Deutsche Fassung: *Eine kurze Geschichte des Buddhismus*. Frankfurt 1984.

Davids, Rhys C.A.F.: *Die buddhistische Lehre von der Wiedergeburt*, in: Zeitschrift für Buddhismus V, 1923/ 24.

Dumoulin, H.: *Östliche Meditation und christliche Mystik*. Freiburg 1966.

Farrer-Halls, Gill: *The Feminine Face of Buddhism*. Quest Books 2002.

Geshe, Kelsang Gyatso: *The Bodhisattva Vow: The Essential Practices of Mahayana Buddhism*. Tharpa Pubications 1995.

Glasenapp, Helmut von: *Die Philosophie der Inder*. Stuttgart 1985.

Gross, Rita M.: *Buddhism after Patriarchy. A Feminist History, Analysis, and Reconstruction of Buddhism*. State University of New York 1993.

Günter, Heribert: *Das Seelenproblem im älteren Buddhismus*. Konstanz 1949.

Halbfass, Wilhelm: *India and Europe. An Essay in Understanding*. New York 1988.

Halbfass, Wilhelm: *Karma und Wiedergeburt im indischen Denken*. München 2000.

Humphreys, Christmas: *Karma und Wiedergeburt*. Bern, München, Wien 1974.

Kalupahana, David, J.: *A History of Buddhist Philosophy. Continuities and Discontinuities*. University of Hawaii Press 1992.

Kalupahana, David, J.: *Buddhist Philosophy. A Historical Analysis*. The University Press of Hawaii 1976.

Leider, Kurt: *Buddha. Leben, Lehre, Jünggerschar in transzendentalphilosophischer Beleuchtung*. Hamburg 1968.

Leighton, Taigen Daniel: *Bodhisattva Archetypes: Classic Buddhist Guides to Awakening and Their Modern Expression*. Penguin Books 1998.

Leighton, Taigen Daniel: *Faces of Compassion: Ckassic Bodhisattva Archetypes and Their Modern Expression*. Wisdom Publications 2003.

Sangharakshita: *The Boddhiasattva Ideal: Wisdom and Compassion in Buddhism*. Windhorse Publications 2000.

Santideva: *A Guide to the Bodhisattva Way of Life (Bodhicaryavatara)*. Snow Lion Publications 1997.

Santideva: *The Bodhicaryavatara*. Oxford University Press 1998.

Schneider, Ulrich: *Einführung in den Buddhismus*. Darmstadt 1987.
Schumann, Hans Wolfgang: *Buddhismus. Stifter, Schulen und Systeme*. Olten 1976.
Stcherbatsky, Th.: *The Conception of Buddhist Nirvana*. Varanasi 1968, Delhi 1978.
Thera, Nyanaponika und Hecker, Hellmuth: *Great Disciples of the Buddhha*. Wisdom Publications, Boston 2003.
Williams, Paul: *A Mahayana Buddhism. The doctrinal foundation*. Routledge 1989. 폴 윌리엄스, 『서양학자가 본 대승불교』, 시공사 1989.
Yu, Chun-Fang: *Kuan-yin*. Columbia University Press 2000.
Zotz, Volker: *Geschichte der buddhistischen Philosophie*. Hamburg 1996.

「천수천안관세음보살모다라니신경」(千手天眼觀世音菩薩姥陀羅尼神經), 보리류지(菩提流支) 漢譯, 『佛說大孔雀呪王經 외』, 동국대학교역경원 1999.
「천안천비관세음보살다라니신주경」(天眼千臂觀世音菩薩陀羅尼神呪經), 상하권, 智通 漢譯, 『佛說大孔雀呪王經 외』, 동국대학교역경원 1999.
「첨품묘법연화경」, 『正法華經 외』, 동국대학교역경원 1994.
가지야마 유이치, 『대승과 회향』, 여래 2002.
강희정, 『중국 관음보살상 연구』, 일지사 2004.
고영섭, 『연기와 자비의 생태학』, 연기사 2001.
고익진, 『불교의 체계적 이해』, 새터 1994.
권기종, 「대반야경에 나타난 보살의 의미」, 『보살사상』, 조계종출판사 1996, 『불교사상사연구』, 한국불교연구원 2004.
길희성, 「불교의 자비와 그리스도의 아가페」, 『포스트모던 사회와 열린 종교』, 민음사 1994.

길희성, 「예수, 보살, 자비의 하느님」, 『포스트모던 사회와 열린 종교』, 민음사 1994.
김대은, 『관음신앙』, 삼장원 1978.
김동화, 『불교윤리학』, 보련각 1989.
김인덕, 「대승보살도의 기본으로서의 반야바라밀」, 『보살사상』, 조계종출판사 1996.
김진, 『칸트와 불교』, 철학과현실사 2005.
김진, 『무아윤회논쟁』, 울산대학교출판부 2004.
김현도 편저, 『대성 관세음보살일대기』, 예지각 1983.
김호성, 『천수경과 관음신앙』, 동국대학교출판부 2006.
김호성, 『천수경의 비밀』, 민족사 2005.
김호성, 『천수경의 새로운 연구』, 민족사 2006.
김홍호, 『법화경 강해』, 사색 2004.
동국대학교 불교문화연구원 편, 『한국관음신앙연구』, 동국대학교출판부 1988.
동봉 편, 『용수의 대승사상』, 관음출판사 1993.
목정배, 「관음신앙과 휴매니즘」, 『한국불교학의 현대적 모색』, 동국대학교출판부 2000.
목정배, 『불교윤리개설』, 경서원 1986.
무비, 『무비스님의 천수경』, 조계종출판사 2005.
박도화, 『보살상』, 대원사 1990.
법령, 『관세음보살 보문품 강화』, 관음출판사 1995.
법정, 『스승을 찾아서. 화엄경 입법계품』, 동쪽나라 2002.
법회연구원, 『보살은 누구인가』, 정우서적 1994.
서성우, 『법화경연구』, 운주사 1997.
서윤길, 「밀교의 보살사상」, 『보살사상』, 조계종출판사 1996.
설성경, 『서포소설의 선과 관음』, 장경각 1999.
안옥선, 『불교윤리의 현대적 이해: 초기불교윤리에의 접근』, 불교시대사 2002.

이기영, 「보살과 보살지」, 『불교개론강의』, 한국불교연구원 1998.
이기영, *Bodhisattva ideals of Korean Buddhism*, 『원효사상연구 II』, 한국불교연구원 2001.
이기영, *Compassion and Violence*, 『원효사상연구 II』, 한국불교연구원 2001.
이기영, 『원효사상연구 I, 한국불교연구원 1994.
이기영, 『유마경 강의』, 한국불교연구원 2000.
이봉순, 『보살사상성립사 연구』, 불광출판부 1998.
이영자, 「법화경의 보살사상」, 『보살사상』, 조계종출판사 1996, 『법화·천태사상연구』, 동국대학교출판부 2002.
이중표, 「六度集經의 菩薩思想」, 『보살사상』, 조계종출판사 1996.
이지관, 「經說上의 관음신앙」, 『한국관음신앙연구』, 동국대학교출판부 1988.
정병조, 「보살사상의 현대적 의미」, 『보살사상』, 조계종출판사 1996.
정승석, 『법화경: 민중의 흙에서 핀 연꽃』, 사계절 2004.
최원식, 『신라보살계사상사 연구』, 민족사 1999.
칼루파하나, 『불교철학사』, 시공사 1998.
칼루파하나, 『불교철학』, 천지 1992.
太空 宋月珠스님 화갑기념논문집, 『보살사상』, 조계종출판사 1996.
통윤, 『유마경 풀이』, 일지 역, 서광사 1999.
平川彰 외 편, 『법화사상』, 경서원 1997.
平川彰, 『대승불교개설』, 김영사 1984.
平川彰, 『원시불교의 연구』, 민족사 2001.
해주, 「화엄경의 보살도에 대한 고찰」, 『보살사상』, 조계종출판사 1996.
현석, 『화엄경개요』, 우리출판사 2002.
『능엄경』, 오진탁 역, 시공불교경전 8, 9, 시공사 2000.
『大乘菩薩藏正法經』, 동국대학교역경원 1994.
『大智度論』, 전5권 , 동국대학교역경원 2001.

『루브르 계단에서 관음, 미소짓다』, 서해문집 2000.
『마하반야바라밀경』, 전2권, 동국대학교역경원 1996.
『法華經 외』, 동국대학교역경원 1985.
『법화경』, 무비 역, 불광출판부 2003.
『보살영락경』, 동국대학교역경원 1994.
『佛說大孔雀呪王經 외』, 동국대학교역경원 1999.
『신수대장경』
『正法華經 외』, 동국대학교역경원 1994.
『천수관음경』, 광덕 역, 불광출판사 1982.
『천수천안관세음보살 광대원만무애대비심다라니경』, 가범달마 漢譯, 법상 외 편, 정우서적 2005.

# 독일어 요약문

## Grudlegung zur Feministische Ethik

Mitleidenschaft und Barmherzigkeit als Begründungsgrund der feministischen Ethik: Im Hinsicht auf Schopenhauers Willensmetaphysik und den Boddhisattva-Gedanken

### 1. Zur Debatte um eine Begründung der feministischen Ethik

Die Wurzel des Projekts einer feministische Ethik als eine neue Ethik ist die Analyse und Kritik der impliziten oder expliziten frauenfeindlichen Tendenz traditioneller Normenethik. Die feministische Kritik der Ethik Kants erhebt zumeist den Formalismus- und Rigorismusvorwurf. Nun wird nach Gilligan der Neutralitätsaspekt des moralischen Standpunkts im Sinne eines überparteilichen, allgemeinen und von Eigeninteressen abstrahierenden Standpunks, den von Kant, Kohlberg, und Rawls formuliert worden ist, sehr heftig kritisiert. Zahlreichekontroverse Debatten innerhalb der feministischen Theorie wurden im Bereich Ethik geführt, so z.B. die Diskussion um Gleichheit oder Differenz der Geschlechter, um die Existenz einer so genannten weiblichen Moral, um die Universalität der Begründung ethischer Urteile, um Subjektphilosophie und Subjektkritik aus feministischer Perspektive. Die zentralen Kontroversen der feministischen Ethikdiskussion im Zentrum: Ist feministische Ethik eine universalistische oder kontextuelle Ethik? Welche Ethiktraditionen sind für eine feministische Ethik rezipierbar: deontologische oder teleologische Ethiken?

In diesem Kontext wird auch auf die Diskussion um die Möglichkeit einer feministischen Ethik der Sorge, einer feministischen Care-Ethik, eingegangen, ebenso auf die Debatte zwischen liberalen und kommunitarisch orientierte feministischen Ethikerinnen. In einem weiteren Schritt wird die Diskussion um die Möglichkeit einer weiblichen Moral thematisiert, um dann der Frage nachzugehen, ob feministische Ethik auf die Begriffe Subjektivität und Autonomie angewiesen ist oder nicht.

Die feministische Ethik setzt sich Annemarie Pieper zufolge mit Grundlagenfragen der allgemeinen Ethik ebenso kritisch auseinander auf mit Problemen der angewandten Ethik so, daß sie dabei jeweils die androzentrischen Voraussetzungen mitreflektiert, die sich aus der Unterstellung der traditionellen Philosophie ergeben, es sei eine allgemeinmenschliche und als solche geschlechterübergreifende Perspektive, aus welcher philosophische Überlegungen erfolgen. Darum geht es der feministischen Ethik zur Frage, ob es sinvoll ist, die bisherigen Konzepte einer männlichen Moral durch solche einer weiblichen Ethik Moral zu ergänzen und schließlich das Konstrukt einer allgemeinmenschlichen Moral zu entwerfen. Diese Frage, die noch nicht gelöst worden ist, immer noch zu uns sehr fragwürdig.

## 2. Zur Debatte um eine Universalierbarkeit der feministischen Ethik

Die zentralen Kontroversen der feministischen Ethikdiskussion liegt in der Frage, ob die feministische Ethik als eine universalistische gerechtfertigt werden kann. Pro und Contra in der Gilligan-Kontroverse steht in der notwendigen Beziehungen auf negative Kritik an deontologische Ethiktraditionen so wie Kant, Kohlberg, Rawls. Für Gilligan sind moralische Gefühle und Urteile keine absoluten Gegebenheiten, sondern Ergebnisse von Beziehungsmustern schon seit der frühen Kindheit. So behauptet Gilligan zwei unterschiedliche moralische Perspektiven, d.h. die Perspektive der Gerechtigkeit und die der Fürsorge. Gilligans Ziel ist es, die Gleichwertigkeit beider moralischen Orientierungen zum Ausdruck zu bringen, keine Perspektive dürfe zugunsten der anderen vernachlässigt werden. Die Debatte um eine Ethik der Gleichheit und eine Ethik der Differenz basiert auf unterschiedlichen Einschätzungen der Bedeutung der philosophischen Begriffe Autonomie, Freiheit, Gleichheit, Subjektivität usw. Daraus wird ein weiteres Diskussionsfeld feministischer Ethik, die Diskussion un die Idee autonomer Subjektivität und deren Bedeutung für eine feministische Ethik betreten. Mit dieser feministischen Kritik von Autonomie und Subjektivität sollte aber die Rehabilitation der Idee des autonomen Subjekts aus feministischer Perspektive gefordert werden. Hier schließt sich ein Kreis. Die feministischen Ethikdiskussion wurde mit einer These ausgelöst: Frauen sollten nicht länger im

Status des Anderen verharren und der Immanenz verhaftet bleiben, sondern Ihr Subjektsein und ihre Autonomie realisieren. Nach einer Phase der Kritik am Gleichheitsfeminismus und der Dominanz differenztheoretischer Positionen auch in der Ethik setzt eine Wiederentdeckung und Reformulierung der Ideen von Universalität, formaler Gleichheit und Gerechtigkeit, Freiheit, Subjektivität ein. Utopisches Denken in der feministischen Diskussionsbereich, z.B. hat die Wiedergewinnung dieser Werten zum Ziel ersetzt, aber für uns bleiben sie stets als ein Ideal. Die Universalitätsforderung der feministischen Ethik kann nur durch ein Postulat der völligen Einheit der realen Kommunikationsgemeinschaft mit der idealen aufgelöst werden.

### 3. Die Willensmetaphysik und Mitleidensethik bei Schopenhauer

Die Hauptabsicht der vorliegenden Arbeit liegt darin, zu finden und zu erleuchten, die Leitfaden für die Begründungsmöglichkeit und die universale Rechtfertigung der Feministische Ethik in der Rahmen der Willensmetaphysik und Mitleidensethik bei Schopenhauer. Denn Schopenhauer nicht nur kritisiert Kants Ethik, sondern ersetzt den Ratiozentrismus durch den Arbitriozentrismus. Der Wille, welcher an sich als Grund der Einheit in der Vielheit und Mannigfaltigkeit dieser erscheinenden Welt betrachtet, ist stets der Wille zum Leben, das Wesen, der innere Gehalt der Welt. Seine Manifestation und Objektivation ist durch die principii individuationis ermöglicht. Schopenhauer sieht die Unterscheidundsmöglichkeit des Egoismus mit der moralischen Handlung(Gerechtigkeit und Menschenliebe) in der zweiartigen Willens, d.h. der Bejahung des Willens und Verneinung des Willens. Der Egoismus, welcher selbst an die blinde Bejahung des Willens zum Leben treibt, ist für Schopenhauer der Anfangspunkt der Neubegründung der Ethik. Die Leute, welche an die Verneinung des Willens zum Leben treibt, hat die Mitleidenschaft, und damit er nimmt Gerechtigkeit und Menschenliebe als obersten Grundsatz der Ethik an. Die negative Bestimmung des geforderten Nichtverletzen gegen die anderen ist der Grundsatz der Gerechtigkeit, die positive Bestimmung des geforderten Mitleidenschaft für alle ist der Grundsatz der Menschenliebe. In diesem Grunde bezeichnet Schopenhauer Gerechtigkeit als mehr die männliche, Menschenliebe als mehr die weibliche Tugend. So ist es sehr günstig für die Kritik der normativen Ethik von Kant durch Rawls und Kohlberg bis Habermas und Apel, und zwar kann sehr hilfsreich gelten als ein entschiedenstener Ansatz zur Begründung der Feministischen Ethik, welche seit Gilligan bekannt wird.

## 4. Der Bodhisattva-Gedanke und die Ethik der Barmherzlichkeit

Das Ziel der vorliegenden Arbeit liegt darin, herauszufinden den Begründungsgrund der Feministischen Ethik und die Möglichkeit deren universalen Ansatzes in dem Boddhisattva-Gedanken und in der Barmherzlichkeitsethik des Buddhismus. Die Feministischen Ethiken weisen darauf hin, die traditionellen Normenethiken betonten nur die Seite der vernüftigen Rationalität und Gerechtigkeit, dagegen vernachläßigten die Seite der Sinnlichkeit und Fürsorge. Daraus ergibt sich weitere Frage, ob solche feministische Behauptung als ein universaler Normengrund gerechtigt werden kann. In dieser Arbeit versucht man den Ansatz über den Begründungsgrund der Feministischen Ethik und die universale Rechtfertigung dessen zu finden und diese mit der buddhistischen praktischen Philosophie, insbesondere mit der moralischen Intentionalität des Boddhisattva-Gedanken zu vergleichen. Das grundliegende Verständnis der Barmherzlichkeit ist unmittelbar mit dem Problem der Universalität der Feministischen Ethik vermittelt. In diesem Kontext wird es sehr klar, unseres aktuelles Problem sei die Analytik des Begriffes der mitleidenschaftliche Hilfe, der heiligen Beiträge, und der Fall des Bodhisattva Avalokiteshvara(Guanyin, Guaneum). Die Feministische Ethik gründet sich in der Heuristik Gilligans. Daraus ergibt sich die weitere Frage der universalen Begündungsmöglichkeit der Feministischen Ethik. Die skeptische Verhaltung zu deren Behautung durch die Rezeption der Begriffe der mitleidenschaftliche Hilfe, der Mitfreude und der heiligen Beiträge im buddhistischen Bodhisattva-Gedanken kann überwunden werden. Dadurch kann die nirwanische Weltordnung als eine konkrete, gleichfalls als eine abstrakte Horizont der Ethik von der Individualität durch Sozialität und Staat bis zur kosmische Welt unendlich erweitert werden. Hier in der frühbuddhistischen Barmherzlichkeitsethik und im Boddhisattva-Gedanken kann die Normen im Kantischen Sinne gesichert werden.

# 색인

(ㅎ)

지은이 : 김 진(金 珍)

울산대학교 철학과 교수. 독일 루어대학(보쿰) 철학박사
e-mail: *jinkim@ulsan.ac.kr*

독일 루어-대학(보쿰)에서 철학, 기독교 윤리학, 한국학을 연구하였으며, 리챠드 쉐플러(Richard Schaeffler) 교수의 지도 아래 철학박사 학위를 취득하였다. 1989년 이후 울산대학교 철학과 교수로 재직하고 있으며, 1992년부터 10년 동안 울산대 출판부장, 1991년부터 한국칸트학회, 철학연구회, 한국철학회, 대한철학회, 범한철학회, 새한철학회, 니체학회 등에서 부회장, 이사, 편집위원 등을 역임하였으며, 2000년 울산시 문화상(학술I부문)을 수상하였다.

저서로는 *Kants Postulatenlehre* (Peterlang, Frankfurt 1988), 『칼 마르크스와 희랍철학』(1990, 1998), 『철학의 현실문제들』(1994), 『종교문화의 이해』, 『아펠과 철학의 변형』(1998), 『칸트 · 순수한 이성의 한계 안에서의 종교』, 『선험철학과 요청주의』(1999), 『살고있는 순간의 어두움』(1999, 2001), 『칸트와 불교』(2000, 2004), 『칸트와 생태사상』, 『퓌지스와 존재사유』(2003), *Wahrheit und Erfahrung* (Würzburg 2004), 『무아윤회 논쟁』, 『라이프니츠, 헤겔, 쇼펜하우어와 불교』, 『니체와 불교적 사유』, 『하이데거와 불교』, 『화이트헤드와 화엄형이상학』(2004), 『동성애의 배려윤리적 고찰』, 『칸트와 세계관의 철학』, 『하느님의 길』, 『최고선과 요청주의』(2005), 『믿음 사랑 희망에 대하여』, 『에른스트 블로흐와 희망의 원리』(2006), 『사회정의와 문화정체성에 대하여』, 『울산의 정치·문화에 대하여』, 『줄기세포 조작에 대하여』, 『한국 정치현실의 철학적 성찰』(2007) 외 다수가 있다.

주요 연구 분야는 칸트 및 현대 독일철학이고, 종교철학, 형이상학, 역사철학, 환경철학의 주제들에 관심을 가져왔으며, 최근에는 심리사상 분야에도 관심을 갖기 시작하였다.